江西理工大学清江学术文库资助项目
国家社会科学基金青年项目最终成果

“美杜莎的怪脸”及其扬弃

——恩格斯早期文献研究（1842—1845）

黄建都　著

中国人民大学出版社
·北京·

目　录

导 论

本书之所以将恩格斯 1842—1845 年文献作为一个整体进行研究，是基于这样的考虑：这段文献是一个有机的逻辑整体。追求“真正的自由和真正的平等”（恩格斯语）是其主题，展现私有制和竞争所带来的弊病（恩格斯称之为“美杜莎的怪脸”）及扬弃之路（恩格斯称之为“寻求斯芬克斯谜语的谜底”）是其中心线索，英国社会的经济关系、政治关系和社会关系则是这段文献共同考察的对象。

一、选题意义

第一，是马克思主义哲学史研究深化的一种趋势。我国的马克思主义哲学史研究在以黄楠森、庄福龄为代表的老一辈学者完成筚路蓝缕的通史性建构之后，在很长一段时间内处于某种程度的“停滞”状态，基于马克思恩格斯文献进行的专题性研究仍然非常薄弱。审视过往，关于马克思恩格斯哲学的研究基本还停留于宏观叙述式的研究。我们并不否认这种研究的意义，但它的问题也正如学者指出的，“既看不到哲学演变的曲折历程并体会到思想背后思想家复杂的心理嬗变，也把握不准这种变化的本质与真实的逻辑线索；更进一步说，在这种研究中既然看不到研究者史识方面的高明之处和视角开拓中的匠心独运，从而使哲学史的研究缺乏现实针对性，也就不可能期望通过某一部分、某一专题的研究触类旁通而达到理论上的重大建树”①。正是基于这种研究状况，我们认为应当把对马克思主义的研究从对通史的研究推进到对专题史、文本个案的研究。从思想史发展的内在要求来看，在宏观性的框架被勾勒出来以后，研究者就应该从精细处进行进一步的梳理和辨析。通过进行这种转化，我们才能真正提升马克思主义哲学史研究的学术水准。本书作为专题史、文本个案研究，力图通过对恩格斯 1842—1845 年文献进行全面和细致的梳理，以逻辑化的方式再现恩格斯思想发展的进程，以期推进恩格斯文献与思想研究。

第二，有助于回应西方学者对恩格斯所做的责难。现代西方人本主义和科学主义两大思潮的代表人物都在不同程度上批评恩格斯哲学是“见物不见人”的“物质论”，是没有历史主体的“人学的空场”。如马尔库塞和萨特就一致责难恩格斯哲学是缺乏“人学辩证法”的机械论哲学，新实证主义的马克思主义者德拉-沃尔佩和结构主义的马克思主义者阿尔都塞都以恩格斯哲学作为“马克思主义总体特征的无主体性和实证性”的佐证。“人学空场”论在美国学者诺曼·莱文的《可悲的骗局：马克思反对恩格斯》② 一书中可以说达到了登峰造极的地步，他把马克思恩格斯共同创立无产阶级科学世界观的活动看作“可悲的骗局”。“人学空场”论的主要依据：(1) 恩格斯哲学不关注人的苦难和希望；(2) 恩格斯哲学是没有历史主体的历史观；(3) 恩格斯的共产主义与人无关。这些责难当然是不成立的。1842—1845 年文献蕴含着丰富的历史观思想，通过对这段文献的解读可以有力地回应西方学者的责难。

第三，有助于厘清马克思-恩格斯关系。“马克思-恩格斯关系”是一个重要的理论问题。关于这一问题，学者们众说纷纭。本书基于精深的文本解读，将恩格斯 1842—1845 年文献与马克思“《莱茵报》时期”至 1844 年的文献进行对比，考察两人对一系列重要议题（如：政治国家的理性本质是什么？如何看待政治国家的异化？私有制带来了哪些弊端？如何消灭私有制？扬弃私有制的远景是什么？如何进行政治经济学

① 聂锦芳. 哲学原论——经典哲学观的现代阐释. 北京：中国广播电视出版社，1998：14.

② Norman Levine. The Tragic Deception：Marx Contra Engels. Santa Barbara：Clio Books，1975.

批判？如何看待技术异化？如何看待私有制与道德的关系？如何看待经济危机？如何看待工业革命的作用？如何看待社会发展形态？等等）所持观点的异同，这种基于文本研究的辨析有助于厘清马克思-恩格斯关系。

第四，有助于厘清马克思主义哲学与自由主义的关系。马克思主义哲学与自由主义的关系也是一个重要的理论问题。1842—1845 年文献为我们提供了透视二者关系的窗口。通过文本分析，我们将看到，在价值追求层面，恩格斯哲学无疑继承了近代西方哲学追求自由与平等的主题。可以说，没有源远流长的近代西方哲学传统，就没有恩格斯哲学。另外，1842—1845 年文献也蕴含着恩格斯哲学对近代西方哲学传统的深刻超越。与过往学界在马克思主义哲学与自由主义的关系问题上的讨论相比，本书更加聚焦于文本个案的剖析，体现了专题史、文本个案研究的理论自觉。

第五，在现实指向上，1842—1845 年文献中的讨论为破解当代中国社会发展的瓶颈提供了理论指南和路径参考。尽管这段文献距今已有 100 多年，但恩格斯的很多思考，尤其是对贫困问题的思考以及对资产阶级金钱崇拜和利己主义行为的批判，对当代中国社会的发展具有强烈的现实意义。

二、研究现状分析

1842—1845 年文献是考察恩格斯共产主义世界观和唯物主义历史观形成进程的文献。国内学界对这段文献的相关研究大致可分为两个阶段。

第一阶段，在“体系意识”的引导下，学界侧重于对这段文献进行定性研究，即界定它在马克思主义发展史上的地位。代表性成果是一批马克思主义哲学史著作和马克思恩格斯传记著作，如黄楠森、庄福龄、林利主编的《马克思主义哲学史》第一卷[①]，萧灼基所著《恩格斯传》[②]，这些著作普遍认为该时期是恩格斯共产主义世界观和唯物主义历史观形成的时期，换言之，学界普遍认为该时期恩格斯的哲学思想尚

① 黄楠森，庄福龄，林利. 马克思主义哲学史：第 1 卷. 北京：人民出版社，1990.
② 萧灼基. 恩格斯传. 北京：中国社会科学出版社，2008.

未成熟。

第二阶段，在“问题意识”的指引下，学界侧重于就不同的理论问题和现实问题对这段文献展开研究。具体有以下六类：其一，研究文本的思想与唯物史观的关系，代表性成果有王云著《恩格斯早期经济思想对唯物史观创立的贡献》①。其二，研究文本中的道德哲学思想，代表性成果有刘戎撰《从恩格斯〈英国工人阶级状况〉论当代中国工人阶级的道德现状与认同》②，李荣梅著《〈资本论〉和〈英国工人阶级状况〉之幸福思想探究》③。其三，研究文本中的政治经济学思想，代表性成果有张雷声撰《马克思主义经济思想史上的第一篇重要文献——读恩格斯的〈国民经济学批判大纲〉》④、张一兵等撰《青年恩格斯在现实中探索资本主义的理论逻辑》⑤。其四，研究文本中的政治哲学思想，代表性成果有喻中撰《恩格斯“英国宪法”对宪政研究的启示》⑥、林甦撰《试论“国家意识”对英国工人运动的影响》⑦。其五，对 1842—1845 年文献（主要是《英国工人阶级状况》《国民经济学批判大纲》）做文本个案研究，代表性成果有姜海波著《恩格斯〈国民经济学批判大纲〉研究读本》⑧、舒小昀等编《恩格斯〈英国工人阶级状况〉研究读本》⑨。其六，阐发 1842—1845 年文献的当代意义，代表性成果有李淑梅撰《重读恩格斯的〈英国工人阶级状况〉——对我国城市化进程的思考》⑩。

① 王云. 恩格斯早期经济思想对唯物史观创立的贡献. 徐州：中国矿业大学出版社，2012.

② 刘戎. 从恩格斯《英国工人阶级状况》论当代中国工人阶级的道德现状与认同. 江苏社会科学，2012（2）.

③ 李荣梅.《资本论》和《英国工人阶级状况》之幸福思想探究. 北京：中国时代经济出版社，2016.

④ 张雷声. 马克思主义经济思想史上的第一篇重要文献——读恩格斯的《国民经济学批判大纲》. 甘肃社会科学，2014（5）.

⑤ 张一兵，周嘉昕. 青年恩格斯在现实中探索资本主义的理论逻辑. 湖南社会科学，2008（3）.

⑥ 喻中. 恩格斯“英国宪法”对宪政研究的启示. 马克思主义研究，2007（4）.

⑦ 林甦. 试论“国家意识”对英国工人运动的影响. 国际共运史研究，1993（3）.

⑧ 姜海波. 恩格斯《国民经济学批判大纲》研究读本. 北京：中央编译出版社，2014.

⑨ 舒小昀，高麦爱，褚书达. 恩格斯《英国工人阶级状况》研究读本. 北京：中央编译出版社，2017.

⑩ 李淑梅. 重读恩格斯的《英国工人阶级状况》——对我国城市化进程的思考. 毛泽东邓小平理论研究，2010（12）.

国外学界对恩格斯 1842—1845 年文献的研究主要围绕着以下四个方面展开：

其一，把对这段文献的研究与对“马克思-恩格斯关系”问题的研究结合起来。国外学者通过对比分析这段文献和马克思的文本，得出了“一致论”、“对立论”和“主导说”等有影响的观点。“一致论”是以考茨基、普列汉诺夫为代表的第二国际“正统马克思主义”的观点。该观点认为恩格斯和马克思在每一个重要理论观点上都具有“共同见解”。“对立论”是 20 世纪五六十年代美国学者 N. 莱文、法国学者 M. 吕贝尔和德国学者乔治·利希特海姆等人所持的观点。该观点认为恩格斯思想与马克思思想存在深刻的对立。恩格斯“主导说”是日本学者广松涉在《青年恩格斯的思想形成》一文中提出的。广松涉认为，在经济学研究、在共产主义理论和历史唯物主义理论方面，恩格斯走在了马克思的前面并起了主导作用，这种主导作用最鲜明地体现在《德意志意识形态》一书中。

其二，界定这段文献在马克思主义思想发展史上的地位。代表性成果有 H. 格姆科夫著《我们的一生——马克思恩格斯传记》①、科尔纽著《马克思恩格斯传》（第一卷）②、斯捷法·普罗杰夫著《恩格斯青年时代》③、特雷尔·卡弗著《弗里德里希·恩格斯：生平和思想》④ 等，这些著作从不同的角度和立场出发对 1842—1845 年文献进行了总体定位，大多倾向于认为这段文献属于恩格斯不成熟时期的著述。

其三，对这段文献进行专题研究。例如，凯·尼尔森于 1983 年发表的长文《恩格斯论道德及其创立》⑤，对这段文献的道德思想展开了研究；曼弗雷德·B. 史丹格和特雷尔·卡弗编著的《马克思之后的恩格斯》⑥ 对这段文献的政治经济学思想、政治哲学思想展开了专题

① 格姆科夫. 我们的一生——马克思恩格斯传记. 天津：天津人民出版社，1983.

② 奥古斯特·科尔纽. 马克思恩格斯传：第 1 卷 1818—1844. 北京：三联书店，1963.

③ 斯捷法·普罗杰夫. 恩格斯青年时代. 北京：中国青年出版社，1984.

④ Terrell Carver. Friedrich Engels：His Life and Thought. London：Macmillan，1989.

⑤ Kai Nielsen. Engels on Morality and Moral Theorizing. Studies in Soviet Thought，1983：26.

⑥ Manfred B. Steger，Terrell Carver. Engels after Marx. University Park PA：Pennsylvania State University，1999.

研究。

其四，对这段文献进行文本个案研究。其中影响最大的当数美国学者史蒂文·马库斯在1974年出版的《恩格斯、曼彻斯特与工人阶级》①以及艾如那·克雷纳玛塞在2000年发表的长文《“不仅是抽象知识”：弗里德里希·恩格斯在工业城市曼彻斯特》②，这些论著从社会学和哲学等不同学科的角度系统解读了恩格斯的《英国工人阶级状况》。

该如何评价国内外学界的相关研究成果？一方面，我们应充分肯定过往研究提出了许多有价值的角度和观点。学术的推进总是建立在既有研究的基础之上的。另一方面，我们也应看到，学界对1842—1845年文献的研究尚存在以下两个问题和不足：其一，对这段文献关注不够。受“不成熟论”的影响，学界对恩格斯早期的一系列著作，如《英国对国内危机的看法》《国内危机》《各个政党的立场》《谷物法》《伦敦来信》《大陆上社会改革的进展》《英国状况　评托马斯·卡莱尔的〈过去和现在〉》《英国状况　十八世纪》《英国状况　英国宪法》等，几乎没有涉及，或研究深度不够。事实上，这些文献对于我们理解恩格斯这一时期的思想是十分重要的。在后文中我们将对1842—1845年的著述状况做详细分析，在此不赘述。其二，缺乏整体性的研究视角。学界多单独就这一时期的某一部重要文献（如《国民经济学批判大纲》《英国工人阶级状况》）或某一专题进行研究，而没有把这段文献作为一个有机的逻辑整体进行考察，没有探究其内在关联。深入探究我们就会发现，这段文献是一个有机的逻辑整体，它是沿着为何批判私有制（物质利益对人的支配）—批判私有制的具体图景（揭露“美杜莎的怪脸”）—如何消灭私有制（主体力量、精神因素、根本动力和现实途径）的线索展开的。

三、本书的总体框架

围绕着把握到的线索，本书就恩格斯1842—1845年的著述及思想

① Steven Marcus. Engels, Manchester and Working Class. Cambridge: Princeton University Press, 1974.

② Aruna Krishnamurthy. “More than Abstract Knowledge”: Friedrich Engels in Industrial Manchester. Victorian Literature and Culture, 2000, 28 (2).

凝结成如下内容和观点：

第一章交代青年恩格斯携带的自由理性原则、近代欧洲社会发展状况及其症结、恩格斯 1842—1845 年的活动经历和著述状况。恩格斯继承了康德、费希特和黑格尔的自由理性原则，极度珍视人的自由权利，认为合乎人性的世界就是贯彻自由理性原则的世界。但他踏入现实世界后却发现，人无往不在枷锁之中。在 19 世纪的欧洲，人们遭受着沉重的宗教压迫、政治压迫和自私自利的私有制所带来的社会压迫，利益原则才是现实世界的压倒性原则。结果，青年恩格斯所信奉的自由理性原则与利益原则占支配地位的、反自由理性的现实世界之间产生了深刻的冲突和背离。面对这种冲突和背离，恩格斯选择做不屈服的斗争。他积极支持工人阶级的宪章运动，深入调研工人阶级的生存状况，开展政治经济学批判，深入考察英国的政治关系，考察英国的工业革命，和社会主义者交往并深入考察社会主义，这些努力的结晶便是 1842—1845 年的著述。

第二章分析恩格斯批判私有制的思想动因——物质利益对人的支配。来到英国后，恩格斯遭遇了一系列政治事件：关于工人普选权的斗争，关于谷物法问题的争论，关于工厂童工教育法案的辩论，关于取消英爱合并问题之实质的辩论。恩格斯看到，不同的阶级和个人都是基于特殊利益而选择自己的政治立场与态度的，物质利益如同支配人的呼吸一样，支配着不同的阶级和个人的政治立场与行动。例如，为了维护其阶级利益，资产阶级拒绝给予无产阶级普选权。又如，土地贵族及其利益代表托利党为了谷物的高价格和土地的高租金而死守谷物法，而代表工厂主和商人的资产阶级“激进派”则坚决要求谷物的自由输入，并为此组成了反谷物法同盟。在现实世界中，“利益”战胜了“原则”，自由与平等成为迷梦。正是看到物质利益的强大力量以及它反自由与平等的本质，恩格斯进而批判私有制，揭露“美杜莎的怪脸”。

第三章剖析资本主义私有制和竞争关系所导致的社会异化的总体图景。在私有制和竞争的土壤里，社会的方方面面都异化了：本应以爱为纽带的人与人之间的关系异化为普遍的对抗关系；在经济层面，资本主义社会陷入周而复始并日益严重的经济危机之中；科学技术不再是增进人类力量与德性的“福将”，而沦为阶级压迫的工具，导致了广大劳动群众的失业、匮乏、贫穷和社会道德的普遍败坏；在价值观层面，金钱关系和利己主义成为社会的“通则”，金钱确定了人的价值，重新界定了“天堂”和“地狱”这两个概念，并催生出一个没有丝毫“人情味”的社会；在政治国家层面，现实的国家并没有成为普遍理性的化身，而沦为私有财产的私器。一切公民权在其现实性上都只是“富人的特权”。法律压榨穷人、富人支配法律，这才是资本主义国家的真实面目。一句话，社会的方方面面都笼罩在“美杜莎的怪脸”之下。

第四章聚焦工人阶级的状况，细致剖析资本主义私有制和竞争关系给工人阶级带来的深刻影响。该章首先描绘工人阶级状况的总体图景。在私有制及其阴影的笼罩下，无产阶级在价值层面遭受蔑视，在经济层面遭受残酷的剥削，在政治层面遭受强权的镇压，在道德层面不得不忍受资产阶级的虚伪与残忍，过着贫困、匮乏、卑微和遭受蔑视与压迫的生活。接着，在描绘总体图景的基础上，该章分别梳理资本主义私有制和竞争关系对工人的劳动状况、生活状况、身体状况、受教育状况和道德水平所造成的影响。工人阶级的劳动状况具体体现为：劳动环境恶劣，劳动时间长、劳动强度大，劳动极其单调、折磨身心，工厂制度让工人失去了自由。工人阶级的生活状况具体体现为：他们住的是“奥吉亚斯的牛圈”，衣衫褴褛，吃的一般都是劣质食品。“最有贡献的人”成为社会战争的牺牲品，沦为最可怜的人。工人阶级的身体状况具体体现为：妇女不能生育，孩子畸形发育，男人虚弱无力、四肢残缺不全，整代人都被毁灭了。工人阶级的受教育状况具体体现为：教育经费投入少得可怜，教育设施极其差，教师素质低，没有一个地方实行义务教育，儿童因长时间的劳动而无法接受教育，宗教价值压倒了国民教育，受教育的孩子依然愚昧无知，资产阶级对受教育的工人灌输自己的价值观。工人阶级的道德水平具体体现为：他们具有酗酒、纵欲、忽视一切家庭义务、不关心将来、犯罪等一系列毛病。可以看到，工人阶级的状况是极其糟糕的，而造成如此状况的根源便是资本主义私有制和竞争关系。最后，该章剖析无产阶级的灰色人生体验。这是该章的落脚点与升华。从最深层的意义上说，社会制度的异化最后都会体现在人的心理体验上。在资本主义私有制条件下，无产阶级没能体验到丝毫温情与欢乐，其人生也没有丝毫盼头。资本主义社会留给无产阶级的是彻底灰色的人生体验。

第五章梳理恩格斯关于如何消灭私有制的思想。恩格斯将消灭私有制，寻求“真正的自由和真正的平等”的事业称为探寻“斯芬克斯谜语的谜底”。他从主体力量、精神因素、根本动力和现实途径四个方面揭示了这一谜语的谜底。无产阶级是消灭私有制的主体力量。这一阶级既饱受着私有制所带来的苦难，同时又具备了消灭私有制所必需的觉悟、决心、力量和素质，并且进行了不屈服的斗争。无产阶级是“真正值得尊敬的人”①，有力量从事伟大的民族解放事业和人类解放事业。德国哲学是消灭私有制的精神因素。德国哲学教导无产阶级：宗教在本质上是虚幻的东西，人不可能凭借神而得救；斯芬克斯谜语的“谜底”是人本身，无产阶级要依据人的尺度即自由、平等和博爱的尺度构建新世界；要打倒“一切天上的和地上的神”②，无产阶级必须进行不屈服的斗争。思想的闪电一经与人的力量相结合，自由的曙光就会降临人间。工业革命是消灭私有制的根本动力。它虽然使中间阶级上升为统治者，但同时也催生了消灭资本主义私有制的主体力量——现代无产阶级，并且为无产阶级从事伟大的人类解放事业创造了一系列必要条件：它促进了无产阶级的壮大，锻造了无产阶级运动的坚强核心，催生了“世界的文学”，为无产阶级宣扬思想主张提供了传播媒介，为无产阶级的联合提供了物质基础。英国工业革命是“现代英国各种关系的基础”③，是整个社会运动的根本动力。共产主义是消灭私有制的现实途径。它是建立在财产共有基础上的对社会关系所进行的全面变革。这种变革就内容而言包括：废除私有制，实现财产共有；消灭竞争；消灭宗教；政治革命。共产主义能够彻底消灭资本与劳动的对立和分离、竞争和无政府状态、周期性的经济危机、无产阶级的贫困以及资本主义的一切罪恶，到那时，一个合乎自由理性原则的世界就会到来。

综论部分阐明1842—1845年文献的思想史意义和现实意义。概括说来，这段文献具有的思想史意义主要有三点：其一，这段文献有助于我们回应关于恩格斯哲学的“人学空场”论的指责。1842—1845年文献表明，恩格斯哲学是以人为本的哲学。恩格斯哲学充满了对人的苦难

① 恩格斯．英国状况 评托马斯·卡莱尔的《过去和现在》1843年伦敦版//马克思恩格斯全集：第3卷．中文2版．北京：人民出版社，2002：497.

② 马克思．德谟克利特的自然哲学和伊壁鸠鲁的自然哲学的差别//马克思恩格斯全集：第1卷．中文2版．北京：人民出版社，1995：12.

③ 恩格斯．英国状况 十八世纪//马克思恩格斯全集：第3卷．中文2版．北京：人民出版社，2002：544.

和希望的关注，对人的价值和尊严的捍卫；恩格斯的历史观是辩证历史观，强调现实的历史进程是人的活动和物质生产共同作用的结果，二者缺一不可；恩格斯宣扬的共产主义绝非与人无关的社会形态，而是“真正的自由和真正的平等”的实现。其二，将这段文献置于马克思主义的思想进程中，我们能清楚地看到其理论贡献：这段文献在政治经济学和某些重要议题上做了开辟性的探讨，即它开启了政治经济学批判的先河，率先对工业革命作为社会发展的根本动力的议题进行了思考，在社会发展形态问题上做出了开辟性的思考；此外，这段文献的另一些思考虽然不是最早的，但也成为马克思恩格斯日后创立唯物史观的重要思想基础。其三，将这段文献置于近代西方思想传统中加以考察，我们能看到恩格斯哲学对近代西方哲学传统的深刻超越。在自由与平等因何丧失以及如何为自由与平等寻求出路的问题上，恩格斯的回答都超越了近代西方哲学传统，认为唯有进行社会制度的深刻变革，才能从根本上解决自由的难题。在现实意义方面，恩格斯关于贫困问题的思考对于我们认识和解决现实的贫困问题有如下启示：应将救济贫困的工作变成一种公共事业，扶贫要扶志，扶贫扶教育，扶贫必须保障工人获得合理报酬的权利。恩格斯对金钱崇拜的批判留给我们的现实启示有：应加强对金钱崇拜和利己主义行为的监管，应严惩因金钱崇拜而导致的见利忘义的违法行为，应强化道德批判的作用，应加强以利他主义为宗旨的生活教育，应以传统文化的责任情怀涵养人心，社会应当崇尚人民英雄。

第一章　理念-冲突-抉择

恩格斯继承了康德、费希特和黑格尔的自由理性原则，极度珍视人的自由权利，认为合乎人性的世界就是贯彻自由理性原则的世界。这种源自德国古典哲学的自由理性传统与充满压迫的近代欧洲社会状况之间存在着深刻的冲突和背离，面对这种冲突和背离，恩格斯选择了进行不屈服的斗争，于是便有了 1842—1845 年的活动和著述。

一、崇高的自由理性原则

恩格斯在《社会主义从空想到科学的发展》一文中指出，他进入现实社会时携带的是康德、费希特和黑格尔所创建的德国古典哲学传统。德国古典哲学珍视的自由理性原则正是青年恩格斯信奉的理念。自由理性理念视人的自由权利为最高价值，认为国家应当成为普遍理性的化身以捍卫人的自由权利。恩格斯正是从这种植根于德国古典哲学传统的自由理性原则中汲取了强大力量。

青年恩格斯是携带着怎样的理念进入现实社会的？无疑是自由理性理念，正如恩格斯自己指出的，德国社会主义者“以我们不仅继承了圣西门、傅立叶和欧文，而且继承了康德、费希特和黑格尔而感到骄傲”①。德国古典哲学家都认为，自由权利具有最高价值，唯有能实现

① 恩格斯.《社会主义从空想到科学的发展》德文第一版序言//马克思恩格斯全集：第 25 卷. 中文 2 版. 北京：人民出版社，2001：587.

人的自由的世界才是合乎人性的世界，而自由的实现则有赖于人类理性的发展，有赖于理性原则在现实世界中的贯彻。贯彻理性原则的国家便是人类理性发展到成熟阶段的产物，也是自由的家园。恩格斯继承的正是这样一种自由理性原则。以下我们逐一剖析康德、费希特和黑格尔的自由理性理念。

（一）自由权利之根源与现实化

1. 自由权利从何而来

在康德看来，自由权利就根植于道德法则。他说：“我们唯有通过道德命令（它是义务的直接指令）才认识我们自己的自由——由于我们是自由的，才产生一切道德法则和因此而来的一切权利和义务。”① 人是自由的，因此人能践行道德法则，面对道德法则，人才肩负着以身承道的义务，权利便伴随义务而来。因此，权利是由道德法则转化而来的。这种权利在近代政治哲学的话语体系中被表达为人的基本权利：言论自由、信仰自由、出版自由、结社自由、迁徙自由等。

2. 自由权利的实现——国家需遵循理性原则

康德在对人的自由权利做了形而上学的论证之后，接下来需要回答的问题是：如何实现自由权利？康德寄希望于遵循理性原则的国家。那么，什么样的国家才是合乎理性原则的？康德的回答是：“一个民族的一切公正的立法都必须以原始契约的理念为根据”②。什么是“原始契约的理念”？按照康德的解释，这种理念必须符合三大原则：第一，共同体中作为人的每个成员的自由；第二，共同体中作为公民的每个成员与他人的平等；第三，共同体中作为臣民的每个成员遵循法律的义务。有学者把这三大原则概括为自由权利原则、平等原则与服从原则。③ 唯有符合这三大原则的理念，才能被视为“原始契约的理念”，按照这种“原始契约的理念”构建起来的国家，才是合乎理性的国家，这种国家以捍卫人的自由为最根本的信念。这是因为，在三大原则中，自由权利原则是最基础和根本的，平等原则和服从原则都建立在它之上。因此，

---

① 康德. 法的形而上学原理——权利的科学. 北京：商务印书馆，1991：36.

② 黄裕生. 人类此世的一个绝对希望——论康德有关共和政体与永久和平的思想. 江苏行政学院学报，2013（2）：14.

③ 同②.

自由权利原则便是真正的立国原则。国家只有遵循自由理性原则才是合法的。一句话，唯有遵循自由理性原则的国家才能捍卫人的自由权利。

3. 共和制是普遍理性的化身

在现实形态上，“原始契约的理念”化身为什么样的国家制度？康德的回答是：“共和制”。他指出，共和制之所以是最好的政治制度，就在于它的起源和设计（代议制和分权制）合乎“原始契约的理念”。代议制为何合乎“原始契约的理念”？这是因为，代议制是由全体公民推选出代表来组成公共机构（政府），这个受委托的政府最根本的职责是捍卫每个公民平等的自由权利，如果有人侵犯了他人的自由，政府就必须运用公共权力使其服从法律。代议制契合了“原始契约的理念”的三大原则：代议制的目的在于捍卫自由，这符合自由原则；代议制规定每个公民都有平等的选举权和作为共同体成员的平等权利，这符合平等原则；政府有权运用权力迫使公民服从体现自由的法律，这符合服从原则。分权制也是共和制所必需的。这是因为，分权意味着公共权力不会被任何个人据为己有和滥用，从而防止了公民让渡出去的权力反过来损害自己的自由权利。与分权制相反的专制制度则意味着某个人窃取了公共权力，他的意志凌驾于公共意志之上，其余的人则成了奴隶，失去了自由和尊严。君主制彻底背离了三大原则。

（二）哲学之自由的体系

自由的现实化是费希特全部哲学的主题。

1. 对自由平等权利的捍卫

费希特生于 1762 年，他 27 岁那年法国爆发了震撼欧洲的大革命。大革命高举自由、平等的旗帜，推翻了封建君主专制，在青年费希特的心中引起了强烈的共鸣。费希特高度评价了法国大革命，将其视为“一幅关于人的权利和人的价值这个伟大课题的瑰丽画卷”①。1793 年，31 岁的费希特发表题为《向欧洲各国君主索回他们迄今压制的思想自由》的文章，呼唤思想自由，要求平等权利，他说：“人和上帝的永恒真理就在于，有不可出让的人的权利，思想自由也属于这类权利——我们为了保护自己的权利而将我们的权力交到某个人的手中，如果他恰好使用

① 费希特．费希特著作选集：第 1 卷．北京：商务印书馆，1990：173.

这个权力来压制我们的权利特别是压制思想自由，他的行为就太不正义了。这个道德真理是绝对没有例外的；它们从来不会有问题，相反的，总是可以被归结为权利的必然有效地概念。”① 在费希特看来，人生来就被赋予了平等的、不可剥夺的自由权利，这种自由权利对于人类具有最高的价值。专制制度的不法之处就在于它压制人的自由权利。这篇檄文在欧洲各国引起了强烈反响，被誉为欧洲呼唤思想自由的最著名的宣言书之一。

那么，人的自由权利如何实现？与康德一样，费希特寄希望于人类理性的发展。“理性王国”便是人类理性成熟的产物，是自由的家园。

2. “理性王国”

依据人类理性发展的不同程度，费希特将历史进程划分为五个阶段。在前面三个阶段，人类理性处于被遮蔽或萌芽的状态，与此对应，人类历史发展的前三个阶段充满了愚昧与罪恶，费希特认为自己所处的第三个阶段正是“恶贯满盈”的阶段。在这个阶段，每个人都是个人主义者，眼中都只有自己的利益，为争夺利益都与他人处于战争状态，人与人之间是狼与狼的关系。费希特也把普法战争中德意志的失败归咎于这种物欲横流的“恶贯满盈”。虽然如此，费希特并没有对德意志民族和整个人类的自由失去希望，相反，他认为这种罪恶以及对罪恶的反思恰恰是通往自由和理性的国度所必经的阶段。

在《对德意志民族的演讲》一文的结尾处，费希特赋予德意志民族建立“理性王国”的历史使命。就内在本质而言，在“理性王国”里，“一切人在他们作为人所过的生活中都是自由的，都是理性以同样的方式在时间上采取的形态，因此，他们对自由都有同样的要求，而且超过这种要求，就没有任何其他要求”②。就此而言，“理性王国”无疑是自由的家园，在这里，身份、等级、财富和权力对人的限制都被消解了，一切人都在平等地追求自己的自由，同时也在追求普遍的利益。在这里，国家的法律真正成为公意的体现，每个人自觉地服从法律，也就是服从人类理性为自身所立的法。国家的权力也指向普遍的自由和公众的

---

① 费希特．向欧洲各国君主索回他们迄今压制的思想自由//费希特文集：第 1 卷．北京：商务印书馆，2014：152.

② 梁志学．费希特柏林时期的体系演变．北京：中国社会科学出版社，2003：224－225.

福利，而非某个人或某个集团的囊中之物。就其具体形式而言，费希特认为，“理性国家”只能是共和政体。因为不管民主政体还是专制政体，其行政权力与监督权力都是融为一体的，结果极有可能导致极权主义。在这种情况下，自由权利必然会受到侵犯。唯有共和政体才能更好地实现人民主权原则，这是因为，在这种政体中，监督权与行政权是分开的，来自人民的、强大的监督权能有效防范政府官员对权力的滥用，保证权力的公共性质，从而实现公众的自由和普遍的利益。

（三）“理性和自由是我们永远的口号”①

许多人认为黑格尔是普鲁士的官方哲学家，为普鲁士的君主专制制度辩护，其实这是对黑格尔及其哲学的误解，自由和理性才是黑格尔“永远的口号”。

1. 对自由权利的论证

人的自由权利源自何处？黑格尔指出，就源自人作为“无限人格”的本质。按照黑格尔的理解，“法是自由的定在”。这里所说的“法”是一个逐级丰富的范畴，它内含着自我实现的目的和动力，抽象法、道德和伦理是其自我展现的三个逻辑阶段。这三个阶段都是自由理念的实现形式，其中，抽象法是客观的、自在意义上的法，这种法在本质上就是“无限人格”。这种抽象的“无限人格”便是自由权利的绝对基础。在所有的自由权利之中，黑格尔最看重的便是蕴含在“无限人格”概念中的财产权利，它是自由“最初的定在”。此外，人格权利也是平等的，因为“无限人格”本身是无差别的。黑格尔说：“人之所以为人，正因为他是人的缘故，而并不是因为他是犹太人、天主教徒、基督教徒、德国人、意大利人等等不一。”② 这里说的平等，是因为每个人都是无差别的“无限人格”的定在。因此，个人平等的自由权利源自个体是作为“无限人格”（也就是自由理念）的定在，源自人本身的高贵性。

2. 国家是“具体自由的现实”

如何实现和捍卫个人平等的自由权利？黑格尔给出的答案是：国家。但是，黑格尔所说的国家并不泛指一切国家，而指体现普遍理性的国家，国家理性本质的重要体现就在于它捍卫个人的自由权利。关于这

① 黑格尔．黑格尔通信百封．上海：上海人民出版社，1981：38.

② 黑格尔．法哲学原理．北京：商务印书馆，1961：217.

一点，我们可以从正反两方面加以分析：

一方面，黑格尔对专制政体（在这种国家制度里，普遍理性“还被蒙蔽着”）展开了批判。黑格尔指出，在古典古代国家里，“主观目的同国家的意志是完全一致的”，这就是说，个人的特殊性原则在国家意志（确切地说是君主的意志）面前是受压制的，个人不能要求“自己的观点”“自己的意志和良心”。对于传统社会的个人来说，“最终的东西是国家的意志。在亚洲君主专制的统治下，个人在自身中没有内心生活也没有权能”[①]，个人没有独立的人格和财产，“普天之下莫非王土，率土之滨莫非王臣”，个人也不能选择自己的信仰，没有迁徙的自由，不能结社以讨论国事和捍卫自身的利益。在专制国家里，一切在现代公民看来是理所当然的个体权利都不被承认。因此，专制政体并非普遍理性的体现，自由权利在其中无容身之地。

另一方面，黑格尔认为理性国家的法律、司法和警察是自由的捍卫者。黑格尔指出，国家是“具体自由的现实”，这种自由就体现在个人的权利得到国家法律的“明白承认”和国家保安力量的保护。黑格尔指出，国家法律是“法”的最高级形式，因为它是现实的和自为的，即它是广布于天下的人民权利书。黑格尔批判了过去专制君主的做法，这些君主或者把法律束之高阁，或者把它淹没在晦涩难懂的典籍中，使它变成少数法学家的独占品。黑格尔指出，因为“法与自由有关，是对人最神圣可贵的东西，如果要对人发生约束力，人本身就必须知道它”[②]。因此，国家法律必须以广布于天下的形式规定人民的自由权利，也规定对侵权行为的处罚。与此相关联，黑格尔认为，法院作为一个公共权力机构，其根本职责就在于，在每一个特殊案例中，不受他人与自身的私利的诱导而坚定地确认和实现“法”。在此意义上，司法的本质是实现自由而非暴力与压迫。黑格尔指出，只有在“强权即是公理”的专制社会，司法才是一种“对自由的压迫”和不适当的暴力行为。而在体现普遍理性的国家，司法就是自由的保障和实现，其强力行为也不是为了压迫和惩罚，而是为了扬弃“不法”而使“法”（自由权利）成为坚实有力的东西。与司法一样，警察的作用也不在于暴力和压迫，而在于保护个人的财产和自由权利免受侵犯。黑格尔指出，防止个人行为中可能存在

① 黑格尔．法哲学原理．北京：商务印书馆，1961：263.

② 同①224-225.

的侵权方面，维护社会的公共秩序，是司法监督权力和执行权力的最终根据。从上面的分析可以看到，体现普遍理性的国家是自由的捍卫者。

3. 现代君主立宪制度是自由之谜的解答

普遍理性在其成熟形态展现为什么样的国家制度？黑格尔的答案直截了当：君主立宪制度。他说："国家成长为君主立宪制乃是现代的成就，在现代世界，实体性的理念获得了无限的形式。"① 这再次证明黑格尔并非一个专制主义者，在他所倾心的现代君主立宪制度中，虽然也保留了君主，但这种君主就像木偶一样，对于国家法令除了签署之外，便没有别的事可做，君主的任务只在于说"我要这样"并在政令上御笔一点，其个人意志并不能凌驾于宪法之上。说白了，这种君主仅仅是国家的象征，本身并无实权。在君主立宪制国家，真正起决定作用的是国家的法律与司法。知识精英通过自身的活动贯彻和维护现行的法律、制度和公共设施，从而实现公众的自由和普遍的利益。黑格尔指出，包含君主主权、王位世袭制、官僚政治、上院的世袭制、下院的代议制、审判制度等在内的君主立宪制度是在地上行进着的神。自由理念经过漫长的成长，最终在现代君主立宪政体里安了家。

综上所述，德国古典哲学体现的就是自由理性传统，认为世界应当遵循自由理性原则，而国家则肩负着在尘世实现人的法律的、伦理的、政治的自由之使命，自由和理性是其"永远的口号"。这种自由理性传统无疑为恩格斯所继承，成为他思想的底色和社会批判的武器。恩格斯在 1842—1845 年文献中也不断宣称"真正的自由和真正的平等"是自己哲学的归旨，自由理性是世界应当遵循的法则，社会与国家应当为个人实现自身幸福提供充足的条件。那么，现实世界是否遵照了自由理性原则？

二、沉重的现实压迫

世界应当遵照自由理性原则，但在现实世界里，人却无往不在枷锁之中。概括起来，在 19 世纪的欧洲，人们遭受着宗教压迫、政治压迫

① 黑格尔．法哲学原理．北京：商务印书馆，1961：287.

和自私自利的私有制所带来的社会压迫，利益原则才是现实世界的压倒性原则。结果，青年恩格斯所信奉的自由理性原则与利益原则占支配地位的、反自由理性的现实世界之间产生了深刻的冲突和背离。

（一）宗教压迫

19 世纪中叶的欧洲依然处于宗教的精神束缚之下。路德的宗教改革使得宗教更加深入人的内心世界。正如马克思指出的，“**路德**战胜了**虔信**造成的奴役制，是因为他用**信念**造成的奴役制代替了它。他破除了对权威的信仰，是因为他恢复了信仰的权威。他把僧侣变成了世俗人，是因为他把世俗人变成了僧侣。他把人从外在的宗教笃诚解放出来，是因为他把宗教笃诚变成了人的内在世界。他把肉体从锁链中解放出来，是因为他给人的心灵套上了锁链”①。

宗教与世俗政权相互勾结和利用。一方面，世俗政权竭力保护宗教，例如推行专制制度的普鲁士政权就竭力保护作为国教的基督教。在 19 世纪 40 年代普鲁士政府新颁布的书报检查令中就明确规定：凡以敌对的、轻佻的方式反对和攻击基督教及其教理的，都属于违法行为。普鲁士此举就是为了建立一个基督教国家，一个中世纪封建专制国家。另一方面，宗教竭力为世俗政权辩护。《保罗书》有言：“在上有权柄的，人人当顺服于他，因为没有权柄不是出于神的。凡掌权的都是神所命的。”君权神授，世人就不得反抗世俗的王权，基督教就成了专制国家的卫道士。

除了为世俗政权辩护，基督教还反对思想自由权利和进步改革。面对人民报刊《莱比锡总汇报》遭查封这一事件，代表天主教立场的《莱茵-摩泽尔日报》表现出幸灾乐祸的态度。该报援引了教皇的通谕：“主张让每一个人都享有**信仰自由**，这是荒谬之论（Deliramentum）；而**新闻出版自由**则更令人深恶痛绝。”② 教会人士给进步的《莱比锡总汇报》安上了这样的罪名：它反对天主教并且散布不利于基督教的流言蜚语。

不仅如此，宗教还利用世俗教育来俘获儿童的灵魂。以英国的国民

---

① 马克思.《黑格尔法哲学批判》导言//马克思恩格斯文集：第 1 卷. 北京：人民出版社，2009：12.

② 马克思.《科隆日报》的告密和《莱茵-摩泽尔日报》的论争//马克思恩格斯全集：第 1 卷. 中文 2 版. 北京：人民出版社，1995：413.

教育为例，宗教利用教育狂热地推行自己的教义。国教会成立了自己的国民学校，每一个教派也都组建了自己的学校。这些学校以各种方式吸引儿童入学，其唯一目的就在于通过教义的宣传把本教教徒的孩子禁锢在自己的教派中，还有就是从别的教派那里抢夺某些孩子可怜的灵魂。宗教教义的灌输成为英国国民教育的主要内容，其结果是孩子们从小头脑里就塞满了各种各样的教条和教义，教派的仇恨和狂热的偏执在儿童的心灵中肆意疯长。

（二）政治压迫

19 世纪的欧洲依然笼罩在政治压迫的阴影之下。法国大革命伴随着拿破仑军事的滑铁卢而失败了。1815 年，俄、普、奥三国的君主在维也纳会议上组成“神圣同盟”，同盟恢复了过去的封建统治秩序，欧洲也由此退回到封建贵族统治的旧时代。各同盟国勾结起来共同压制各地的起义和革命，其中以奥地利和普鲁士最为突出。奥地利首相梅特涅公然宣称：“思想本来不应该出现在这一世界上，然而，不幸的是它侵入到现实之中，因而各国应该共同一致将其消灭。”① 为此，梅特涅下令打压新闻出版自由、镇压学生运动，甚至禁止体育运动。

普鲁士的情形更糟糕。1819 年德国政府制定了《卡尔斯巴德决议》，依据该决议的精神，普鲁士政府发布了新的书报检查令。马克思批判，在实行严格书报检查制度的三十年里，德国著作界堕入一个思想的“大斋期”。“新闻出版界**堕落了**……当时著作界中唯一还有充满生机的精神在跃动的领域——**哲学领域**，已不再说德语，因为德语已不再是思想的语言了。”② 书报检查令给德国精神的发展带来了不可弥补的损失。不仅如此，普鲁士专制政府还四处查封进步书籍和报刊。1841 年 11 月政府查封了布鲁诺·鲍威尔所著的《布鲁诺·鲍威尔和他的敌人》，1841 年 12 月查封了布尔主编的《爱国者》，1843 年 1 月查封了卢格主编的《德意志年鉴》，1842 年 12 月查封了进步报刊《莱比锡总汇报》，普鲁士政府给该报定的罪名是“行为不端”。可真实理由却是：1842 年德国的民主主义者海尔维格因普鲁士君主禁止其筹办进步报刊

---

① 城塚登. 青年马克思的思想. 北京：求实出版社，1988：23.

② 马克思. 关于新闻出版自由和公布省等级会议辩论情况的辩论//马克思恩格斯全集：第 1 卷. 中文 2 版. 北京：人民出版社，1995：149.

《来自瑞士的德意志信使》而写信指责国王的行为，《莱比锡总汇报》因公布了该信内容而遭到查封。

除了压制思想自由，普鲁士政府还四处镇压各地的革命，它以残酷的手段镇压了 1833 年的法兰克福起义和 1843 年的黑森农民暴动。普鲁士政府还肆意颁布禁止政治结社和集会的法令，对群众尤其是大学生实行严格监控，将所有请愿和抗议的人视为罪犯而加以迫害。最后，普鲁士专制政府还竭力恢复贵族势力的特权。18 世纪 90 年代，拿破仑军队打败了普鲁士军队，法国军队在其占领的莱茵河左岸的德国地区建立了新的区乡权力制度，大力削减了乡村封建贵族的特权，实现了城市和农村在法律上的权利平等。但是，在 1815 年普鲁士重新恢复自己的统治地位后，政府和封建贵族废除了城乡的权利平等制度，恢复了贵族势力的特权，中世纪的统治秩序又死灰复燃。马克思在《共产主义和奥格斯堡〈总汇报〉》一文中描述了在普鲁士专制政府统治下德国人民的悲惨处境：“现在德国独立的人很少，十分之九的有教养的青年都为了自己的前途而向国家乞食，我国的河流未被利用，航运萧条，过去繁荣的商业城市失去了往日的光辉，自由的制度在普鲁士推行得缓慢无比，我国过剩的人口无依无靠地流浪四方，在其他民族中作为德国人逐渐衰亡。”[①] 字里行间，我们感受到马克思“哀其不幸，怒其不争”的沉重心情。

专制君主国压迫人的自由，那么，现代君主立宪制国家（英国）和共和制的国家（法国、美国）是否就是自由的国度？答案依然是否定的，这些国家的人民虽然免遭专制制度的压迫，但却遭受着财产关系的政治压迫。在英、法、美等国，政治上实行的是“无财产即无代表”的代议制政治。

关于英国代议制的情况，马克思曾做过详细的记录：一个男子要想获得不列颠议会的选举权：如果在城市选区，除缴纳济贫捐以外，还必须拥有不少于 10 英镑的房产；如果在乡村选区，那他的年收入必须不少于 40 先令，或者每年交纳的地租不少于 50 英镑。[②] 可见，英国的议会选举是建立在财产资格的基础之上的，无财产即无选举权。政治选举

① 马克思．共产主义和奥格斯堡《总汇报》//马克思恩格斯全集：第 1 卷．中文 2 版．北京：人民出版社，1995：293.

② 马克思．宪章派//马克思恩格斯全集：第 8 卷．北京：人民出版社，1961：391.

的财产资格限制导致英国即使在 1867 年的选举改革后，合格选举人依然不到全国人口总数的 1/10。广大无产者被完全挡在国家政治生活之外。正如恩格斯指出的，英国社会的真实统治者是“财产”，“财产使贵族能支配农业地区和小城市的议员选举；财产使商人和工厂主能决定大城市及部分小城市的议员选举；财产使二者能通过贿赂来加强自己的影响。财产的统治已经由改革法案通过财产资格的规定明确承认了”①。所谓的人民主权，在君主立宪制的英国是彻底的谎言。

与英国一样，法国的政治选举权只向“积极公民”开放。何谓“积极公民”？法国 1791 年的宪法是这样界定的：“凡为积极公民，必须：生为法国人或后来变为法国人；已满二十五岁；在城市或区内具有为法律所指定的一定时期的住所；在王国内任何一个地方，至少已经缴纳了相当于三个工作日价值的直接税，并须提出缴纳收据……”② 无财产即无选举权的政治原则再次被赤裸裸地暴露出来。正因为财产资格、年赋税额的准入条件，法国代议制政治最终导致了这样的结果：“穷人到处都在受苦，而不是在进行统治；劳动者在服从，而不是在指挥；小商人和小业主在劳动，而不是在发号施令；富人到处都由于其金钱的影响而在进行统治，并且参加政权，担任官职。”③ 一个奉行人民主权原则的现代法国却利用财产资格的限制而把贫苦大众排挤出国家政治生活。理念和现实处于尖锐的对立之中，私有制原则才是凌驾于现实世界之上的原则。

作为英国曾经的殖民地，美国的政治也奉行财产原则。从 18 世纪开始，各个州政府都规定了选举权的财产资格，比如，罗得岛州政府要求选举人必须拥有 40 英镑的财产，新罕布什尔州政府则要求选举人具有价值 50 英镑的不动产，弗吉尼亚州政府要求选举人具有 100 英亩的未开垦土地或者 25 英亩已定居或开发的土地，马萨诸塞州政府要求选举人拥有不少于 40 先令的年收入。

以上欧美主要国家的议会选举规定表明，形式上的民主选举背后隐

① 恩格斯．英国状况　英国宪法//马克思恩格斯全集：第 3 卷．中文 2 版．北京：人民出版社，2002：567.

② 马克思．《克罗茨纳赫笔记》第四本//马列著作编译资料：第 11 期．北京：人民出版社，1980：58.

③ 同②58-59.

藏着实质的不民主。如果说在现代国家是人民当家做主，那么这里的人民指的仅仅是有财产的阶级，这种民主只是有产者的民主而非全体国民的民主。那么，资产阶级国家为何要设置选举的财产资格限制？马克思恩格斯一针见血地指出，现代国家设置财产资格限制的根本目的在于实现“资产阶级专政”。恩格斯说：“工业革命创造了一个大工业资本家的阶级，但是也创造了一个人数远远超过前者的产业工人的阶级。随着工业革命逐步波及各个工业部门，这个阶级在人数上不断增加；随着人数的增加，它的力量也增强了。”① 在这种情况下，实行普选权的必然后果就是“工人阶级的政治统治”②。这当然是资产阶级不愿看到的，因此有产者就通过财产资格限制把无产阶级挡在议会大门之外，从而把无产阶级变为永远的政治“贱民”。

以上分析表明，不论在专制君主制国家，还是在现代的君主立宪制国家、共和制国家，人民群众都深受政治压迫。不同的只是专制国家是通过赤裸裸的强权进行政治压迫，而君主立宪制国家、共和制国家则是通过财产资格限制进行政治压迫。

（三）自私自利的私有制所带来的社会压迫

伴随着工业革命的发展和资产阶级在政治上的强大，资本主义日益成为社会的“普照光”。资本主义一方面带来了生产力的发展、政治的解放和人们生活方式的巨大转变，但另一方面也带来了各种深重的社会压迫。

首先，这种压迫体现为资产阶级对无产阶级的经济剥削。空想社会主义思想家傅立叶把资本主义社会称为“文明制度”，这个制度里存在两个阶级，一个叫“工厂主阶级”，另一个则是“一无所有”阶级。前者扮演着领导者和监督者的角色，本身并不从事生产，但却独占劳动者的成果；后者则被迫承担了所有劳动重荷，自己却享受不到劳动果实。傅立叶以尖锐的话语刻画出弱肉强食的社会状态：“证券投机者、囤积者以及其他经济上的海盗等阶级（即工厂主阶级。——引者注）……用自己的势力来聚敛大量资本，以求引起各种商品价格的波动和依次地破

---

① 恩格斯．《社会主义从空想到科学的发展》1892 年英文版导言//马克思恩格斯文集：第 3 卷．北京：人民出版社，2009：516.

② 马克思．宪章派//马克思恩格斯全集：第 8 卷．北京：人民出版社，1961：390.

坏每个生产部门，使勤劳阶级（农民、工业家……）变成穷人，然后再利用投机的办法去进行大规模的掠夺，好像鲱鱼数以百万计地被鲸鱼大口大口地吞进去一样。”① 社会进行着残酷的战争，这场战争的武器就是资本，无产阶级处于被拥有资本的有产阶级无情碾压的状态。

在这种关系下，工厂主阶级和工人阶级分别处于什么样的生活状态呢？傅立叶这样分析：工厂主阶级处于一种享受“自由自在和无忧无虑的生活”状态，工厂主阶级并不像工人阶级那样为今日的劳作而痛苦，为明天的面包而担忧，也不会受到欺骗和鄙视，而是饱食终日、声色犬马；与此相反，工人阶级则过着悲惨的生活，“失业后受尽房东和债主逼迫的工人，历尽多少的烦恼之后流落为乞丐，于是把自己的溃疡、自己赤裸裸的身体和饿得衰弱不堪的儿女展露在街头，使你们的城市充满了一片悲惨的怨声”②。更为悲惨的是，一旦这些可怜人企图哀求他人的怜悯和帮助，统治者（资产阶级）就会无情地逮捕他们，并扬言要将这些穷光蛋投入监狱；假如他们在饥饿难耐的情况下偷窃，下场便是被送上绞刑架。因此，在傅立叶看来，近代资本主义虽然创造了巨大的社会财富，但却使直接从事生产的雇佣工人阶级陷入了绝望的深渊。对赤贫阶级而言，工厂就是引发贫困的温床。社会财富愈增加，工人阶级的贫困程度就随之愈深。那么，资产阶级国家的宪法是否像理论家所说的那样保护穷人的权利呢？法律是否倾听无产阶级的哀号呢？傅立叶斩钉截铁地指出，享有人权和实现权利完全是两码事，许多写在纸上的权利其实都是不现实的，这些权利被赋予那些完全没有办法实现的人，是对他们的一种侮辱。

其次，这种压迫体现为雇佣制度本质上是现代社会的奴隶制，工厂则是现代文明装饰下的监狱。资本主义作为一种私有制生产关系，其外在的展开就是雇佣劳动制和工厂制度。这种制度把社会群体一分为二：掌握资本的成为主人，而出卖劳动力的则成为奴隶。有鉴于此，傅立叶把资本主义制度称为现代社会的奴隶制，认为它只是以新的集体奴役代替了野蛮时期的个人奴役，在“文明制度”的时期，全体人民都不过是富人的奴隶。关于这种奴役者和被奴役者的状态，马克思有过生动的刻画，他说：“原来的货币占有者作为资本家，昂首前行；劳动力占有者

---

① 傅立叶．傅立叶选集：第3卷．北京：商务印书馆，1982：128–129.

② 同①136.

作为他的工人，尾随于后。一个笑容满面，雄心勃勃；一个战战兢兢，畏缩不前，像在市场上出卖了自己的皮一样，只有一个前途——让人家来鞣。”① 那么，主人会如何蹂躏奴隶？一是规定超长的劳动时间，早期的工人每天不得不从事 14～16 小时的劳动，这种长时间的劳动单调、乏味、折磨身心，人们像逃避瘟疫一样逃避它，工厂主利用这种规定把工人长久地置于自己的控制之下。二是对工人日常生活的一切都做出苛刻的规定。比如，如果迟到 10 分钟，工人就被扣除一天工资的 1/4。又比如，工厂主规定在工作期间，工人们不得交流、吹口哨或者唱歌，否则就要罚款；甚至细到吃饭、喝水、睡觉、大小便等，工人都不得不听厂长和监工的命令，否则就遭处罚。在工厂里，一切法律规定的自由权利都受到工厂主的漠视，这里没有权利，只有资本带来的强权。在工厂里，掌握资本的工厂主是绝对的立法者，可以随心所欲地颁布任何与法律相冲突的工厂规则，并且可以任性地加以修改和补充。如果工人因为遭受不公的待遇而诉诸法律，身为资产阶级辩护人的法官就会对他们这样说：在是否签订契约的问题上，你们是可以做主的，但是现在你们既然自愿签订了这个契约，那么就得履行它。可以看到，真实情况是整个资产阶级勾结起来奴役无产阶级。在生产过程中工人的人身安全完全得不到保障，相关的福利更加无从谈起，怪不得傅立叶愤怒地将资本主义工厂比喻为“温和的监狱”。

最后，这种压迫体现为自私自利价值观对人的奴役。社会生活决定社会意识，人们在生活中真切感受到资本的力量和影响，在观念上就必然有所反映。作为资本人格化的资本家异化得最为彻底，金钱是他们的生活围绕着转动的现实的太阳，一切神圣的情感和关系都被用金钱的尺度加以衡量。在资产阶级眼中，世界的逻辑就只剩下资本的逻辑。马克思恩格斯在《共产党宣言》中深刻地描绘了这种价值观：“资产阶级在它已经取得了统治的地方把一切封建的、宗法的和田园诗般的关系都破坏了。它无情地斩断了把人们束缚于天然尊长的形形色色的封建羁绊，它使人和人之间除了赤裸裸的利害关系，除了冷酷无情的‘现金交易’，就再也没有任何别的联系了。它把宗教虔诚、骑士热忱、小市民伤感这些情感的神圣发作，淹没在利己主义打算的冰水之中。它把人的尊严变

① 马克思.《资本论》第一卷第二篇 货币转化为资本//马克思恩格斯全集：第 44 卷. 中文 2 版. 北京：人民出版社，2001：205.

成了交换价值，用一种没有良心的贸易自由代替了无数特许的和自力挣得的自由。”① 这种价值观是对自然、历史和人的彻底蔑视，自然在资产阶级眼中只具有使用价值，而不具有审美价值；工人也只是“会说话的工具”，在工人能为其带来利润时，资产阶级就暂时加以利用，而在工人丧失这种能力后，资产阶级就无情地加以抛弃；甚至连宗教信仰也被当作牟利的工具。正如马克思所揭露的，在北美，基督教的教职、宣讲福音本身都变成了商品和买卖，商人破产了就去讲福音，福音传教士富起来了就离开布道台去经商，原本神圣的信仰和神职沦为赚钱的工具。② 傅立叶也指出，在金钱至上的资本主义制度下，人的价值观处于深深的异化状态，医生希望同胞患病，律师希望家家都有诉讼，建筑师期盼一场大火把城市烧为灰烬，装玻璃的盼望天降冰雹以打碎所有的玻璃，卖棺材的则期盼每天死人。“犹太精神”以不可阻挡的方式占据着人们的思想领域。

（四）自由理性与现实压迫的冲突

通过上面的分析可以看到，现实世界充满了对自由的压迫。在这些压迫中，可以说资本主义所带来的社会压迫日益成为人们最沉重的枷锁。因为资本的力量正变得日益强大，这种力量也成为政治压迫背后的有力推手。因此，正如德国思想家赫斯所察觉到的，社会灾难的根源就在于私有制：“在英国引起巨大灾难的客观原因根本不是政治上的原因。工业从人民手中转入资本家之手，商业先前由小商人小规模经营，目前已日益由少数大资本家或投机分子所操纵，地产根据继承法集中于少数贵族之家——所有这一切状况都不是政治性的，而是社会性的，这些状况到处都有，但在英国则特别显著，它们是当前大灾难的根源，即使不是独一无二的根源，至少也是主要的和基本的根源。”③ 因此，在现实世界，利益原则才是“通则”。伴随着工业革命和日益蔓延开来的殖民活动，利益原则按照自己的面貌构建了一个新的世界。这个世界只有利

① 马克思，恩格斯．共产党宣言//马克思恩格斯文集：第 2 卷．北京：人民出版社，2009：33-34．

② 马克思．论犹太人问题//马克思恩格斯文集：第 1 卷．北京：人民出版社，2009：51．

③ 马泽民．马克思主义哲学前史．重庆：重庆出版社，1994：535．

益、算计、战争和压迫，自由、伦理、人权被重重乌云笼罩着而无法向世人显现自身的光芒。可见，世界应当遵照的自由理性原则与现实世界的通则即利益原则之间产生了严重的冲突。人本应成为自由的存在，但现实的人却无往不在枷锁之中。面对自由理性原则与强大的利益原则之间的严重冲突，恩格斯将何去何从？是默默忍受、明哲保身，还是保持愤怒、无情批判？

三、1842—1845 年的活动经历和著述状况

面对自由理性原则与现实压迫之间的严重冲突，恩格斯选择做不屈服的斗争，1842—1845 年的活动经历和著述状况便是这种斗争的鲜明体现。为批判现实的压迫、探寻现实压迫的根源及其扬弃之路，恩格斯积极支持工人阶级的宪章运动，深入调研工人阶级的生存状况，开展政治经济学批判，深入考察英国的政治关系，考察英国的工业革命，和社会主义者交往并深入考察社会主义，这些努力最终凝结成 1842—1845 年的著述。

（一）1842—1845 年的活动经历

我们可以把恩格斯在 1842—1845 年的活动经历梳理如下：

1. 积极支持工人阶级的宪章运动

1842 年 11 月，青年恩格斯来到英国的曼彻斯特。到了英国以后，恩格斯发现，英国的工人运动正如火如荼地开展着，其主要任务和目标就是实现《人民宪章》，历史上称之为宪章运动。《人民宪章》的核心要求就是工人阶级的普选权（在此之前，英国在选举问题上设置了财产资格限制，无产阶级实际上被剥夺了选举权），工人阶级认识到，“宪章主义是饭碗问题；宪章的意思就是住得好，吃得好，工资高，工作日短”①。普选权要求的背后是无产阶级的正当利益诉求。当恩格斯来到曼彻斯特时，多达数百万的工人群众正在组织集体签名，并且通过集会、游行而要求议会签署《人民宪章》。恩格斯积极加入工人阶级的斗

① 恩格斯．英国工人阶级状况//马克思恩格斯全集：第 2 卷．北京：人民出版社，1957：518.

争行列，他参加了宪章派组织召开的各种会议，并且与宪章派领导人乔·哈尼、詹姆斯·李奇等人保持了密切的接触。恩格斯认为，宪章运动是工人阶级反抗资产阶级的集中表现，也是无产阶级求得自身解放的一个重要阶段。

2. 深入调研工人阶级的生存状况

这种调研围绕着两个方面展开：一是进行实地调查。恩格斯在英国待了20多个月，在此期间，他通过自身的观察和与工人的直接交往考察工人阶级的生存状况，倾听其要求，感受其痛苦、快乐、希望与担忧。恩格斯探访了伦敦、郎卡郡、里子等地的热闹街道，并进入工人的住宅观看工人的日常生活，同工人谈论其状况和疾苦，目睹了工人为反抗压迫者的社会统治和政治统治而进行的斗争。恩格斯抛弃了社交活动和宴会，抛弃了资产阶级所着迷的红葡萄酒和香槟酒，把自己的空闲时间几乎都用来和工人交谈、交往，与他们同呼吸、共命运。二是阅读官方文件材料。恩格斯研究过所有他能获得的各种官方的和非官方的文件材料。在引用他人材料时，恩格斯在大多数情况下都会指出引文作者所属的党派。在缺少官方文件来描述工人阶级状况时，恩格斯则常常引用自由党人的证据，目的在于用资产阶级说出来的话打击资产阶级；恩格斯只有在亲身观察了实际情况而确信所引的材料真实无误时，才会引用保守党人或宪章派的材料。这既体现了恩格斯的严谨，也体现了恩格斯的智慧。恩格斯在调研了工人阶级的状况、苦难和斗争、希望和要求、历史地位和作用之后得出结论：受尽苦难的工人阶级才是“真正值得尊敬的人”，他们有决心也有力量从事伟大的民族解放事业和人类解放事业。

3. 开展政治经济学批判

在英国遭遇了一系列政治事件后，恩格斯意识到，不同的阶级与个人的意识和行动背后是物质利益在起作用，利益原则在资本主义世界日益扮演着“普照光”的角色。因此，恩格斯试图从政治经济学视角对英国的资本主义生产关系、经济关系和社会关系进行批判。

恩格斯考察了国民经济学的基本范畴，这些范畴包括：私有制、商业、商品、价值、价格、劳动、土地、地租、资本、利润、竞争和垄断等。在这些范畴中，恩格斯着重考察了竞争。在他看来，只要私有制存在，一切社会关系终究会被归结为竞争关系。竞争是政治经济学的主要范畴，是经济学家眼中最耀眼的存在，但竞争背后隐藏的却是一张“美杜莎的怪脸”。恩格斯花了大量笔墨描绘私有制和竞争所带来的社会弊病：第一，人与人之间的对抗关系。私有制和竞争导致社会利益普遍分裂，阶级与阶级、个人与个人之间是狼与狼的关系，对抗的结果是资本和土地全面碾压劳动。第二，与生俱来的商业危机。在私有制的前提下，生产的无组织性必然导致生产过剩的商业危机，这种危机如大瘟疫一样，定期来临并日趋严重。第三，利己主义原则的盛行。私有制和竞争关系使损人利己、算计别人的利己主义原则在整个社会横行无阻，利己主义原则催生的是一个没有丝毫“人情味”的社会。第四，犯罪的日益增长。竞争不仅支配着人口数量，也支配着人类的道德水平。犯罪行为伴随着社会竞争强度的增大而年年增加。第五，政治国家沦为有产阶级的工具。一切公民权在其现实性都只是“富人的特权”。面对残酷的社会竞争，工人不得不透支生命，不得不放弃一切真正人的目的。在残酷的斗争中，胜利者伤痕累累，失败者则万劫不复。恩格斯指出，社会异化的根源在于私有制和竞争，唯有通过彻底的社会改革才能消灭这种不合理的关系，从而消灭一切的社会罪恶。这些思考汇集成了《国民经济学批判大纲》。马克思高度赞赏该文，称它是“批判经济学范畴的天才大纲”①。

4．深入考察英国的政治关系

在考察英国的政治关系方面，恩格斯做了两个方面的工作：其一，恩格斯考察了英国社会发生的系列重要政治事件。这些事件包括：(1) 关于工人普选权的问题。19世纪三四十年代，伴随着英国工人阶级的发展和壮大，工人阶级开始意识到普选权的核心问题是饭碗问题，为此开展了声势浩大的争取普选权的宪章运动。恩格斯观察到，资产阶级为了维护其政治统治权（即辉格党在下院的垄断权）而断然拒绝给予无产阶级普选权。利益支配着资产阶级的政治立场、态度和行动。(2) 谷物法问题。恩格斯看到，面对关乎自身阶级利益的谷物法问题，不同阶级展开了角力。土地贵族及其利益代表托利党为了谷物的高价格和土地的高租金而死守谷物法；以皮尔和罗素为代表的中庸派提议实行固定关税率；代表工厂主和商人的资产阶级“激进派”则坚决要求谷物的自

① 马克思．《政治经济学批判》序言//马克思恩格斯文集：第2卷．北京：人民出版社，2009：592．

由输入，并为此组成了反谷物法同盟；农民阶级由于反谷物法同盟的宣传而认识到自身利益和地主阶级的利益是对立的，故反对谷物法；无产阶级则不理会反谷物法运动，而是开展争取其阶级利益的宪章运动。（3）工厂童工教育法案问题。在此问题上，各党派根据自身利益而加以抉择。托利党人是工厂童工教育法案的提出者，主张由高教会担任学校的监督人；辉格党人因为法案限定童工的工作时间并把非国教徒排除在青年教育之外而坚决反对之；宪章派和社会主义者除了法案中与高教会有关的附加条款外，对法案总的人道主义倾向十分赞同。（4）关于取消英爱合并的问题。1801 年，根据《英爱同盟条约》，英国把爱尔兰并入自己的版图，成立了“大不列颠及爱尔兰联合王国”，爱尔兰事实上成为英国的一块殖民地。从那时起，爱尔兰人民就掀起了取消英爱合并的运动。恩格斯敏锐地洞察到，作为运动的首领，丹·奥康奈尔的所作所为代表的并不是人民的利益，而是他所属的阶级即爱尔兰资产阶级和租佃者的利益。

其二，恩格斯对英国的政体（君主立宪制）展开了全面的批判。（1）恩格斯指出，代议制只是有产阶级的游戏。这是因为，所谓的代议制并非全民民主，它只是给予每年付房租 10 英镑以上并缴纳直接税的住房者投票权，结果工人阶级就被排除在政治生活之外。财产使土地贵族能操纵农业地区和小城市的选举，使工厂主和商人能支配大城市及部分小城市的选举，还使二者能通过贿赂捞取足够多的选票。一句话，代议制只是有钱人的民主。（2）恩格斯还指出，所谓“公民的权利”也只是富人的“特权”，比如，新闻出版自由权利即是如此。人民并不能享有新闻出版自由。叛国法、诽谤法和渎神法沉重地压制着新闻出版业，宪章派的报刊活动就招致了当局政府的打压。英国的新闻出版自由之所以能得以存在，完全靠当局的恩赐。英国有产阶级党派的报纸却每天都在进行着有碍新闻出版自由的违法行为。在英国，拥有新闻出版自由的只是有产者。结社权利同样如此。结社是需要大量金钱做后盾的，富有的反谷物法同盟腰缠万贯，能轻易筹措到资金，而贫穷的宪章派仅结社经费一项就难以负担。在没有资金可供使用的情况下，社团是起不了什么作用的，也无法进行宣传鼓动。因此，结社权利只是富人的特权。人身保护的权利也是富人的特权。所谓“人身保护的权利”，指每个被告人（被指控叛国罪的除外）享有在诉讼开始前通过缴纳保证金而获释的权利。显然，穷人是无法提供这种保证金的，因此只得进监狱。这种权利又是富人的特权。最后，英国法律规定的每个人都有由与自己同类的人审讯的权利依然是富人的特权。这是因为，英国的陪审员要么是工厂主或商人，要么是地主和租佃者，前者多为辉格党人，后者多为托利党人，二者都是宪章派和工人的敌人。因此，英国穷人实际并不由与自己同类的人审讯，在任何情况下他们都由富人即“天生的敌人”审讯，而富人则享受着法律的特权。恩格斯还指出，与权利专属于富人的性质一样，英国刑法在本质上“宽容”富人，“压榨”穷人，宪法宽容“有身份的”犯人，而法定的野蛮行为则全部落在了穷人、贱民、无产者身上。

恩格斯得出结论，英国宪法所规定的一切公民权利对于穷人而言都是虚幻的，法律本身等于不存在，陪审法庭也只是虚有其表。英国君主立宪制和全部英国宪法在本质上就是个弥天大谎。实践与理论之间是相互背离和冲突的。究竟谁统治着英国？真实和唯一的答案是财产在进行统治。

5．考察英国的工业革命

在分析了工业革命的产生、进程与成就之后，恩格斯重点考察了英国工业革命的影响：一方面，在私有制的前提下，工业革命的果实被工厂主独占，资本家的资本以惊人的速度增殖，经济上的强大带来的是政治上的强大，工厂主们成为政治上的新贵，资产阶级登上了政治宝座。另一方面，工业革命带来的最重要的结果就是产生了现代工业无产阶级。新的工业需要大批产业工人，于是，无产者的数量以前所未有的速度增长，新增的大城市人口几乎都是产业工人。因此，英国工业革命是现代英国各种关系的基础，也是整个社会变革的根本动力。

6．和社会主义者交往并深入考察社会主义

在曼彻斯特期间，恩格斯曾到一个能容纳 3 000 人左右的会堂聆听社会主义者讲演。他还和居住在英国的德国共产主义者亨利希·鲍威尔、约瑟夫·莫尔、卡尔·沙佩尔等人建立了联系，也和英国社会主义者有接触。同时，恩格斯还和社会主义者的机关报《新道德世界》《北极星报》等建立了密切的联系，为它们撰写了文章。

恩格斯还深入考察了欧洲的社会主义。他以欧洲三个文明大国英国、法国和德国为例考察了社会主义的形成、思想主张、进步性及不足，得出的结论是：社会主义作为在财产共有基础上所进行的彻底的社会制度变革已经成为一种历史必然，它不可避免又急不可待；共产主义的结论不是从欧洲任何个别国家的特殊状况中得出的，而是从现代文明社会的实际情况和前提中得出的必然结论。这样，恩格斯就为消灭私有制及其弊端找到了根本的道路。

（二）1842—1845 年的著述状况

1842—1845 年恩格斯写下了 20 多篇（部）作品。对于这些作品，学界主要研究的是其中的《国民经济学批判大纲》和《英国工人阶级状况》，对其他作品则少有涉猎。围绕着“美杜莎的怪脸”及其扬弃的主题，我们可以将该时期的作品分为以下三类：

第一类探讨的核心问题是物质利益对人的支配，涉及的文章包括：《英国对国内危机的看法》《国内危机》《各个政党的立场》《谷物法》《伦敦来信一》《伦敦来信二》《伦敦来信四》等。其中，《英国对国内危机的看法》《国内危机》讨论的是无产阶级普选权问题，《各个政党的立场》《谷物法》《伦敦来信二》探讨的是谷物法问题，《伦敦来信一》是关于工厂童工教育法案的辩论，《伦敦来信四》是关于取消英爱合并问题之实质的辩论。这些议题的内容在前面已经做了交代，在此不再赘述。以上政治事件使恩格斯意识到，物质利益支配着不同等级和个人的政治态度与立场，结果“利益”战胜“原则”，自由、平等成为迷梦。正是看到物质利益的强大力量以及它反自由、平等的本质，恩格斯进而批判私有制，揭露“美杜莎的怪脸”。

第二类探讨私有制和竞争造成的弊病——“美杜莎的怪脸”，涉及的文章包括：《伦敦来信三》《国民经济学批判大纲》《英国状况　评托马斯·卡莱尔的〈过去和现在〉1843 年伦敦版》《英国状况　英国宪法》《英国工人阶级状况》等。概括起来，私有制和竞争造成的弊病有如下五个方面：（1）一切人与人的对抗关系；（2）与生俱来的商业危机；（3）利己主义原则的盛行；（4）犯罪的日益增长；（5）政治国家沦为有产阶级的工具。这五个方面在前文已经做过简要论述，在此不再赘述。这里补充两个方面：一个是新技术的发明成了阶级压迫的工具。资产阶级对付无产阶级的利器之一就是科学技术。自动走锭纺纱机作为棉纺织业中的重大发明使机器的劳动量增加了一倍，从而使工厂对劳动力的需求减半，结果一半工人失业，另一半工人被迫接受降低工资的局面。这项发明成了工厂主对付工人的有力砝码，摧毁了工人在坚持与资本家做斗争时的最后一点力量。另一个是私有制催生的阶级压迫的工具——工厂制度。工厂制度作为近代资本逻辑的必然产物，它的出现也成为工人阶级的噩梦。资产阶级用来束缚工人阶级的奴隶制的锁链，只在工厂制度上才完全原形毕露。在工厂制度下，一切属人的目的和行动都消失了，剩下的只是赤裸裸的利益追逐和对人本身的践踏。

私有制和竞争带来的所有弊端最后都导向工人阶级的悲惨处境。这种处境反映在如下五个方面：（1）在竞争、商业危机和残酷剥削的阴影下挣扎求生。工人之间的竞争使他们被迫接受仅能维持生存的工资水平，商业危机催生了大批贫困的“过剩人口”，资本家的残酷剥削使工人的生存处境更加悲惨。（2）恶劣的劳动状况和性质。劳动环境恶劣，劳动时间长、劳动强度大，劳动性质极其单调、折磨身心，工厂制度使工人失去自由，彻底沦为工厂主的奴隶。（3）糟糕的住宅、穿着和饮食状况。工人阶级住的是“奥吉亚斯的牛圈”，衣衫褴褛，吃的食物一般都是劣质食品。（4）被摧残的身体状况。妇女不能生育，孩子畸形发育，男人虚弱无力、四肢残缺不全，整代人都被毁灭了。（5）状况堪忧的智力水平和道德水平。工人阶级及其子女得不到应有的教育，仅有的一点教育又总是充满着资产阶级的和神学的价值观灌输。该阶级普遍的毛病是酗酒、纵欲、不关心将来和忽视家庭义务，犯罪是工人反抗社会秩序的极端形式。

私有制既已露出狰狞的“美杜莎的怪脸”，那么就必须将其消灭。恩格斯把这一事业称为“寻求斯芬克斯谜语的谜底”。因此，第三类也是最后一类探讨如何消灭私有制的问题，即寻求“斯芬克斯谜语的谜底”，涉及的著述包括：《国民经济学批判大纲》《伦敦来信三》《英国状况　十八世纪》《英国状况　评托马斯·卡莱尔的〈过去和现在〉1843年伦敦版》《大陆上社会改革的进展》《英国工人阶级状况》等。恩格斯从如下四个方面探讨了如何消灭私有制的问题：（1）消灭私有制的主体力量——无产阶级。拯救英国要靠工人阶级，他们才是“真正值得尊敬的人”，有力量从事伟大的民族事业和人类解放事业。（2）消灭私有制的精神因素——德国哲学。伟大的人类解放事业不仅需要人的因素，而且需要思想的力量，它便是伟大的德国哲学。思想的闪电一经与人的力量相结合，自由的曙光就会降临人间。（3）消灭私有制的根本动力——工业革命。英国的大工业是消灭私有制的根本动力，它不仅为消灭私有制准备了物质条件，还催生了消灭私有制的主体力量——现代无产阶级。（4）消灭私有制的现实途径——共产主义。共产主义是建立在财产共有基础上的对社会关系所进行的全面变革，它能消灭资本与劳动的对立和分离、竞争和无政府状态、周期性的经济危机、工人阶级的贫困以及资本主义的一切罪恶，故它是“真正的自由和真正的平等”的实现。

综上所述，在19世纪的欧洲，自由理性原则与现实世界的沉重压迫之间产生了深刻的冲突，恩格斯选择为自由而战。因此，贯穿本章的主线就是恩格斯对自由的追求和对尘世压迫（私有制是其根源）的批判。所有这些苦恼、痛苦、决绝和无畏的情感都凝聚在恩格斯的一首诗歌中：

好吧！我将和严酷的命运
作最后一次较量，
面对致命的利剑，我胸怀坦荡！
厄运的凶恶，我不觉得新鲜，
你总是将我生命的欢愉摧残；
你以为我从未感到过爱情的喜悦？
我曾爱过的那个人，
以嘲弄撕碎了我的心，
为寻求慰藉，我曾为自由而斗争。
德意志青年的联盟
使帝王将相为之震颤，
为此我带着铁镣赎罪。
七年美好的岁月就此被埋葬。
然后用快船把我送走，
我将获得自由，却在异国他乡。
海岸已经在望！
啊，船只触礁，
船客纷纷跳入汹涌的波涛。
我抓住了一块木板费力地上岸，

幸福第一次在我眼前出现，
其他人却在海底长眠。
苦难到了尽头？啊，狭路相逢，
野蛮人扑过来将我捆住，
为了报仇，把我往死亡线上扭送。
在我指望重新自由呼吸的地方，
自由的斗士却用死亡迎候我，
这样我不得不替我的同胞把罪行补偿！①

① 恩格斯．恩格斯致弗里德里希·格雷培（1839年1月20日）//马克思恩格斯全集：第41卷．北京：人民出版社，1982：440-441．

第二章　批判私有制的思想动因

从本章起，我们进入对具体文本的分析。这一章梳理关于恩格斯批判私有制的思想动因问题。来到英国后，恩格斯遭遇了一系列政治事件：关于工人普选权的斗争，关于谷物法问题的争论，关于工厂童工教育法案的辩论，关于取消英爱合并问题之实质的辩论。恩格斯看到，不同的阶级和个人都基于特殊利益而选择其政治态度与立场，物质利益如同支配人的呼吸一样，支配着不同的阶级和个人的政治立场与行动，结果"利益"战胜了"原则"，自由、平等成为迷梦。正是看到物质利益的强大力量以及它反自由、平等的本质，恩格斯进而批判私有制，揭露"美杜莎的怪脸"。

一、关于工人普选权的斗争

19 世纪三四十年代，伴随着工业革命的蓬勃发展，无产阶级日益壮大并意识到普选权的重要性，普选权的核心问题是饭碗问题，为此开展了声势浩大的宪章运动。面对这场运动，资产阶级从维护其政治统治权（辉格党在下院的垄断权）的考虑出发，拒绝给予无产阶级普选权。利益支配着阶级的政治立场、态度和行动。

（一）从"夏季骚动"到宪章运动

英国工业革命无疑是人类历史上影响深远的事件。一方面，它带来了工业的繁荣和物质财富的极大增长，资产阶级在不到 100 年的时间内创造了比过去全部时代都要多的社会财富；另一方面，它催生了一个人数庞大且急速增长的赤贫者阶级即无产阶级，一个一旦产生就“再也消灭不了”的阶级。到 1883 年，英国无产阶级的人数已经达到全国人口总数的近半数。这个人数庞大的无产阶级自诞生之日起就遭受工厂主的残酷剥削和压迫，因而不断掀起反抗的浪潮。

1842 年 8 月初的“夏季骚动”是席卷英国几个工业地区的一次罢工浪潮，也是英国早期成规模的罢工运动之一。罢工起因于斯泰利布里奇的三个工厂主单方面降低了工人的工资。后来其中两个工厂主在工人的抗议下被迫恢复了原有的工资，第三个工厂主则强硬地以停止生产相威胁，结果该厂工人立即停止生产，继而引发了全市范围的罢工。罢工很快蔓延至海德、阿什顿等地。到 8 月中下旬，罢工的浪潮已波及斯托克波尔特、曼彻斯特、博尔顿等城市。罢工工人提出的要求是：“做一天公平的工作，得一天公平的工资”①。

作为工人运动的最高领导组织，英国工会和宪章派抓住了运动的缰绳，试图把这次罢工的目的从单纯的争取提高工资提升到要求通过《人民宪章》的高度。工会和宪章派在曼彻斯特举行集会并通过了一项决议，要求举行总罢工直至英国法律接纳《人民宪章》。这样，“夏季骚动”就升格为宪章运动。宪章运动是 19 世纪三四十年代发生在英国由无产阶级主导的争取实现《人民宪章》的工人运动。《人民宪章》是工人阶级宪章运动的纲领性文件，它主要涵盖宪章派的六项诉求：（1）年满 21 岁的男子即可获得选举权；（2）国会下院每年改选一次；（3）秘密投票；（4）选区平等，按选民人数产生代表；（5）废除下院议员候选人的财产资格；（6）议员领取薪金。其中，争取普选权是《人民宪章》的核心要求，伴随着工业革命的蓬勃发展和自身的壮大，工人阶级日益意识到普选权的重要性，普选权的核心问题是饭碗问题。因此，宪章运动背后反映的不仅是工人阶级的政治要求，更是其经济利益诉求。

为了实现《人民宪章》，宪章派先后三次组织工人群众向议会递交了请愿书。1839 年 2 月，宪章派召开了全国工人代表大会并向议会递交了请愿书，这份请愿书上有 128 万人签名。1842 年 5 月，宪章派再

① 恩格斯．做一天公平的工作，得一天公平的工资//马克思恩格斯全集：第 25 卷．中文 2 版．北京：人民出版社，2001：488.

次组织工人在伦敦游行并向议会递交了一份附有 330 万人签名的请愿书。宪章派在请愿书上写道："尊敬的贵院就它现在的组成来说，既不是由人民选出来的，也不是由人民作主的。它只为少数人的利益服务，而对多数人的贫困、苦难和愿望置之不理。"① 宪章派痛斥了统治者的穷奢极欲及其对群众疾苦的漠视。1848 年，在欧洲革命运动的推动下，宪章运动再度高涨，宪章派召开代表大会并向英国议会提交了一份有 197 万人签名的请愿书。宪章派在请愿书中指出，人民群众是权力的唯一来源，因此普选权势在必行；劳动是社会财富的唯一来源，因此工人阶级理应对自己的劳动成果享有优先权。为实现《人民宪章》，工人阶级在伦敦、曼彻斯特、利物浦、伯明翰等城市掀起了声势浩大的示威游行。

（二）资产阶级要求"保持现状"

面对工人阶级的罢工运动和宪章运动，作为统治者的资产阶级有何反应？对于汹涌而来的"夏季骚动"，英国政府当局于 1842 年 8 月中旬宣布罢工运动为非法行动，并出动警察进行镇压，军警大肆逮捕工人领袖和宪章派领导人，最终这次罢工浪潮被军警的武力镇压下去了。对于宪章运动，资产阶级更是竭力遏制，国会三次拒绝接受工人阶级的请愿书，并下令解散全国宪章派协会。对于那些拒绝合作的工人阶级领袖，资产阶级就将其流放到澳大利亚或者判处重刑。恩格斯一针见血地指出，中间阶级（资产阶级）是永远也不会同意工人的普选权要求的，这是因为，如果同意《人民宪章》，那必然的结果将是"无产者取得的多数票否决自己在下院的优势地位"②，这无疑会引起一场革命。因此，出于维护自身统治地位和背后利益的考虑，资产阶级无论如何都不会同意给予工人普选权，其采取的策略就是"保持现状"，让选举的财产资格限制继续把无产阶级挡在议会的大门之外。

（三）从"合法革命"到社会革命

恩格斯剖析了宪章运动失败的原因，在他看来，问题的症结就在

① 欧洲三大工人运动. https://baiks.so.com/doc/5881393-6094270.html.

② 恩格斯. 英国对国内危机的看法//马克思恩格斯全集：第 3 卷. 中文 2 版. 北京：人民出版社，2002：405.

于，基于英国人所特有的守法观念，英国工人阶级和宪章派心中唯一认可的革命是“合法革命”，其具体途径是罢工、游行示威等，试图通过议会外的斗争对议会施加压力，以求将《人民宪章》变成英国法律从而让劳动群众享有立法权，然后借助这些政治权利最终改变不合理的社会关系以消灭社会不平等。

恩格斯指出，“合法革命”把一切都搞糟了。这是因为，在“合法革命”中，工人的斗争资本只是那点微不足道的工资和工会不多的储蓄，一旦用光自己的积蓄而要挨饿时，工人就不得不回到工厂重新工作，而资本家则能依靠自己的利息而长久地坚持下去，因此，“合法革命”注定会失败。恩格斯进一步指出，从这些挫折和失败中，无产者还是有所收获的，那就是“他们意识到用和平方式进行革命是不可能的，只有通过暴力变革现有的反常关系，根本推翻门阀贵族和工业贵族，才能改善无产者的物质状况”①。那么，进行“暴力变革”、社会革命的可能性和必然性在哪里？就在于英国社会形势的发展。在恩格斯看来，私有制所必然带来的经济危机会使工人阶级在短时期内普遍失去工作，到那时，对饿死的恐惧一定会超过对法律的恐惧，因此社会革命在英国是必然会到来的。

我们看到，面对工人阶级要求普选权的问题，资产阶级从维护其政治统治权及其背后的物质利益的考虑出发，拒绝满足无产阶级的要求。物质利益对阶级的政治立场和行动的强大影响已初现端倪。

二、关于谷物法问题的争论

面对关乎自身阶级利益的谷物法问题，不同的阶级展开了角力。土地贵族及其利益代表托利党为了谷物的高价格和土地的高租金而死守谷物法；以皮尔和罗素为代表的中庸派提议实行固定关税率；代表工厂主和商人的资产阶级“激进派”则坚决要求谷物的自由输入，并为此组成了反谷物法同盟；农民阶级由于反谷物法同盟的宣传而认识到自身利益和地主阶级的利益是对立的，故反对谷物法；无产阶级则不理会反谷物

① 恩格斯．国内危机//马克思恩格斯全集：第3卷．中文2版．北京：人民出版社，2002：411.

法运动，而是开展争取其阶级利益的宪章运动。物质利益深深影响着各个阶级在政治立场和行动上的选择。

（一）谷物法出台的背景

在 18 世纪中叶，英国的人口不多，其生产的谷物几乎每年都向国外输出，从国外输入的情况极少见。伴随着工业革命的发展，英国人口出现了前所未有的迅猛增长，对粮食的需要与日俱增。结果，英国不仅无法做到粮食输出，反而每年必须从国外输入大量粮食。

常年的对法战争导致粮食输入发生了困难，同时战争所造成的输入困难也导致谷物价格的上涨，后者又导致地租随之增加到之前的 2 倍甚至 5 倍。面对这种情况，英国土地占有者纷纷把牧场改变成农地，又重新种上了谷物。英国土地占有者的收入大大增加，手里拿着大量钱财的土地占有者不是将财富投入再生产，而是过起了挥霍无度、豪华奢侈的生活，结果虽然他们的地租比过去增加，但很快就入不敷出、为重债所累。1814 年拿破仑兵败，欧洲重新步入和平时期，粮食输入的障碍也被清除，大批国外粮食涌入英国，结果英国国内的粮食价格大跌。这种状况给英国土地占有者的利益带来了极大损害。当时土地占有者是英国绝对的权力掌握者，他们不仅长期把持着上院和内阁，同时在下院也拥有统治性的权力。为了维护自身利益，使粮价保持在高位，英国的土地贵族不顾资产阶级和广大人民群众的反对，在 1815 年借助其刺刀强行颁布了一个维持谷物高价位的法令，这便是谷物法。该法规定英国小麦价格每夸脱超过 80 先令时方准进口。

（二）围绕谷物法进行的角力

谷物法出台之初，就有反对的声音，到了 19 世纪 40 年代，谷物法的存废问题更是成为社会舆论关注的焦点之一。围绕这一问题，不同的阶级采取了不同的立场和态度。

第一，土地贵族及其代表托利党的态度。这一阶级顽固地维持谷物法，反对谷物的自由输入。恩格斯指出，土地贵族此举的目的在于顽强地维护自己的利益，具体分析起来原因有两点：第一，如果谷物法被废除，外国的谷物得以自由输入，那么谷物价格无疑会大跌，结果英国土地贵族的财产收入就都会降低 30%。跟这种损失比起来，贵族在下院影响力的削弱又算得了什么？第二，谷物法的废除必然导致佃租的下降。恩格斯指出，如果谷物自由输入，那么谷物价格就会下降，随之而来的是土地贵族不得不按比较低的佃租和租佃者签订新的契约。当时的佃租非常高，而谷物的自由输入会使佃租降低大概 1/3，地产价值也会随之降低 1/3。地产是土地贵族的全部财富，所以地产价值的降低无疑是割土地贵族的肉。因此，土地“贵族紧紧抓住自己那种使农业破产、使贫苦农民挨饿的既得权利，是有充分根据的”①。这种根据就在于土地贵族的利益。要求废除谷物法的提案遭到英国议会中托利党即土地贵族政治代表的否决。恩格斯指出，在把刀子架在贵族的脖子上以前，贵族是不会放弃坚持自己的主张的。

第二，中庸派的态度。中庸派指皮尔爵士和罗素结成的同盟，这个同盟既代表土地贵族的利益，又照顾了资产阶级的利益。中庸派在关税问题上提议实行每夸脱 8 先令的固定关税率。恩格斯指出，这个关税率定得既不高也不低，恰到好处。说它不高，是因为该关税率刚好能使外国粮食自由输入；说它不低，是因为它使农民提不出任何理由要求重新规定租佃条件，从而使谷物的平均价格能够维持现有的高水平。前者照顾的是资产阶级的利益，后者则维护了土地贵族的利益，只有广大人民群众的利益被彻底无视了。

第三，资产阶级“激进派”的态度。该派组建了反谷物法同盟，掀起了声势浩大的反谷物法运动。1838 年，曼彻斯特的两个纺织厂主（资产阶级“激进派”的代表）创立了反谷物法同盟，该同盟的核心要求是废除谷物法，使谷物贸易完全自由化。该同盟意识到，这种自由贸易必然带来国内谷物价格下降，从而导致工人工资降低，削弱土地贵族的政治地位和经济地位。1846 年，谷物法被废除，反谷物法同盟随之宣布解散。

接下来我们梳理一下资产阶级“激进派”反谷物法的进程。为了反对谷物法，激进的资产阶级不断通过报纸、演讲来宣传自己的主张。1819 年 8 月 16 日，资产阶级带领 6 万名工人和手工业者来到曼彻斯特的圣彼得广场进行集会，他们高呼取消谷物法，实行普选权。土地贵族把持的政府出动了大批警察和骠骑兵进行残酷镇压，共造成民众伤亡

① 恩格斯．各个政党的立场//马克思恩格斯全集：第 3 卷．中文 2 版．北京：人民出版社，2002：414.

400多人，史称为“彼得卢惨案”。事后，政府颁布法令，对演讲、集会和出版自由进行严格限制。反谷物法运动一度陷于沉寂。1830年3月，为了更有效地推进反谷物法运动，伦敦的工厂主组成了“首都政治联盟”，该联盟迅速吸引了广大工人加入。反谷物法运动的声势在英国日益高涨。在这种情况下，代表土地贵族利益的托利党惠灵顿内阁倒台，辉格党的格雷上台组阁。1831年，格雷就议会改革和谷物法问题不断向国会施压。到1838年10月，工厂主科布顿和布莱特在曼彻斯特发起并成立了反谷物法协会，次年正式改组为反谷物法同盟。1842年初，英国的经济萧条演变为严重的商业危机，广大群众陷入可怕的贫困，反谷物法运动日益充满火药味。资产阶级的机关刊物把耶利米的话“饿死的，不如被刀杀的”作为自己的格言，明确地鼓动群众以“长枪和火把”威胁土地贵族。[①] 1846年，在反谷物法同盟强大的压力下，国会终于下令废除谷物法。工业资产阶级取得了对土地贵族的永久性优势。

第四，农民的态度。农民阶级的态度由原来支持托利党转为要求废除谷物法。恩格斯指出，在过去，农民阶级完全隶属于土地贵族。理由很简单，地主都是托利党人，如果不在选举时把票投给托利党人，那么他们就会被地主从土地上赶走。因此，就出现了这样一种情况：英国的农业选区里选出的252名议会成员几乎都是土地贵族的政治代表托利党人。上述这种情况由于反谷物法同盟的运动而彻底改变了。反谷物法同盟所举行的演讲、几十万册书刊的宣传唤醒了农民阶级的政治意识。现在，租佃者认识到自己的利益原来同土地贵族的利益并不相同，而是相互对立的；谷物法实际上对他们比对任何人都更不利，因为他们不得不接受苛刻的租佃条件。结果向来漠不关心政治的租佃者摆脱了土地贵族的精神影响，他们大多转向了辉格党人，土地贵族代表托利党人已经很难保住之前的252个议会席位，这些将很快就会转到辉格党人手中。即使只有一半席位转入辉格党人手中，下院的局面也会发生很大的变化，辉格党人将在下院永远占多数。恩格斯指出，在废除谷物法以后，农民将完全不依附于土地贵族和地主，租佃者将在全新的有利于他们的条件下重新签订契约。反谷物法同盟的努力在农民阶级身上得到了鲜明的

① 朱秀梅．世界社会主义文献中的优秀著作：《英国工人阶级状况》解读．北京：现代出版社，2016：125．

体现。

第五，无产阶级的态度。无产阶级不理会反谷物法运动，而是开展争取其阶级利益的宪章运动。工人为何不理会反谷物法运动？恩格斯给出了解释："工人很快就明白，废除谷物法**对他们**好处很少，而对资产阶级却很有利，所以资产阶级的这一计划没有得到工人的支持。"① 宪章派和工人阶级敏锐地看到自身的利益维系在争取普选权的问题上，故开展了声势浩大的宪章运动。

（三）“同盟的势力”只是一种谎言

资产阶级为了更有效地推进反谷物法运动，宣称自己代表了人民的普遍利益，宣称反谷物法同盟是目前国内的一种真实的、强大的势力。真实情况是这样吗？恩格斯用事实加以驳斥。首先，托利党人宣称土地贵族每次都投了同盟的反对票，他们把同盟从议会和内阁里赶出去了。其次，更为重要的是，人数众多的工人阶级和宪章派也不属于同盟的势力。宪章派不断把所谓“同盟的势力”从社会舆论中赶出去。宪章派领袖奥康瑙尔在所有公开集会中都要和同盟辩论，而同盟一次也没有应战。每次同盟召开的公开集会，宪章派都将其搞得一败涂地。同盟最后为了隐瞒自己内部的不稳定，竟然只允许同盟成员或者持有同盟发给的入场券的人参加集会。在所谓这些凭券入场的“公开集会”上，同盟才能不断辱骂自己的盟友“宪章派的幽灵”。那么，同盟的势力究竟在哪里？恩格斯指出，“在它的想像中，也在它的钱包中”②。同盟成员是很有钱的，工厂主的捐款簿给同盟带来了大笔款项，从而能支撑起大排场的集会以及其他华而不实、虚有其表的东西。但是，这些集会背后丝毫不包含一点真正的东西。

我们看到，在有关反谷物法的问题上，不同的阶级基于自身的利益而选择了不同的立场和态度。资产阶级宣称反谷物法运动代表全体人民的利益，反谷物法同盟是国内的一种真实的、强大的势力，这些都是基于资产阶级的利益而撒下的自欺欺人的谎言。

---

① 恩格斯．英国工人阶级状况//马克思恩格斯文集：第1卷．北京：人民出版社，2009：465.

② 恩格斯．伦敦来信二//马克思恩格斯全集：第3卷．中文2版．北京：人民出版社，2002：429.

三、关于工厂童工教育法案的辩论

在关于工厂童工教育法案的问题上，各党派根据自身利益而加以抉择。托利党人是工厂童工教育法案的提出者，主张由高教会担任学校的监督人；辉格党人因为法案限定童工的工作时间并把非国教徒排除在青年教育之外而坚决反对之；宪章派和社会主义者除了法案中与高教会有关的附加条款外，对法案总的人道主义倾向十分赞同。

（一）工厂童工教育法案的提出

伴随着工业革命的进行，对劳动工人的需要日益增加，资本家为了赚取最大限度的剩余价值，招募了大批廉价的童工。到后来，各个机器部门都广泛使用童工。资本家除了在工厂和手工制造业等部门大量使用童工外，甚至在高危险、高强度的工作岗位上也大量招募童工。童工的工作时间非常长，在 19 世纪上半叶，工厂童工每天的劳动时间一般长达 14～16 个小时，有些工厂甚至还让童工进行所谓的“夜间劳动”，几乎所有童工都睡眠不足，就更谈不上接受教育了。这种情况带来了严重的社会问题，托利党代表詹·格雷厄姆爵士在 1843 年 3 月向国会下院提交了一个有关工厂雇用儿童和青年、改善工厂区儿童教育的法案。该法案要求限定童工的工作时间并对童工实施义务教育，而对学校的监督则请高教会（国教会）担任。恩格斯指出，工厂童工教育法案在英国社会引起了普遍的激动，各党派“有机会比试各自的力量”①。

（二）各方的态度和角力

在英国，代表土地贵族利益的托利党、代表资产阶级利益的辉格党和代表工人阶级利益的宪章派是英国社会的主要力量。我们将这三派的态度梳理如下：

第一，托利党人的态度。工厂童工教育法案是托利党人提出的。该法案中包含着土地贵族的利益，这是因为，该法案要求对学校的监督由

① 恩格斯．伦敦来信一//马克思恩格斯全集：第 3 卷．中文 2 版．北京：人民出版社，2002：425．

高教会担任，而高教会本来就是土地贵族的教会，所以该法案内含着由土地贵族把持青年教育、打击资产阶级的目的。

第二，辉格党人的态度。资产阶级辉格党坚决反对童工教育法案。这是因为：（1）该法案把非国教徒排除在青年教育之外，这里的非国教徒主要指资产阶级清教徒；（2）更为重要的是，该法案限定了童工的工作时间，这无疑会使资产阶级在追逐最大利润的道路上受阻，这是工厂主无论如何都接受不了的。

第三，宪章派的态度。除了童工教育法案中与高教会有关的附加条款外，宪章派对法案的人道主义倾向是十分赞同的。

围绕着童工教育法案的存废问题，宪章派与辉格党展开了三次大的角力，表现为三次集会。第一次集会是宪章派取得胜利。这次集会在斯托克波尔特举行，宪章派关于童工教育法案的决议案得到几乎全部集会人士的支持，而赞成资产阶级辉格党人决议案的只有一票，结果身为辉格党人的斯托克波尔特市市长不得不在宪章派的请愿书上签名，宪章派大获全胜。在第二次集会上，辉格党耍了阴谋。该次集会在索尔福德举行，恩格斯亲自参加了这次集会。辉格党人市长担任集会主席，在集会上，他大谈其公正无私，但是，当宪章主义者针对法案而提出辩论要求时，辉格党人市长却回答：可以，等集会结束后！在会议按照合乎辉格党人的意图进行以前，会议进行得还算不坏。但是，在一位宪章主义者发言并提出一项修正案时，集会主席和所有辉格党人立刻起身离开了集会大厅。尽管如此，集会仍然继续进行，就在宪章派的修正案被提交表决时，辉格党人指示警官介入事端，警察把灯熄了，集会被迫解散。第三次集会是宪章派取得辉煌的胜利。该次集会是在第二次集会的两天后举行的，地点位于曼彻斯特。虽然这次集会选在工厂工人的上班时间举行，但会厅里大多数仍是宪章派人士和社会主义者，结果宪章派人士和社会主义者取得了对辉格党的最辉煌的胜利。①

我们看到，关于工厂童工教育法案的争论犹如一面镜子，它再次折射出物质利益对不同阶级和政党的深刻影响。其中，资产阶级辉格党人反对童工教育法案再次暴露出其自私自利的本性。如果这种自私自利的利益原则在现实世界占据统治地位，那么世界将变得极度冰冷和无情，

① 恩格斯．伦敦来信一//马克思恩格斯全集：第3卷．中文2版．北京：人民出版社，2002：426-427.

自由和正义将成为迷梦。

四、关于取消英爱合并问题之实质的辩论

1801 年，根据《英爱同盟条约》，爱尔兰正式被并入英国版图，成立了“大不列颠及爱尔兰联合王国”，爱尔兰成为英国的一块殖民地。自那时起，关于取消英爱合并的呼声和运动就日益高涨。丹·奥康奈尔作为取消英爱合并运动的组织者，其所作所为却并非为了人民的利益，而是为了维护爱尔兰资产阶级和租佃者的利益。奥康奈尔时而打压群众运动，时而动员群众进行运动，目的都在于利用群众运动使土地贵族托利党内阁陷入窘境，使自己的中庸派朋友们（辉格党）重掌政权，这样就可以实现爱尔兰资产阶级的特殊利益。

（一）取消英爱合并的背景

爱尔兰人和英格兰人的祖先同属于克尔特人。大约在公元前 4 世纪，两支克尔特人部落先后到爱尔兰岛和不列颠岛。不列颠岛的克尔特人在融合其他部落血统的基础上演变成英格兰人；而居住在爱尔兰岛的克尔特人则基本保持了自己的血统和语言（盖尔语），这支部落发展成今天的爱尔兰人。从很早开始，英格兰人就企图兼并爱尔兰。1171 年，英格兰的安茹王朝利用爱尔兰的内乱，率领军队迫使爱尔兰称臣效忠，不仅如此，安茹王朝还大肆兼并爱尔兰的土地。至亨利八世当政期间（1509 年 4 月 22 日—1547 年 1 月 28 日），他的王朝更是直接插手爱尔兰的国内事务。1603 年，斯图亚特王朝（1371—1714 年）的君主开始有计划地在爱尔兰搞殖民活动。到了 1801 年 1 月，英国议会迫使爱尔兰同意了“英爱合并法案”，该法案实际上取消了爱尔兰议会，至此爱尔兰完全丧失经济上和政治上的独立，彻底沦为英国的殖民地。

英爱合并给爱尔兰带来了深重的灾难。在经济上，由于英格兰政府的残酷剥削，爱尔兰的国债在合并后陡增十几倍，到 1817 年，爱尔兰负债高达 11 300 万镑。在政治上，爱尔兰人更是受尽压迫和歧视。正如恩格斯指出的，在爱尔兰，“宪兵、教士、律师、官吏和贵族地主，触目皆是……如果没有农民的贫困这一相应的对立面，就难以理解所有

这些寄生虫是靠什么生活的”①。英格兰政府靠着吸食爱尔兰人民的骨髓而过着挥霍无度、奢靡腐败的日子，爱尔兰人民则在重压下挣扎生存，求告无门。有压迫就有反抗。自英爱合并起，爱尔兰人民就在都柏林举行了多次起义，起义虽然失败了，但掀起了声势浩大的反对英爱合并运动，并催生了几个富有影响的政治组织，其中之一便是以丹·奥康奈尔为首的“爱尔兰取消合并协会”。该组织声势浩大，奥康奈尔每次外出活动，身边都围绕着一支连任何国王都未曾有过的护卫队，周围经常有20万盖尔人。

（二）“卑鄙渺小的中庸目的”

作为爱尔兰取消合并协会的领袖，奥康奈尔的所作所为是为了谁的利益？是否像他宣称的那样，是为了“爱尔兰人民的幸福”？恩格斯根据自己的观察，给出了否定的答案。恩格斯敏锐地察觉到，在奥康奈尔所有为取消合并而采取的宣传鼓动的背后，其实隐藏着他“那种卑鄙渺小的中庸目的”②，这个目的就是爱尔兰资产阶级的利益！

奥康奈尔是1801年1月以来兴起的取消英爱合并运动的组织者，1823年他创立了以取消英爱合并为目的的爱尔兰天主教徒协会。作为爱尔兰群众运动的领袖，奥康奈尔本应心系群众，但是，在1835年2月，奥康奈尔竟然和英国辉格党领袖订立了这样的协定：辉格党答应给爱尔兰资产阶级一些特殊的优惠（诸如增加爱尔兰资产阶级在英国议会中的席位），作为回报，奥康奈尔答应在议会中支持辉格党并限制爱尔兰群众运动。结果，爱尔兰群众运动一度消沉了下去。到了1841年，爱尔兰资产阶级的死对头罗·皮尔领导的托利党接替辉格党成为议会的执政党，见此情形，奥康奈尔又开始动员爱尔兰人民为取消英爱合并而斗争。1843年6月，奥康奈尔发表了告爱尔兰人民的宣言书，其中要求恢复独立的爱尔兰议会和独立的司法审判权，这些都反映了爱尔兰资产阶级和租佃者的利益要求。

恩格斯指出，奥康奈尔并没有严肃认真地推进爱尔兰的民族解放运

① 恩格斯．恩格斯致马克思（1856年5月23日）//马克思恩格斯全集：第29卷．北京：人民出版社，1972：55.

② 恩格斯．伦敦来信四//马克思恩格斯全集：第3卷．中文2版．北京：人民出版社，2002：440.

动，如果奥康奈尔真的献身于爱尔兰人民，那么，在人民群众的支持下，作为爪牙的英格兰士兵、寄生虫似的新教牧师、吸血的古诺曼男爵们早就被驱逐出爱尔兰了。事实上，奥康奈尔并非心系人民的解放，而“只是想利用已沦为赤贫的和被压迫的爱尔兰人民使托利党内阁陷入窘境，使自己的中庸派朋友们（辉格党。——引者注）重掌政权”①。可见，奥康奈尔及他的金钱贵族朋友的利益与人民的自由是对立的。

综合本章的内容，我们看到，关于工人普选权的斗争、关于谷物法问题的争论、关于工厂童工教育法案的辩论、关于取消英爱合并问题之实质的辩论，折射出来的问题是一样的，那就是物质利益对人的支配。支配现实世界的原则并非自由理性原则，而是利益原则。物质利益深刻地影响着不同的阶级和个人在政治态度与立场上的选择。可怕的是，这个物质利益充斥着一种自私自利、冷酷无情的灵魂。当利益压倒理性而成为世界的法则时，这个世界必定是冰冷、自私和狭隘的，它充满了压迫和不公。在这样的世界里，恩格斯所珍视的自由、平等就是迷梦。因此，从逻辑上讲，恩格斯自然要批判私有制，揭露私有制的“美杜莎的怪脸”及其扬弃之路。私有制的背后到底藏着一张怎样的“美杜莎的怪脸”？“历史之谜”和“人类之谜”的解答是什么？

① 恩格斯．伦敦来信四//马克思恩格斯全集：第3卷．中文2版．北京：人民出版社，2002：440.

第三章 “美杜莎的怪脸”（上）

本章剖析资本主义私有制和竞争关系所导致的社会异化的总体图景。在私有制和竞争的土壤里，社会的方方面面都异化了，本应以爱为纽带的人与人之间的关系异化为普遍的对抗关系；在经济层面，资本主义社会陷入周而复始并日益严重的经济危机之中；科学技术也不再是增进人类力量与德性的“福将”，而沦为阶级压迫的工具，导致了广大劳动群众的失业、匮乏、贫穷和社会道德的普遍败坏；在价值观层面，金钱关系和利己主义成为社会的“通则”，金钱确定了人的价值，重新界定了“天堂”和“地狱”这两个概念，并催生出一个没有丝毫“人情味”的社会；在政治国家层面，现实的国家并没有成为普遍理性的化身，而沦为私有财产的私器。一切公民权在其现实性上都只是“富人的特权”。法律压榨穷人、富人支配法律，这才是资本主义国家的真实面目。一句话，社会的方方面面都笼罩在“美杜莎的怪脸”之下。

一、普遍的对抗关系

世界本应以“爱”作为联系人与人之间关系的纽带，但资本主义私有制所催生的却是一个社会利益普遍分裂的、对抗性质的世界。各个阶级相互敌视，阶级内部也充满对抗和斗争。这种普遍对抗的必然结果便是弱肉强食，具体体现为：竞争导致财产的集中，土地、资本碾压劳动，无产阶级的过劳死与贫困，霸权横行。一句话，资本主义私有制导致了人与人之间关系的异化。

（一）以“爱”为纽带的世界

人与人之间应当以什么作为联系的纽带？梳理西方思想史，我们就可以看到，主流的回答是“爱”。“爱”的传统无疑发端于基督教。基督教以“爱”作为自己的诫命。这一点在《圣经》里随处可见，比如，《马太福音》里就指出，上帝的诫命是“爱”：“你要尽心、尽性、尽意，爱主你的神，这是诫命中的第一，且是最大的。其次也相仿，就是要爱人如己。这两条诫命是律法和先知一切道理的总纲。”

这种“爱”的诫命对后世影响深远，启蒙思想家都深具爱的情怀。比如，卢梭在《论人类不平等的起源和基础》《社会契约论》等著作中就极力宣扬“爱”的情感。在他看来，人类本是同一个上帝的儿女，因而在上帝神圣的联结下，人们也就认识到他人是自己的兄弟姐妹，因而每个人都应当用爱的目光注视他人，在现实生活中践行爱的真理。马克思在中学的习作中也对“爱”的情感给予了高度礼赞。在《圣经》里，基督曾把自己比喻为“真葡萄树”，基督徒则是“葡萄枝蔓”，后者只有与前者结合才能结出果实，因此，“葡萄枝蔓不仅会仰望栽种葡萄的人；如果它能有感觉的话，它会紧紧贴在藤上，它会感觉到自己与葡萄藤和长在藤上的其他葡萄枝蔓最紧密地联结在一起；它会爱其他枝蔓，因为是同一个栽种葡萄的人照料着它们，是同一个藤身给它们以力量”①。因此，由于神爱人，由于人对神“满怀最崇高的爱，我们同时也就把自己的心向着我们的弟兄们，因为基督将他们和我们紧密联结在一起，并且他也为他们而牺牲自己”②。从这些论述中我们看到“爱”的情感对马克思的深刻影响。

恩格斯无疑也是认可上述思想的，他在《英国工人阶级状况》一书里并没有把英国工人视为“孤立的民族的成员”，而是把他们看作“意识到自己的利益和全人类的利益相一致的人，是一个伟大的大家庭中的

---

① 马克思．根据《约翰福音》论信徒同基督结合为一体//马克思恩格斯全集：第1卷．中文2版．北京：人民出版社，1995：452.

② 同①.

成员”①。在恩格斯看来，人类社会不是一个分散的、相互对抗的组织，而是一个统一、不可分的大家庭。既然是家庭，当然就是以爱作为纽带联系起来的伦理共同体。恩格斯指出，真正符合“人”这个字的含义的人，就是具有博爱情怀的人，他把其他人看作自己的兄弟姐妹，希望自己的努力能有助于全人类共同的事业。

（二）不断分裂与对抗的利益

爱的光芒能否照亮现实世界？恩格斯给出的答案是否定的。按照他的理解，私有制作为一种社会制度在本质上是自私自利的。这一点，从它的产物就可以看出来，私有制产生的最直接的结果是商业，即买和卖。在私有制的统治下，商业是商人收入的直接源泉，结果是每个商人必定会想方设法“贱买贵卖”。因此，商业的首要原则就是对一切有关商品降价的事情绝口不提、秘而不宣。换言之，商业是披着法律外衣的欺诈。在任何一次买卖中，买卖双方总是在利益层面处于绝对对立的位置。可以看到，如同商业买卖的本质一样，私有制的本质就是要求自身利益的最大化，为达目的，不择手段。马克思曾经打过一个生动的比喻来刻画私有制自私自利的灵魂：“就好比一个粗人因为一个过路人踩了他的鸡眼，就把这个人看作天底下最可恶和最卑鄙的坏蛋。他把自己的鸡眼当作观察和判断人的行为的眼睛。他把过路人和自己接触的那一点当作这个人的本质和世界的唯一接触点。……私人利益把一个人触犯它的行为夸大为这个人的整个为人。它把法律变成一个只考虑如何消灭有害鼠类的**捕鼠者**”②。私有制就是这样一种自私自利的制度。

在私有制条件下，社会利益处于一种什么样的状态？恩格斯指出，自私自利的私有制带来的是社会利益的普遍分裂和对立。第一，私有制会导致社会利益的分裂：首先，在生产中，私有制分裂为两个对立的方面，即人的活动方面和自然的方面；其次，人的活动方面又分裂为劳动和资本；最后，自然要素（土地）、资本和劳动本身又不断分裂为更小的原子。第二，在私有制的条件下，这些分裂的社会利益之间是对立

① 恩格斯．英国工人阶级状况//马克思恩格斯全集：第2卷．北京：人民出版社，1957：277.

② 马克思．关于林木盗窃法的辩论//马克思恩格斯全集：第1卷．中文2版．北京：人民出版社，1995：254-255.

的。这是因为，"私有制把每一个人隔离在他自己的粗陋的孤立状态中，又因为每个人和他周围的人有同样的利益，所以土地占有者敌视土地占有者，资本家敌视资本家，工人敌视工人"①。要素与要素之间、原子与原子之间彼此斗争，而非相互支持。这种斗争在现实层面就是社会各阶级之间（地主阶级、资产阶级和无产阶级）和阶级内部之间的利益斗争。

那么，社会利益的对抗是以什么样的形式表现出来的？"竞争"。恩格斯指出，"只要私有制存在一天，一切终究会归结为竞争"②，"竞争贯穿在我们的全部生活关系中。竞争是强有力的发条"③，在塑造或改变着我们的社会秩序。竞争在不同的社会关系中是围绕不同的中介展开的，例如，工资是资产阶级和无产阶级竞争的中介，地租则是资产阶级、农民阶级和地主阶级竞争的中介。恩格斯指出，在私有制的英国，社会战争，一切人反对一切人的战争已经公开宣告开始了。结局将如何？

（三）弱肉强食

用一个词来概括这场社会战争的结局，那便是：弱肉强食。具体体现为如下四个方面：

1. 竞争导致财产的集中

恩格斯指出，在市场竞争中，较大的资本把较小的资本吞并，较大的土地占有者把较小的土地占有者排挤出去，较强的工人把较弱的工人打败。大工厂主、大商人和大土地占有者在财富的规模上比小工厂主、小商人和小土地占有者占优势，前三者在财富增长速度上比后三者要快；体力和技术较好的工人也比体力和技术较差的工人更能适应市场竞争的需要。因此，在通常情况下，大鱼吃小鱼，小鱼吃虾米，结果就产生了"财产的集中"。这种集中在农业危机和商业危机时期进行得更迅速、更彻底。恩格斯指出，财产的集中是私有制所固有的一个规律。财产的集中导致的社会结果是中间阶级必然越来越多地消失，直到世界分

① 恩格斯．国民经济学批判大纲//马克思恩格斯全集：第3卷．中文2版．北京：人民出版社，2002：459.

② 同①458.

③ 同①471.

裂为两大对抗阶级，即富有者阶级和无产阶级，这也是资产阶级时代与过去的时代不同的地方。

2. 土地、资本碾压劳动

恩格斯指出，在私有制条件下，地主阶级、资产阶级和无产阶级处于阶级对抗的关系之中。这种对抗的结果如何？恩格斯具体分析了参加斗争各方的力量和优劣势。他指出，土地占有者和资产阶级都比劳动者强，土地占有者是依靠垄断土地进行掠夺。只要人口持续增长，那么对土地的争夺就必定日益激烈，地主的土地价值也会水涨船高。地主通过出租土地，攫取农民的种种改良成果而不劳而获。这也是大土地占有者的财富日益增长的秘密。资本家也有其赚钱发财之道，他们通过无偿获取工人创造的利润而不断积累财富。在与工人阶级的对抗中，他们可以靠资本和利息过活，在万不得已的情况下，他们还可以依靠“资本化了的土地占有”过活。而无产阶级和前二者比起来，明显处于不利地位。首先，无产者并不能依靠土地和资本获利，而只能出卖劳动力，因此，他们所能得到的仅仅是最必需的东西，仅仅是一点能维持生存的生活资料。其次，无产阶级还有一个极大的劣势，那就是自身人数的迅猛增长。一个很浅显的事实是：工资水平决定于供给关系，当市场对劳动力的需求等于供给时，无产者拿到平均工资，当需求小于供给时，无产者就不得不接受低于平均工资的收入水平。由于现代无产阶级人口急剧增加，通常情况下市场供给总是大于需求。在这种供求关系下，无产者如果不接受资产阶级提出的苛刻条件，就只能选择“饿死、冻死、赤身露体地到森林中的野兽那里去找一个藏身之所，就再没有任何选择的余地了”①。恩格斯指出，除了以上情况，资本和土地还有一个神兵利器使其在反对劳动的斗争中占据绝对的优势地位，那就是科学的帮助。在私有制条件下，连科学也被用来反对劳动。具体内容将在后文详细展开。可以看到，由于自身的劣势，无产阶级沦为了地主阶级和资产阶级的压迫对象。

3. 无产阶级的过劳死与贫困

恩格斯指出，在这种激烈的竞争中，个人如果不全力以赴，不放弃人性中的一切品质，就会惨遭淘汰。我们一起看看无产阶级在竞争中的

① 恩格斯. 英国工人阶级状况//马克思恩格斯全集：第2卷. 北京：人民出版社，1957：360.

处境。前面提到，竞争贯穿在人们的一切社会关系中，为了争夺有限的工作岗位，无产阶级内部也充满了残酷的竞争。一部分工人凭借较好的体力和技术获得了工作，但代价是必须付出自己的全部精力。比如，工人每天不得不从事 14～16 个小时的工作，劳动时间长，劳动强度大，工人长期处于过度紧张的状态。这种情况导致了工人普遍的虚弱乃至常常过劳死。这是工人为保住饭碗所付出的代价。另一部分在竞争中失败的工人又是什么样的处境？恩格斯指出，一方的过度紧张，必然同时是另一方的松弛。在消费和生产、需求和供给几乎相等的情况下，大批群众找不到工作，成为“过剩人口”，他们无以为生，纯粹由于过剩而饿死。恩格斯描绘了工人在竞争中的两种极端处境：“一部分土地进行精耕细作，而另一部分土地——大不列颠和爱尔兰的 3 000 万英亩好地——却荒芜着。一部分资本以难以置信的速度周转，而另一部分资本却闲置在钱柜里。一部分工人每天工作 14 或 16 小时，而另一部分工人却无所事事，无活可干，活活饿死。或者，这种分立现象并不同时发生：今天生意很好，需求很大，这时，大家都工作，资本以惊人的速度周转着，农业欣欣向荣，工人干得累倒了；而明天停滞到来，农业不值得费力去经营，大片土地荒芜，资本在正在流动的时候凝滞，工人无事可做，整个国家因财富过多、人口过剩而备尝痛苦。”① 可见，不管在农业部门还是在工业部门，过度紧张和过度松弛同时存在都是普遍现象。获得工作的工人不得不过度消耗生命，而失业的工人则遭受着贫困、饥饿的折磨。

恩格斯借卡莱尔之口指出，自自由竞争成为社会的普遍规则以来，千百万劳累不堪的无产者的命运正日益变得难以忍受。工人过着贫困的生活，却又不知道因何如此；人们在紧张的工作中累垮了身体，却总是一无所得；人们心力交瘁，但仍然孤苦伶仃、求告无门，人们的脖子上仿佛“套着冷酷的万能 *Laissez-faire* 的绞索，被幽禁在寂静的、无生气的、无止境的不公道的世界里，就好像幽禁在法拉里斯牛的该咀咒的肚子里一样，慢慢地结束我们的一生”②。这是一个最好的时代，这也

---

① 恩格斯．国民经济学批判大纲//马克思恩格斯全集：第 3 卷．中文 2 版．北京：人民出版社，2002：464.

② 恩格斯．英国状况 评托马斯·卡莱尔的《过去和现在》//马克思恩格斯全集：第 3 卷．中文 2 版．北京：人民出版社，2002：508.

是一个最坏的时代。竞争的重压就像法拉里斯牛的肚子，使无产阶级失去了一切属人的目的，在命运的绞索下痛苦无告。

4. 霸权横行

私有制所引起的社会战争不仅局限于单个国家，而且蔓延到全世界。恩格斯指出，从 18 世纪中叶开始，自由主义理论取代重商主义而成为英国的主导经济学理论。重商主义主张通过战争的手段来垄断别国的市场，而自由主义则主张通过自由竞争建立与世界各国的纽带。自由主义经济学的开创者亚当·斯密宣称，商业的本质是“各民族、各个人之间的团结和友谊的纽带”，而不是“纠纷和敌视的最丰产的源泉”①。自由竞争对它的一切参加者都是有利的。在这种理论的指导下，19 世纪上半叶英国大幅度降低本国关税，进口关税率由 1820 年的 50%降到了 19 世纪中期的零关税。通过这种方式，英国使得其他国家也降低了自身的关税。例如，1860 年《英法条约》规定，英国同意废除所有制成品的关税，作为回应，法国方面则大幅度降低了英国机器、煤炭、生铁等的关税，征收关税的商品减少到总数的 30%，平均关税降低到只剩 15%。英国与意大利、比利时、德意志、瑞士、奥地利也缔结了类似的关税同盟条约。

英国所倡导的自由竞争，真的会带来参与国的普遍繁荣吗？答案是否定的。英国是工业革命的发源地，也是最早完成工业革命的国家，据统计，在 1850 年，英国生产的煤产量占全世界的 60.2%、铁产量占 50.9%、棉花加工品占 46.1%，英国已成为名副其实的“世界工厂”。在这种情况下，自由竞争意味着什么就可想而知了。恩格斯把自由主义经济学家称为“伪君子”，“伪君子”叫道：“难道我们没有打倒垄断的野蛮吗？难道我们没有把文明带往世界上遥远的地方吗？难道我们没有使各民族建立起兄弟般的关系并减少了战争次数吗？”② 恩格斯指出，不错，他们确实都做了，但是：自由竞争消灭了小的垄断，目的是“使一个巨大的根本的垄断，即私有制，更自由地、更不受限制地起作用”；自由竞争把文明带到世界各地，目的在于“赢得新的地域”来扩张资产阶级“卑鄙的贪欲”；自由竞争减少了战争次数，目的是“在和平时期

① 恩格斯．国民经济学批判大纲//马克思恩格斯全集：第 3 卷．中文 2 版．北京：人民出版社，2002：448.

② 同①.

赚更多的钱，以便使各个人之间的敌视、可耻的竞争战争达到登峰造极的地步！”① 自由竞争最终缔造了英国的世界霸权。凭借自由竞争，全世界都成了英国的原料产地和商品销售市场。正如1865年英国的经济学家杰文斯所描述的：“北美和俄国的平原是我们的玉米地，加拿大和波罗的海是我们的林区，澳大利亚有我们的牧羊场，秘鲁送来白银，南非和澳大利亚的黄金流向伦敦，印度人和中国人为我们种植茶叶，我们的咖啡、甘蔗和香料种植园遍布东印度群岛，我们的棉花长期以来栽培在美国南部，现已扩展到地球每个温暖地区。”② 自由竞争和工业革命使英国成为“日不落帝国”。可见，私有制与霸权如影随形。

（四）结论

第一，私有制导致了社会关系的异化。我们看到，在私有制条件下，社会关系的现实与社会关系的应当之间处于深刻的背离和冲突之中。人与人之间本应以“爱”作为联系的纽带，在“爱”之中实现自身的和人类的德性与幸福，但在私有制条件下，社会关系已经扭曲了，人与人之间是以利益作为纽带的，每个人乃至每个民族都局限在自身狭隘的私利里，残酷的竞争贯穿在人们的一切社会关系中，人与人是狼与狼的关系，强者把弱者无情地踩在脚下，弱者则沦为“复活的僵尸一样”，目光空泛、失去灵魂，只剩下“海狸似的勤劳能力和消化食物的胃”③，从而也把自身贬为工具。正如恩格斯指出的，在私有制作为一种根本制度的国家里，一切人反对一切人的社会战争就只有进行时，而没有完成时。

第二，恩格斯关于人类关系异化的论述丰富了马克思主义的相关理论。我们知道，马克思在《1844年经济学哲学手稿》里探讨了四重异化，最后一重异化是人与人之间相互关系的异化。这是前面三重异化（劳动者同自己劳动产品之间的异化、劳动活动本身的异化、人同自己类本质之间的异化）的必然结果，这种异化意味着人与人之间的冲突和

① 恩格斯．国民经济学批判大纲//马克思恩格斯全集：第3卷．中文2版．北京：人民出版社，2002：448.

② 宋文兴．余应坤．毛泽东思想和中国特色社会主义理论体系概论项目化实践教程．北京：新华出版社，2016：118.

③ 恩格斯．英国状况 评托马斯·卡莱尔的《过去和现在》//马克思恩格斯全集：第3卷．中文2版．北京：人民出版社，2002：508.

对立。但是，马克思对这一异化的剖析并未详细展开，人与人之间关系的异化到底以什么作为纽带，又包含了哪些内容，马克思并未给出明确的回答。然而，恩格斯给出了答案：在私有制条件下，人与人之间的关系是以私利和竞争为纽带的，这种异化具体表现为财产的集中、弱肉强食、霸权横行等内容。由此可见，恩格斯关于人类关系异化的论述充实和丰富了马克思的异化理论。

二、与生俱来的经济危机

在恩格斯看来，只要私有制和盲目的竞争关系存在一天，经济危机就是资本主义社会无法摆脱的顽疾。经济危机以工业危机、农业危机、商业危机、信用危机和货币危机、金融危机为表现形式，以周期性、交替性、破坏性越来越强、蔓延性为特征，导致了中产阶级的破产和无产阶级队伍的壮大、生产力的破坏和经济的全面萧条，以及无产阶级无尽的匮乏、贫穷、疾病和犯罪，还有社会革命。恩格斯的经济危机理论在马克思主义思想史上具有首创性。

（一）经济危机的表现形式

在恩格斯看来，经济危机的表现形式如下：

第一，工业危机。恩格斯指出，工业危机是经济危机的第一种形式，它的具体表现是大量的工厂主破产，在危机最严重时，较大的工厂也停止营业，机器不再转动，或者只开工半天。以 1847 年的英国经济危机为例，在这次经济危机中，铁路工程总量连续五年下降，到 1852 年，铁路建设工人人数比五年前减少了 4/5 以上。与之相关，铁价下跌了一半，冶金工业遭遇沉重的打击。斯塔福德郡 137 座炼铁炉中近一半停产。棉纺织业的状况也十分糟糕，作为纺织工业中心之一的兰开夏郡，920 家棉纺织工厂中有 200 家完全停业，其余的每周只能开工 2～4 天。

第二，农业危机。恩格斯指出，农业危机和工业危机常常是相伴出现的，它的具体表现是谷物价格、地租大幅度下跌。以 1873 年的英国经济危机为例，在农业方面，英国传统的农耕地区遭到了沉重的打击。

1875 年是危机的高峰期，英格兰埃塞克斯郡的小麦价格从原先的每夸脱 55 先令降到农场主和佃农几乎放弃耕种的地步。该郡的地租则降低了 25%～80%。在苏格兰地区，情况同样糟糕。苏格兰兰夫鲁郡的地租下降 10%～60%。[①] 农业生产一落千丈。

第三，商业危机。正如恩格斯指出的，80 年来，商业危机“像过去的大瘟疫一样定期来临”[②]，它所造成的不幸甚至比大瘟疫所造成的更严重。商业危机的具体表现主要是商业的停顿和市场的滞销。在 1855 年的商业危机中，马克思恩格斯观察到，商行纷纷倒闭，第一批破产的商号是售卖印花制品的英国曼彻斯特及其郊区的一些老字号商行，接着是同美国和澳大利亚做买卖的商行，之后是同中国做买卖的商行，最后破产的是同印度做买卖的商行。大多数商业部门损失惨重，许多年都缓不过来。恩格斯曾对商业危机的表现和危害做了如下概括：“自从 1825 年第一次普遍危机爆发以来，整个工商业世界，一切文明民族及其野蛮程度不同的附属地中的生产和交换，差不多每隔十年就要出轨一次。交易停顿，市场盈溢，产品大量滞销积压，银根奇紧，信用停止，工厂停工……破产相继发生，拍卖纷至沓来。”[③] 这个概括是准确到位的。

第四，信用危机和货币危机。马克思恩格斯认为，信用危机和货币危机常常作为实体性危机的先导而出现，其具体表现是作为现代流通环节的重要手段——信用制度的崩溃和伴随而来的货币挤兑危机。正如马克思指出的，“在再生产过程的全部联系都是以信用为基础的生产制度中，只要信用突然停止，只有现金支付才有效，危机显然就会发生”[④]。信用危机直接造成货币危机，一旦这两种危机出现，那么整个国家就不可避免地爆发整体性的经济危机。

第五，金融危机。与信用危机和货币危机一样，金融危机常常是工商业危机的“预兆和先声”。例如，马克思恩格斯观察到，1847 年的欧洲金融危机开始于 4 月底，到 5 月达到了顶点。在金融危机的日子里，

---

① 汉考克. 英国历史文献（1874—1914）：第 7 卷. 伦敦：伦敦出版社，1977：209-210.

② 恩格斯. 国民经济学批判大纲//马克思恩格斯全集：第 3 卷. 中文 2 版. 北京：人民出版社，2002：461.

③ 恩格斯. 反杜林论//马克思恩格斯文集：第 9 卷. 北京：人民出版社，2009：292.

④ 马克思.《资本论》第三卷第三十章 货币资本和现实资本//马克思恩格斯全集：第 46 卷. 中文 2 版. 北京：人民出版社，2003：555.

一切金融交易都停止了。之后过了几个月，就相继爆发了工业、农业和商业的危机，因此，金融危机常常是实体性危机的先导。金融危机集中体现为股票价格的暴跌和恐慌性的抛售，它常常导致国家金融的破产。

（二）经济危机的特征

其一，周期性。恩格斯指出，经济危机“就像彗星一样定期再现”①，其周期通常是5～7年。80年来，经济危机就像“过去的大瘟疫一样定期来临”，19世纪欧洲的历史证实了这个规律。

其二，危机与繁荣交替出现。恩格斯多次谈到这一点。例如，他以英国为例指出，英国的生产“每隔十年，生产的进程就被普遍的商业危机强制性地打断一次，随后，经过一个长久的持续的停滞时期后，就是短短的繁荣年份，这种繁荣年份总是又以发疯似的生产过剩和最后再度崩溃而结束”②。

其三，危机的破坏性越来越大。这也是恩格斯重点强调的。他以1842年的经济危机为例指出，这次危机比过去任何一次危机都要更猛烈，而且“危机每重复一次，其猛烈性就加强一次”，根据危机5～7年重复一次的周期性特点，恩格斯预测下一次危机会在1847年，这次经济危机将会“更加猛烈，更加持久”③。后来的历史证明了恩格斯的预言，1847年的经济危机确实比过去的经济危机更具破坏性。

其四，蔓延性。这是因为，资本的逻辑日益将各国的市场融合为世界市场，资产阶级为了扩大产品的销路，就需要奔走于全球各地，“到处开发，到处建立联系”④。结果，由于世界市场的开拓，资本使得“一切国家的生产和消费都成为世界性的了”⑤。全球化的市场就使经济危机有可能越出一国的范围而成为世界性的危机，这一点已为后来的历

① 恩格斯．国民经济学批判大纲//马克思恩格斯全集：第3卷．中文2版．北京：人民出版社，2002：461.

② 恩格斯．英国工人阶级状况（1892年德文第二版序言）//马克思恩格斯文集：第1卷．北京：人民出版社，2009：371-372.

③ 恩格斯．英国工人阶级状况//马克思恩格斯文集：第2卷．北京：人民出版社，1957：372.

④ 马克思，恩格斯．共产党宣言//马克思恩格斯文集：第2卷．北京：人民出版社，2009：35.

⑤ 同④.

史所证实。

(三) 经济危机的后果

1. 中产阶级纷纷破产，无产阶级队伍日益庞大

在商业危机时期，许多小的工厂主和商人无力抵抗工商业停顿，他们就破产了；较大的工厂主和商人则在危机最为严重时被迫停止营业，这些人也破产了；再加上数量可观的手工劳动者破产，结果就出现了一种现象：“中间阶级必然越来越多地消失，直到世界分裂为百万富翁和穷光蛋、大土地占有者和贫穷的短工为止”①。恩格斯指出，这是任何法律都改变不了的必然趋势。资本主义时代的阶级关系日益简单化，整个社会日益分裂为资产阶级和无产阶级两大敌对阵营。经济危机就是这种转变的重要催化剂。

2. 生产力的破坏和经济的全面萧条

这一点是显而易见的，恩格斯多次论述了这种破坏性。例如，在1848年的《共产党宣言》一文中，马克思恩格斯就指出：“在商业危机期间，总是不仅有很大一部分制成的产品被毁灭掉，而且有很大一部分已经造成的生产力被毁灭掉。在危机期间，发生一种在过去一切时代看来都好像是荒唐现象的社会瘟疫，即生产过剩的瘟疫。社会突然发现自己回到了一时的野蛮状态；仿佛是一次饥荒、一场普遍的毁灭性战争，使社会失去了全部生活资料；仿佛是工业和商业全被毁灭了。”② 前面我们已经详细描述了经济危机所造成的生产力破坏和经济全面萧条的现象，此处不再赘述。可以说，几年一次的危机毁灭了工农业生产出来的“生活资料、享受资料和发展资料”③，经济危机的破坏性一次比一次强，所带来的生产力破坏和经济萧条也一次比一次严重。

3. 给无产阶级带来无尽的匮乏、贫穷、疾病和犯罪

其一，“过剩人口”在危机时期激增。恩格斯指出，除去经济最繁荣的短暂时期，无产阶级中总有一定的失业工人后备军。据统计，这种

---

① 恩格斯. 国民经济学批判大纲//马克思恩格斯全集：第3卷. 中文2版. 北京：人民出版社，2002：470.

② 马克思，恩格斯. 共产党宣言//马克思恩格斯文集：第2卷. 北京：人民出版社，2009：37.

③ 恩格斯. 自然辩证法//马克思恩格斯选集：第3卷. 3版. 北京：人民出版社，2012：987.

“过剩人口”在英格兰和威尔士平均有 150 万。而在经济危机时期，失业人口剧增。例如，在 1842 年的经济危机中，英国佩斯利这样的小城市的失业人口就上万。大规模的失业成为经济危机标志性的副产品。

其二，保住饭碗的工人不得不降低工资。恩格斯曾经对工人工资的状况做出分析，在他看来，工人的工资水平说到底是由供需关系决定的。当市场对工人的需求小于供给时，工人就只能拿到低于平均工资的收入（平均工资指供需大致平衡时工人的收入），经济危机则把供大于求的状况推到极致，这时能保住饭碗的工人就不得不接受降低工资的命运，否则就会被市场驱逐出去。这些都是由竞争关系决定的。恩格斯指出，工人间的这种竞争对于无产阶级而言是现代各种关系中最糟糕的一面。

其三，普遍的匮乏。这是前面两点带来的必然后果。恩格斯指出，在经济危机时期，贫穷犹如潮水一般蔓延开来，个人的积蓄很快就被花光了，其他力量在救济问题上也不过是杯水车薪。我们先来看工会的救济金。固然，工会中也成立了基金会，其资金来源是工人每星期缴纳的会费。在没有发生经济危机的时期，基金会的救济金还勉强够用，失业者也能生存下来。但在经济危机时期，大批工人失业，基金会也就失去了收入来源，剩下的一点钱很快也会用完。失业者与日俱增，而救济金很快就用光了，工会对贫困问题爱莫能助。我们再来看社会的救济金。资产阶级捐献给济贫事业的钱本来就少得可怜，在经济危机时期，这些济贫捐很快就用完了。例如，1842 年在英国里子，济贫所储备了 1 000 英镑的准备金，可这一笔钱和募捐来的 7 000 英镑在经济危机还没到达顶点时就已经用光了。在危机的高峰时期，慈善机关被工人围得水泄不通，济贫捐增加了两倍，可依然是杯水车薪，数量惊人的“过剩人口”出现了。

我们来看经济危机时期工人阶级的生活处境。反谷物法同盟的一个报告指出，和 1834—1836 年相比，1842 年的工人得到的食品减少了 2/3，肉的消费量减少了 20%～60%；即使那些在危机时期依然能找到工作的手工业者，如泥瓦匠、铁匠等，他们的消费水平也急剧下滑。到 1843 年 1 月，工人工资还在不断降低，这时如果店铺的老板不尽可能地赊东西给失业者，如果工人不尽可能地互相帮助，那么大批的“过剩人口”就会饿死。恩格斯这样描述危机时期工人们的情绪和举动：“所有的街上都有饥饿的工人站着（由于他们的老板关闭了自己的工厂，不能给他们工作了），一个一个地或一群一群地乞讨，成群结队地守在人行道旁，向过路的人请求帮助，但是他们不是像一般的乞丐那样哀求，而是在要求，在以他们的人数、以他们的态度和言语来威胁人。一切工业区，从莱斯特到里子，从曼彻斯特到北明翰，情形都是这样。”① 是何等的匮乏才会把整整一个阶级置于这种没有尊严的境地！

其四，疾病伴随危机而来。恩格斯指出，在经济危机时期，各种传染病总会肆虐横行，他借一位医学博士的研究对此种现象做出了解释：因为在经济危机时期，穷人的贫困和匮乏达到了一种无以复加的境地，正是极端的贫困和匮乏使工人吃不饱、穿不暖，因而身体虚弱而容易感染疾病，加之在城市里居住条件十分差，每间屋都塞满了各式各样的人，有病的、没病的都睡在同一间屋，这些因素结合在一起就导致各种流行病迅速蔓延开来并且变得危险无比。例如，在爱尔兰和苏格兰，每当商业危机到来的时期，都会有大规模的伤寒病流行起来，这种病几乎是工人阶级的专属疾病，让工人们苦不堪言。

除了传染病以外，某些别的疾病也借助经济危机降临在工人阶级身上。例如，佝偻病（英吉利病）最容易在危机期间缠上工人的小孩。这是因为，小孩处于身体发育的关键时期，这是最迫切地需要营养的阶段，而经济危机直接导致这些孩子营养不足、极度衰弱，结果就患上了佝偻病。因此，可以说，经济危机与疾病是结伴而行的。

其五，经济危机使无产阶级沦为失去道德的人。经济危机催生了数量惊人的“过剩人口”，资本主义国家并不关心这些人的饥饿与死活，故而这些人必须自行寻找出路，在无法依靠自身或工人阶级的力量解决生计问题时，他们当中大批的人就堕落了，恩格斯认为这种道德的堕落是不能归罪于工人自身的，是商业危机和资产阶级的自私自利迫使这些人沦为抢劫犯或者盗窃犯。面对这些罪犯，资产阶级国家没有丝毫的怜悯，它把犯人抛进监狱，或者直接放逐到流放地。这种无情的举措反过来更激起了工人的愤怒，犯罪成为国家的顽疾。可见，每一次商业危机都给工人阶级带来了匮乏、贫穷、疾病和犯罪。

---

① 恩格斯. 英国工人阶级状况//马克思恩格斯全集：第2卷. 北京：人民出版社，1957：373.

4. 引发社会革命

恩格斯指出，经济危机会导致社会危机，后者通过犯罪等形式表现出来，而社会危机的顶点就是社会革命，经济危机“必定引起一场社会革命，而这一革命，经济学家凭他的书本知识是做梦也想不到的”①。具体说来，经济危机一方面使无产阶级革命化，另一方面则促使革命形势日趋成熟。

其一，经济危机使无产阶级革命化。经济危机使无产阶级失去了赖以生存的饭碗，大规模的工人被抛到一无所有的境地，在这种情况下，工人除了起来反抗还能有什么办法呢？极度的贫困总会激起日益蔓延和高涨的革命热情，对死亡的恐惧战胜了对强权的恐惧。此外，经济危机使无产阶级更加看清了资产阶级的冷酷无情。在经济危机中，资产阶级作为国家的统治者不是想着如何帮助穷人渡过难关，而是想着如何谋取自身利益。例如，在1842年的经济危机中，谢菲尔德刀锉工厂的老板伊毕岑就积极加入资产阶级的组织，压低工资，专门雇用工贼，不仅如此，还把那些拒绝降低工资的工人统统抛进济贫所——“穷人的巴士底狱”②。这些举动充分暴露了资产阶级的冷酷无情，从而使无产阶级的革命意志更加坚定。

其二，危机促使革命形势日趋成熟。恩格斯指出，伴随着商业危机的来临，革命的前景也出现了。经济危机使社会革命的一切因素都获得了切实和显著的发展，所以革命是不可避免的，商业危机加速了革命的进程。人民不会一次又一次地忍受危机。事实上，工人阶级已经通过各种方式（偷窃、砸碎机器、工会斗争、宪章运动等）和资产阶级做斗争，经济危机则促使这些斗争形式升级为无产阶级革命。恩格斯预言，无产阶级革命的未来方向将是宪章主义和社会主义的合流。在这种阶级革命中，无产阶级将更多从社会方面而不是政治方面去寻求摆脱困境的出路。

（四）经济危机的实质与根源

以上我们梳理了经济危机的表现形式、特征和后果，那么，经济危

① 恩格斯. 国民经济学批判大纲//马克思恩格斯全集：第3卷. 中文2版. 北京：人民出版社，2002：461.

② 恩格斯. 英国工人阶级状况//马克思恩格斯全集：第2卷. 北京：人民出版社，1957：576.

机的实质与根源是什么？在实质上，经济危机是生产的相对过剩危机。正如恩格斯指出的，“在生产发展过程中必定会出现这样一个阶段，在这个阶段，生产力大大过剩，结果，广大人民群众无以为生，人们纯粹由于过剩而饿死。长期以来，英国就处于这种荒诞的状况中，处于这种极不合理的情况下”①。我们看到的经济危机是生产相对过剩的危机，这种危机源于工厂生产出的产品找不到购买者，供需关系失去平衡，因此这种生产过剩是相对过剩而非绝对过剩。人们看到的荒唐的“倒牛奶”现象就是这种生产相对过剩的极端表现。

从根源上讲，经济危机源于“工业和竞争的性质本身以及这种性质”②，说白了就是盲目的竞争关系和资本主义私有制。恩格斯认为，现代资本主义的生产“不以直接满足需要为目的而以赚钱为目的”③。这当然是资本主义私有制带来的，为了追逐最大限度的剩余价值，各个生产者就会进行激烈的竞争，“自由竞争很快就达到十分剧烈的地步”④，生产便很快陷入了超出需求的盲目状态，这便是经济危机。恩格斯做了具体的分析：当每个人是奔着发财的目的去从事生产时，“停滞现象是随时都可能发生的”⑤。例如，英国供给世界各国各式各样的商品，即使某个工厂主知道某种商品在各个国家的年需求量，但他终究不知道这种商品每个时间段在各个国家的存货量，更不知道竞争对手往各个国家运去了多少货物。他能凭借做出判断的依据只有价格，根据价格决定自己的生产。“一切都是盲目的，是瞎碰，是或多或少地靠机会的。”⑥ 一旦有好消息从某个市场传来，那么每个厂家都会拼命生产并把所有产品往那里送。结果，不久以后，该市场就充斥着同种商品，“销售逐渐停止，现金收不回来，价格日益下降，英国的工业也没有什么工作给自己的工人做了”⑦。这便是生产过剩的经济危机。

---

① 恩格斯. 国民经济学批判大纲//马克思恩格斯全集：第3卷. 中文2版. 北京：人民出版社，2002：463.

② 恩格斯. 英国工人阶级状况//马克思恩格斯全集：第2卷. 北京：人民出版社，1957：366.

③ 同②.

④ 恩格斯. 共产主义原理//马克思恩格斯选集：第1卷. 3版. 北京：人民出版社，2012：301.

⑤ 同②.

⑥ 同②.

⑦ 同②367.

因此，在恩格斯看来，经济危机的根源就在于私有制和盲目的竞争关系。只要私有制存在，只要生产是为了追逐最大限度的剩余价值，那么竞争关系就必定是盲目和不断升级的，因此，经济危机就是不可避免的。恩格斯指出，经济危机就像“彗星一样定期再现”①，平均5～7年发生一次，“这个规律是纯自然的规律，而不是精神的规律”②，这是一个“以当事人的无意识活动为基础的自然规律”③。只要私有制和竞争关系存在，经济危机就会像自然规律那样定期发作和带来危害。

（五）结论

其一，恩格斯的经济危机理论有力地驳斥了资产阶级经济学家关于“生产不足”的理论。“生产不足”理论的代表人物是马尔萨斯，其人口论认为：生活资料是按算术级数增加的，而人口则是按几何级数增长的，因而物质资料的增加永远赶不上人口的增长，生产必然处于不足的状态。恩格斯的经济危机理论揭露了因私有制和盲目的竞争所必然带来的生产无组织性，这种无组织性随时可能导致供给超过需求而引发生产相对过剩的危机。正如恩格斯指出的，当资产阶级经济学家醉心于证明“生产永远不会过多”时，实践却用经济危机给予了他们当头一棒。

其二，恩格斯的经济危机理论具有首创性。在马克思主义思想史上，恩格斯第一次系统探讨了有关经济危机的特征、危害、实质和根源等问题，第一次将经济危机的根源归结为资本主义私有制和竞争关系，在他看来，经济危机不过是“美杜莎的怪脸”的表现形式之一。这种批判路向无疑启发了马克思，后者将恩格斯开启的政治经济学批判推向了高峰。

其三，恩格斯的经济危机理论对于我们理解和把握当代资本主义的经济危机依然具有指导意义。尽管当代资本主义的经济危机和恩格斯时代的经济危机相比呈现出许多不同的特点，但总的说来它并没有

---

① 恩格斯. 国民经济学批判大纲//马克思恩格斯全集：第3卷. 中文2版. 北京：人民出版社，2002：461.

② 同①460.

③ 同①.

超出恩格斯对资本主义经济危机所做的基本判断。我们看到，当代资本主义经济危机的本质依然是生产过剩的危机。以 2008 年的全球金融危机为例，这次危机在表现形式上是金融衍生品泛滥的问题，其实质还是生产过剩。金融产品的过剩催生出新的虚假需求，随之而来的是金融衍生品的加倍泛滥，结果便爆发了生产过剩的金融危机。只要资本的逻辑依然是塑造世界的基本力量，恩格斯的经济危机理论就不会过时。

三、科学技术的异化

科学技术本应展现人类的力量，增进人类的幸福和德性，但资本主义私有制和竞争的土壤上催生的科学技术却背离了其本来面目。它不仅无助于增进人类的幸福和德性，反而蜕变为阶级压迫的工具，并且导致了广大劳动群众的失业、匮乏、贫穷和社会道德的普遍败坏。恩格斯对于科学技术异化的阐述丰富和发展了科技观，同时也启发了马克思的技术批判理论。

（一）科学技术——人类的力量与德性

科学技术作为人类生活的一个重要方面，在很早以前就引起了哲学家的思考。例如，亚里士多德认为科学技术与哲学一样，人类从事科学技术活动的目的在于“求知”，而非“任何实用目的”。根据恩格斯的观点，只是从 19 世纪开始，自然科学的发展才从“搜集材料”阶段进入“整理材料”阶段。在自然科学的有力推动下，人类社会爆发了第一次工业革命，科学技术与人类生活的关系问题才第一次鲜明地呈现在世人面前。科学技术的本质是什么？它与人类生活的关系应当如何？启蒙思想家从不同的角度做出了不同的思考，其中以培根为代表的科学技术观可被视为有关该问题的主流思考。

培根有一个著名的主张：“知识就是力量”。这一命题重新界定了科学技术与人、人类生活的关系。在他看来，科学技术并非只是一种“求知”的心智活动，它在本质上是人类力量的体现，凭借这种力量，人类得以征服自然、改善自身的境况。他说：“科学的真正的、合法的目标说来不外是这样：把新的发现和新的力量惠赠给人类生活。”① 借助于科学技术的力量，我们认识了世界的规律，同时也增加了人类幸福和减轻了人类痛苦。例如，牛顿三大力学定律使人类看清了自然界的规律，也凭借对这些力学规律和其他规律的认识，工业革命的技术发明才如雨后春笋般迸发出来。在培根及其追随者看来，科学技术“延长了寿命，减少了痛苦，消灭了疾病，增加了土地的肥力，为航海家提供了新的安全条件，向战士提供了新武器，在大小河流上架设了我们祖先所不知道的新型桥梁，把雷电从天空安全地导入地面，使黑夜光明如同白昼，扩大了人类的视野，使人类的体力倍增，加速了运行速度，消灭了距离，便利了交往、通信，使人便于执行朋友的一切职责和处理一切事务，使人可以坐着不用马拖曳的火车风驰电掣般地横跨陆地、可以乘着逆风行驶每小时时速十浬的轮船越过大洋”②。在启蒙思想家看来，科学技术如同永不疲惫的引擎，会不断增强人类的力量和提升人类的生活品质。

另外，培根也把科学技术与人类德性的完善结合起来。在他看来，科学技术作为一种力量能促成德性社会的形成。在《新大西岛》一书中，培根虚构了一个由科学技术主宰的岛屿——新大西岛，这个岛的统治集团（“所罗门之宫”）由生物学家、地质学家、化学家、物理学家、建筑学家、心理学家、社会学家、经济学家、哲学家、医学家等组成，在这群技术专家的治理下，人民不仅生活富裕了，而且德性也获得了同步发展。在新大西岛那个叫“本色列”的国家，“存在着一切美德”，人民“充满了虔诚和人道精神”，来到“本色列”的外邦人都看到了“当时这个国度的兴盛繁荣景象和无以复加的幸福”，没有一个国家像“本色列”那样“免于荒淫污秽”，此地“没有妓院，没有娼寮，没有妓女，也没有任何那一类的东西”③。人民的品性坚贞、纯洁，值得赞颂。在有关职业问题、婚姻问题和生活方向问题等方面，“本色列”的人民都符合“理想的规范”，这是他们尊重和服从自然规律的回报。在科学技术主宰的国度，一切都展现出秩序、德性与幸福。

综上所述，在以培根为代表的主流观点看来，科学技术作为人类的

① 培根．新工具．北京：商务印书馆，1986：58.
② 贝尔纳．科学的社会功能．北京：商务印书馆，1982：41.
③ 培根．新大西岛．北京：商务印书馆，1979：24.

创造物，其本质是亲人的，它能克服人类对自然的恐惧，改善人类的生活，增进人类的幸福和德性。这是科学技术的应当，也是其实然。

（二）科技之光晦暗不明

恩格斯指出，资本主义时代的科学技术在私有制条件下已经异化了。科学技术给人类带来的并非富裕、幸福的生活，而是相反的结果。

1. 技术发明沦为阶级压迫的工具

发端于18世纪中叶的第一次工业革命给英国带来了巨大的财富。在80年左右的工业革命进程中，英国建立了强大的纺织工业、煤炭工业、冶金工业、交通运输业和机器工业。恩格斯指出，这些财富“按照法理应当属于全人类的力量”①，但由于私有制的作用，这些财富被少数富有的资本家所垄断。资本家霸占了各种工业力量并利用它们来奴役人民群众。“商业吞并了工业，因而变得无所不能，变成了人类的纽带；个人的或国家的一切交往，都被溶化在商业交往中，这就等于说，财产、物升格为世界的统治者。”②

其中，机械的发明最直观地体现了这一点。恩格斯指出，几乎一切机器发明，尤其是哈格里沃斯等人棉纺机的发明，都是由于缺乏劳动力而引发的。在劳动力缺乏的情况下，资本家就不得不在一定程度上满足工人的要求，如提高工资、改善劳动环境等。在劳动力缺乏的情况下，工人的联合也让资本家甚为忌惮。因此，为了对付工人，资本家大力资助机器发明。这些机器发明的出现大大提高了劳动效率，从而降低了对劳动力的需求。恩格斯举例说，棉纺织业中的重大发明（走锭纺纱机）完全是由于对抗工人的要求而产生的。该项发明使劳动效率提高了一倍，从而使对手工劳动力的需求减少了一半。其结果是：“这项发明破坏了工人们对工厂主的反抗，摧毁了劳动在坚持与资本作力量悬殊的斗争时的最后一点力量”③。技术发明完全沦为资本家的耳目手足，为资

① 恩格斯．英国状况 十八世纪//马克思恩格斯全集：第3卷．中文2版．北京：人民出版社，2002：544.

② 同①.

③ 恩格斯．国民经济学批判大纲//马克思恩格斯全集：第3卷．中文2版．北京：人民出版社，2002：472.

本的利益"探听、窥视、估价、守护、逮捕和奔波"①。

2. *新的技术发明导致了广大无产阶级的穷困和匮乏*

其一，每一机器发明与改进都夺走了工人的饭碗。恩格斯指出，每一次机器改进都如商业危机一样，给工人带来了严重的后果。例如，第一个有关纺织业的技术发明——珍妮纺纱机——就把生产效率提升了整整5倍，其结果是：每一架珍妮纺纱机的投入使用都会导致5个纺工失业。至于在生产效率上比珍妮纺纱机大得多的水力纺纱机，就夺去了更多工人的生计。自从许多纺纱工厂使用了水力纺纱机之后，纺工的作用就几乎都由机器代替了。例如，曼彻斯特的5个工厂在使用自动纺纱机之后，锭子的数目增加了10%，可是纺工的数目却减少了约60%。从1841年起，这些工厂使用了经过改良的双排锭子，结果这些工厂又解雇了一半纺工。又比如，一个工厂里安装了改良的并纱机，结果有一半女工失业了。在所有其他的工厂生产部门，在纺羊毛、纺麻、蚕丝加工等方面，新技术的发明都在不断夺走工人的饭碗。这些失业工人将遭遇的穷困和匮乏可想而知。

那些幸运地保住饭碗的工人，处境又将如何？那就是被迫接受降低工资的命运。前面提到的那些部门，其工资水平都在机器的竞争下有不同程度的下降。在1839年，一般工厂的普通纺工一星期能挣30先令，到1842年，只能勉勉强强挣12.5先令。其他部门均出现了相同的情况。在机器强有力的碾压下，工人阶级作为一个整体节节败退，失败者万劫不复，幸运者挣扎生存。

其二，机器生产的发展日益挤掉了成年男工。现代工厂的特点就是各种改良机器的使用导致工作日益简单化和流水线化，结果原先必须由成年男工完成的工作变成纤弱的妇女甚至儿童都能完成的简单工作。在机器上工作，无论纺还是织，绝大部分工作都已由机器完成，人工需要完成的仅仅剩下接断头，这种工作并不要求有多大力气，只要手指灵活即可。在这种情况下，女工、童工比成年男工要好用，更为关键的是他们的工资远比成年男工的工资低。为了榨取更高的利润，工厂主纷纷大批招募女工和童工。据统计，1839年，英国工厂有约43万工人，其中女工24万，18岁以下的童工19万。在棉纺织工厂里，女工占56%；

① 马克思．第六届莱茵省议会的辩论（第三篇论文）//马克思恩格斯全集：第1卷．中文2版．北京：人民出版社，1995：267.

在毛纺织工厂里，女工占70%；在丝织工厂里，女工占71%；在纺麻工厂里，女工占71%。其结果是：成年男工一天天地被其竞争对手排挤出相关岗位，并且“**再也找不到**工作”①。只要随便到某个工厂去看看，就可以证明这些事实。

其三，最倒霉的是那些不得不和新机器竞争的工人。随着机器的广泛运用，传统手工业者的日子越来越艰难。我们知道，手工生产商品的价格同机器生产的同样商品的价格是一样的，但手工生产的效率远低于机器生产的效率，其结果是，不得不和机器竞争的工人只能得到最低的工资。伴随着机器的不断改良和更新换代，手工业者的日子只会越来越难熬。在这些工人中间，境况最糟糕的当数棉纺织业中的手工织工。他们挣得的工资最少，即使开足马力，一星期所挣的钱也不超过10先令。这群被机器碾压的手工业者过着什么样的生活呢？恩格斯亲身访问过不少手工织工。他这样描述织工们的生活处境：“他们住的房子都是在最破落最肮脏的大杂院和街道里，通常总是在地下室中。往往是五六个织工住在一座只有一两间工作室和一间大的公用卧室的小宅子里，而且他们中还有些是已经结了婚的。他们的食品几乎光是土豆，有时有点燕麦粥，牛奶很少见，肉类就几乎从来看不到。”② 这些不幸的手工织工，他们最先遭受机器竞争的打击，最后摆脱危机的影响。

恩格斯指出，几乎所有产业工人都异口同声地断定，他们的处境随着机器的广泛使用和改进而普遍降低了。在私有制条件下，机器的使用和改进已经成为工人的噩梦。每一部新机器的出现都会带来“失业、匮乏和贫穷”。对于生活本来就十分动荡不安的工人而言，“失业、匮乏和贫穷”将引起什么样的泄气和沮丧呵！这也解释了工人为何视机器为魔鬼，并在最初的反抗运动中采用了捣毁机器、烧毁工厂的方式，这实属心酸和无奈之举。

3. 在资本主义时代，科学技术的进步是以道德的败坏为代价的

关于这一点，恩格斯有深刻和全面的批判，在他看来，社会的道德败坏集中体现为资产阶级的金钱崇拜和自私自利的价值观，我们将在后文详细展开。马克思也曾对科技进步与道德败坏的关系做过深刻的剖

---

① 恩格斯. 英国工人阶级状况//马克思恩格斯全集：第2卷. 北京：人民出版社，1957：423.

② 同①426.

析，下面一段话可被视为马克思恩格斯在科技进步与道德败坏关系问题上观点的概括：“在我们这个时代，每一种事物好像都包含有自己的反面。……财富的新源泉，由于某种奇怪的、不可思议的魔力而变成贫困的源泉。技术的胜利，似乎是以道德的败坏为代价换来的。随着人类愈益控制自然，个人却似乎愈益成为别人的奴隶或自身的卑劣行为的奴隶。甚至科学的纯洁光辉仿佛也只能在愚昧无知的黑暗背景上闪耀。我们的一切发明和进步，似乎结果是使物质力量成为有智慧的生命，而人的生命则化为愚钝的物质力量。”① 科学技术的进步并没有带来人类德性的提升，而是带来了相反的结果。

（三）结论

第一，恩格斯对于科学技术异化的阐述丰富和发展了科技观。我们看到，以培根为代表的主流观点认为，科技作为人类自身的力量，能克服人类对自然的恐惧，改善人类的生活，增进人类的幸福和德性。在恩格斯看来，这种观点显然忽视了社会制度与科技的关系。在私有制与竞争土壤上产生的科技不仅无助于增进人类的幸福和德性，反而蜕变成阶级压迫的工具，导致了广大劳动群众的“失业、匮乏和贫穷”以及社会道德的败坏。因此，恩格斯的论述让我们认识到社会制度从根本上决定了科技的性质、科技之于群众的意义。只要私有制还作为一种根本的社会制度，那么从法理上讲应当“属于全人类”的科技及其创造出来的财富和力量对于广大人民群众而言就是一种异己的力量。要使科技回归到其“本来面目”，根本途径就是改变社会制度，改变不合理的社会关系，如此才能使民众共享科技创造的成果。

第二，恩格斯对科学技术异化的批判无疑启发了马克思。马克思在一系列政治经济学批判手稿中也是从资本主义制度的角度探讨科技异化的根源的。在马克思看来，生长在资本主义制度土壤上的科技必定是异化的，“机器就其本身来说缩短劳动时间，而它的资本主义应用延长工作日；因为机器本身减轻劳动，而它的资本主义应用提高劳动强度；因为机器本身是人对自然力的胜利，而它的资本主义应用使人受自然力奴役；因为机器本身增加生产者的财富，而它的资本主义应用使生产者变

① 马克思．在《人民报》创刊纪念会上的演说//马克思恩格斯文集：第2卷．北京：人民出版社，2009：580．

成需要救济的贫民”①。因此，要扬弃技术的异化，从根本上说就必须铲除不合理的资本主义私有制。这也是马克思恩格斯创立的历史唯物主义在科学技术问题上的基本观点。因此，恩格斯对科学技术异化的批判具有先行的意义。

第三，恩格斯对科学技术异化的批判具有重要的现实启示意义。与资本主义社会不同，社会主义国家追求的不是少数人对技术财富的垄断，而是要追求和实现广大人民群众共享技术财富。“共享”理念既是社会主义国家持守的执政理念，也是社会主义国家的崇高职责。恩格斯科技观的现实启示在于，他看到了社会制度与技术财富分配之间的关系。因此，为了达到全民共享技术财富的目的，需要不断深化制度改革，完善社会主义制度，不断为全民共享创造更为有利的制度条件和具体机制。

四、利己主义成为“通则”

传统社会是一个以血缘、身份和宗教联结起来的伦理社会。现代资本主义把这种伦理关系彻底斩断，金钱关系和利己主义成为社会的“通则”。玛门崇拜便是这种原则的极端体现。金钱确定了人的价值，重新界定了“天堂”和“地狱”这两个概念。玛门崇拜塑造了资产阶级的冷酷无情，并催生出一个没有丝毫“人情味”的社会。资产阶级无视普遍利益，对弱者更是无情无义，自私自利的金钱关系甚至也摧毁了家庭伦理。一句话，资本主义私有制和竞争关系导致了人类价值观的异化。

（一）从传统到现代

要说清楚私有制所带来的普遍道德堕落，就需要先回顾西方传统社会的特征。传统社会的基本特征是什么？包括黑格尔、马克思在内的思想家认为，其主要特征就是人的依赖性。传统社会注重门户出身、情感联结、家族传统、世袭地位，并且压抑个性、缺乏个人权利等，这些特点体现的就是直接的、统一的伦理精神的特征，这也就是马克思所描述的“人的依赖性”的社会。恩格斯也描绘过传统社会工人的生活，他们

---

① 马克思.《资本论》第一卷第四篇第十三章 机器和大工业//马克思恩格斯全集：第44卷. 中文2版. 北京：人民出版社，2001：508.

是织工兼庄稼人，身上兼有工人和农民的特点。他们远离城市，与土地保持着天然的联系，过的是一种庸碌而舒适的生活，在道德、智力方面和农民并无大的差别。他们带着从小就养成的虔敬心情聆听牧师讲《圣经》，把本地最大的土地占有者即乡绅视为自己“天然的长上”[①]，向其讨主意，当发生小的争端时，就请他们当公断人。这些工人对宗法关系保持着内心的尊敬。在道德上，他们都过着道德的生活，为人忠厚温顺。孩子们也都成天待在家里，接受着有关敬畏上帝，孝敬、服从父母的教育。宗法的家庭伦理关系深刻影响着孩子们的成长。年轻人也是在纯朴幽静的环境里、在和婚前的伴侣相互信赖的氛围中长大的。他们在宗教的框架下理解恋爱、性关系和婚姻，将其视为一种责任。[②] 这就是传统社会，一个以血缘、身份和宗教联结在一起的伦理社会。

私有制把这种伦理关系彻底斩断了。恩格斯指出，当私有制作为一种根本的社会制度时，一切关系就被归结为竞争关系。竞争就是斩断传统关系的一把利剑。竞争以大规模的经营方式排挤掉了小农生产者，将其降低到无产者的地位，然后又将他们一批一批地赶到陌生、冷漠的城市里。竞争也使相当大一部分手工业者和小资产阶级者陷入破产境地，一无所有的破产者也变为了无产阶级；竞争使资本集中在少数人手里，使人口集中在大城市里。无限加深的竞争不断通过这些方式创造并扩大无产阶级的队伍。与作为熟人社会的传统社会不同，私有制主导的城市是一个陌生人社会，人与人之间的关系是单子的关系，又是狼与狼的关系。这个社会以需要和私利联系在一起，冰冷、残酷，没有丝毫的“人情味”。

（二）玛门崇拜

私有制终结了以血缘、身份和宗教为纽带的传统社会，那么，在现代资本主义社会，维系人与人之间关系的纽带是什么？恩格斯指出，是利己主义。利己主义已经成为资本主义社会的“通则”。私利既是联系人与人之间关系的纽带，也是整个社会价值观指向的中心。利己主义作为社会的“通则”，集中体现在资产阶级的价值观和行动之中，而玛门

① 恩格斯．英国工人阶级状况//马克思恩格斯全集：第 2 卷．北京：人民出版社，1957：282-283.

② 同①.

崇拜则是利己主义原则的极端体现。玛门就是金钱。私有制作为一种根本制度，反映在资产阶级的价值观中就是玛门崇拜。恩格斯借卡莱尔之口指出，我们的时代已经抛弃了中世纪的宗教笃诚，“我们已经忘了上帝，我们闭眼不看事物的永恒的本质，却睁眼只看事物的骗人的假象。……对我们来说，不再有上帝存在了；上帝的戒律成了‘最大幸福的原则’”①。在基督教教义里，上帝的戒律就是信奉上帝的道（包含敬畏上帝、孝敬父母等内容），这是一种道德戒律。而所谓的“最大幸福的原则”，却是谋取现实的财富。赚钱成了人间主要之事。于是，在私有制社会里，旧宗教的地位就被新福音取而代之，这是一种与时代的空虚、无思想内容对应的福音：玛门福音。基督教的天堂和地狱都被抛弃了，在资产阶级看来，前者让人怀疑，后者更近乎荒谬。旧地狱被新地狱所取代，对于现代英国人而言，地狱并非一个空间概念，而是“不发迹，赚不到钱！”②

玛门是资产阶级崇拜的偶像。资产阶级不仅口头上，而且整个身心都崇拜它。在资本家看来，尘世无非一个交易所，他们确信，在这尘世间，他们生存的意义仅在于获取比他人更多的财富，除此以外，没有别的使命。做生意赚钱占据了他们的全部心思，交换货品则是他们唯一的休息。即使在旅行之时，他们也不忘把货物或柜台背在身上，他们谈论的话题不是利润就是利息。他们如果一时没有考虑自己的生意，那也只是为了利用这些时间探听一下别人的生意做得如何。在这种扭曲的价值观的支配下，商人甚至把信仰当成买卖。基督教的教职、宣讲福音本身都变成了商品，破产的商人登台宣讲福音，富起来的福音传教士则做起了生意。“你看到的那位主持体面的布道集会的人，起初是个商人，经商失败以后他才成了神职人员。另一个人，起初担任神职，但当他手里有了些钱，他就离开布道台而去经商牟利。在大多数人的眼里，神职真是一个赚钱的行业。”③ 宗教信仰本应是神圣的，黑格尔甚至把它提升到人的本质的高度，把它视为不可出卖的价值。但 19 世纪的欧洲商人竟然为了追逐金钱而把宗教信仰变为工具，出让了人之为人的东西，这

---

① 恩格斯．英国状况 评托马斯·卡莱尔的《过去和现在》1843 年伦敦版//马克思恩格斯全集：第 3 卷．中文 2 版．北京：人民出版社，2002：503-504．

② 同①504．

③ 马克思．论犹太人问题//马克思恩格斯文集：第 1 卷．北京：人民出版社，2009：51．

种异化可谓深入骨髓。

（三）没有“人情味”的社会

恩格斯指出，玛门崇拜塑造了资产阶级的冷酷无情，并催生出一个没有丝毫“人情味”的社会。当人与人之间的关系纽带蜕变为“现金支付”时，世间礼崩乐坏，人伦不在。人与人是彻底的分立和分离关系，人们的生活不是互相支持，而是互相敌视。

1. 资产阶级无视普遍利益

恩格斯指出，资本家必定是投机家。这是因为，在私有制条件下，竞争是主导一切的关系，它会导致价格的永恒波动，在这个竞争的漩涡中，在这种持续不断的涨涨落落中，每个资本家都竭尽全力在最有利的时机进行买卖，投机家便由此而产生。投机者总指望不劳而获，利用偶然事件发财。资本家指望发生不幸事件，特别是指望歉收，这样，他们就可以趁机抬高粮食价格，大赚一笔；医生希望自己的同胞疾病缠身；律师希望每个家庭都有诉讼；建筑师希望发生大火把城市烧为灰烬；装玻璃的希望大冰雹降临，以打碎所有的玻璃；卖棺材的希望每天死人。资本家还利用交易所中有价证券的投机来满足自己的贪欲，这是人类不道德的顶点，这种投机把人类、历史和自然统统贬低为谋取利润的手段。

2. 资产阶级对弱者无情无义

资本主义的竞争必然导致大批贫困者，他们的出路在哪里？恩格斯指出，资本主义国家并不管他们，甚至将他们放逐出去。如果男人破门偷盗或拦路抢劫，女人卖淫或偷窃，资本主义国家会毫不犹豫地把这些人抛进监狱，或者放逐到蛮荒之地。恩格斯指出，19 世纪的英国刑法有两种野蛮无比的刑罚：单独监禁和流放，前者通过孤寂的生活把人变成禽兽，后者则通过群居的生活把人变成禽兽。我们知道，澳大利亚就是英国最主要的流放地之一。1787 年，英国第一次把罪犯流放到澳大利亚，流放人数逐年增加。据统计，英国流放到澳大利亚的人高达数十万，绝大部分都是因饥饿和贫困而犯罪的穷苦民众。这两种刑罚不断地从肉体上、道德上和精神上摧残法律的牺牲者，直到把他们弄得像牲畜一样。这就是资产阶级对待失去工作的无产阶级的态度，国家并不关心饥饿之人的痛苦与哀号，它并不建立社会保障制度，而是无情地将这些失去工作的人变成了失去尊严和道德的人。

富有的工厂主理直气壮地指出：“那些挨饿的工人，难道我不是公平合理地在市场上雇用他们的吗？难道我没有把议定的工钱如数付给他们吗？此外，我跟他们还有什么关系呢？”① 恩格斯借本·琼森之口指出，在私有制条件下，人“丧失了自己的灵魂”②。在玛门崇拜中，历史和作为目的的人本身都已经死亡，“这是一种可悲的信仰！”③

恩格斯用一个具体事例表达了自己对资产阶级的愤怒。爱丁堡曾有一个贫穷潦倒的爱尔兰寡妇，她带着三个饥肠辘辘的孩子向政府的慈善机关请求接济，但遭到了所有机关的无情拒绝，最后她失去了力量和勇气，得了斑疹伤寒而死去，而这种病传染到她住的整条街巷，又有 17 人因此而死亡。爱尔兰寡妇在即将离开人间时向她的同胞们说：“‘你们看看吧！我因为没有得到接济而要死去，你们应当接济我，我是你们的姐妹，是你们的亲骨肉，是一个上帝创造了我们呀！’而那些人回答说：‘不，不可能，你不是我们的姐妹。’”④ 恩格斯通过这个故事深刻刻画了富有者对弱者的无情。

3. 资本主义卫道士同样冷酷无情

这里说的卫道士，尤指利用人口论为私有制和自由竞争辩护的马尔萨斯学派。私有制和竞争给资本家带来了金钱利润，但同时也带来了人口的迅速增长、贫困的普遍化和其他一切罪恶。资产阶级是否愿意承认这一事实呢？答案当然是否定的，因为如果承认私有制和竞争是贫困、穷苦、犯罪的原因，那么谁还敢称赞私有制和竞争呢？于是，就出现了为私有制和竞争辩护的人口论。

人口论的创始人是英国经济学家马尔萨斯，这位经济学家认为，人口增长总是威胁着生活资料。人口是按照几何级数增长的，即按 1，2，4，8，16，32……序列增加的，而生活资料是按照算术级数增加的，即按 1，2，3，4，5，6……序列增加的，随着时间的推移，二者之间的落差就会越来越大，结果就是贫困人口、犯罪的肆意增长。如何解决这

---

① 恩格斯. 英国状况 评托马斯·卡莱尔的《过去和现在》1843 年伦敦版//马克思恩格斯全集：第 3 卷. 中文 2 版. 北京：人民出版社，2002：504.

② 同①.

③ 同①.

④ 同①504-505.

一难题，实现人口与生活资料的均衡？马尔萨斯主张，既然是穷人过多导致了社会的弊病，那么出路自然是让穷人尽量减少生育；如果这样做不行，那么国家就应当建立一种专门的机构，用无痛苦的办法杀死穷人的孩子。马尔萨斯主张，每一个穷人家庭只能生育两个半孩子，超过此数的孩子就用上述办法杀死。对于上述爱尔兰寡妇的病传染致 17 人丧生的事实，富有的马尔萨斯信徒内心自然会想，“过剩人口”中减少了 17 人，这岂不是社会的一大幸事？如果不是减少区区 17 人，而是减少 170 万人，那就更好了。与此对应，施舍被马尔萨斯认定为犯罪行为，因为这会助长“过剩人口”的增长。济贫所应该变成监狱，这样才能抑制贫困人口的增长。英国通过的新济贫法就是基于这一思想而拟定的，该济贫法主张建立习艺所——“穷人的巴士底狱”，以减少“过剩人口”。

恩格斯愤怒地批判道：“我是否还需要更详尽地阐述这种卑鄙无耻的学说，这种对自然和人类的恶毒诬蔑，并进一步探究其结论呢？在这里我们终于看到，经济学家的不道德已经登峰造极。”① 马尔萨斯学派对私有制和竞争的弊病视而不见，却恶毒地把一切罪恶都推到无产阶级身上，在这种学说中，无产阶级被视为肮脏、卑贱和罪恶的存在，被视为蛇虫鼠蚁，这是对人类的“恶毒诬蔑”。透过人口论，我们再一次看清了资本主义私有制无情、冷酷的底色。

4. 自私自利的金钱关系甚至摧毁了家庭伦理

按照黑格尔的理解，家庭是以“爱”为纽带建立起来的伦理共同体，夫妻之爱、父母对子女的关爱是家庭的内核与灵魂。家庭同时也是伦理社会的基础，因此家庭的状况折射出整个社会的道德水准和伦理关系。恩格斯指出，在私有制和自私自利的金钱关系土壤上，家庭的伦理关系已经蜕变为利益关系。

我们先看资产阶级的家庭关系。在《英国工人阶级状况》一书中，恩格斯就指出，在现代资本主义社会，“维系家庭的纽带并不是家庭的爱，而是隐藏在财产共有这一外衣下的私人利益”②。在后来的《共产党

① 恩格斯．国民经济学批判大纲//马克思恩格斯全集：第 3 卷．中文 2 版．北京：人民出版社，2002：465.

② 恩格斯．英国工人阶级状况//马克思恩格斯全集：第 2 卷．北京：人民出版社，1957：433.

宣言》中，马克思恩格斯更是直接挑明了这种变化：“资产阶级撕下了罩在家庭关系上的温情脉脉的面纱，把这种关系变成了纯粹的金钱关系。”①可见，资产阶级的家庭关系已经被金钱关系、利己主义攻陷了。

我们再看利益关系对无产阶级家庭的影响。利益关系同样破坏了无产阶级家庭中夫妻之间的亲密关系。工厂不仅招募童工，而且招募了大量女工。女性被从家庭中分离出来，原本男主外、女主内的传统家庭关系被破坏了。夫妻关系被同事关系取代，伦理关系蜕化为利益关系。可见，金钱关系已经贯穿到一切社会关系中，利己主义真的已经成为社会的“通则”，这种原则催生的是一个彻底冰冷的世界。

(四) 结论

第一，私有制和人类价值观之间有着深刻的关联。私有制作为一种根本社会制度，必然会在人们的观念形态中反映出来。自私自利的私有制塑造的是自私自利的人性及价值观。资产阶级是这种社会制度最极致的产物，玛门崇拜是私有制在价值观上的鲜明表现。经济基础决定上层建筑的思想已经初现端倪。因此，恩格斯在这一时期对私有制与人类观念形态之间关系的考察无疑具有重要的意义，它为历史唯物主义的诞生奠定了基础。

第二，私有制和金钱崇拜之间的深刻关联预示着恩格斯摆脱困境的独特思路。历史上许多思想家都看到了因金钱崇拜而引发的人类道德的整体堕落，他们更多是从教育或国家层面开出解救的药方。例如，黑格尔看到了市民社会中每个人都在追逐自身利益，人与人是狼与狼的关系，为摆脱这一困境，他一方面寄希望于教育，试图通过教育在人们心中灌输伦理原则；另一方面也寄希望于国家，他把国家视为最高的伦理共同体，一种能够拯救市民社会的“行进在地上”的神。恩格斯则独辟蹊径，他看到人类价值观的扭曲根源于私有制和竞争，私有制使自私自利、金钱崇拜成为社会的“通则”，因此，“这一切都促使我们要用消灭私有制、消灭竞争和利益对立的办法来消灭这种人类堕落”②。“历史之

① 马克思，恩格斯. 共产党宣言//马克思恩格斯文集：第2卷. 北京：人民出版社，2009：34.

② 恩格斯. 国民经济学批判大纲//马克思恩格斯全集：第3卷. 中文2版. 北京：人民出版社，2002：468.

谜”和“人类之谜”的解答藏在社会历史的深层。

第三，对玛门崇拜的批判启发了马克思关于三大拜物教的思想建构。恩格斯看到，玛门（金钱）崇拜的实质就是人类本质的异化。这是因为，人的自由、价值和尊严是人最高的类本质，但在玛门崇拜的价值观里，金钱这种劳动的产物被捧为最高目的，具有神灵般的地位，而人本身却被降低为工具，这就颠倒了目的与手段之间的关系。马克思在《资本论》中关于三大拜物教的思想建构就受到了恩格斯思路的启发。他对三大拜物教的批判也遵循了上述思路，在他看来，三大拜物教的根本问题就在于目的与手段的颠倒。商品、货币、资本不过是异化了的人的本质，现在却被视为最高价值，物的统治把自然、艺术、历史、理论乃至人本身、人与人之间的关系统统贬低为手段。商品、货币、资本就好像火神摩洛赫，他要求“整个世界成为献给他的祭品”①。这种目的与手段的颠倒是令作为人文主义产儿的马克思恩格斯愤怒的，必然是他们要批判的。

五、政治国家的异化

根据恩格斯所信奉的理性国家观，国家是普遍理性的化身，它必须捍卫人民的普遍利益和自由，这是国家的“本来面目”。但是，在一个被私有制支配的现实世界，国家已经背离自己的使命而沦为财产的私器。在君主立宪制的英国，是财产在进行统治。财产使土地贵族和工厂主能操纵大城市、小城市、农村的议员选举，财产使二者能通过贿选来加强自己的影响。因此，所谓的“国民议会”本质上是一个具有排他性质和反人民性质的存在。不仅如此，宪法所规定的一切公民权在其现实性上都只是“富人的特权”。法律压榨穷人、富人支配法律，是君主立宪制的真实面目。君主立宪制国家的理论与实践之间存在着深刻的背离和冲突。

（一）启蒙思想家对君主立宪制的期待

许多启蒙思想家对君主立宪制抱有美好的期待，黑格尔无疑是最突

① 马克思．剩余价值理论//马克思恩格斯全集：第 26 卷．北京：人民出版社，1974：505.

出的一位。在黑格尔看来，自由理念历经几千年的成长终于成熟，神在地上行进，其显现便是君主立宪制国家。这也是现代世界的伟大成就。在黑格尔看来，君主立宪制是普遍理性的化身、自由的家园。这可以从下面三点得到印证：

其一，君主立宪制消除了个人专制的可能性。君主立宪制国家虽然也保留君主，但它消解了君主的绝对权力，后者不过是个虚君。对于国家法令，君主除了签署之外，便没有别的事可做，君主的任务只是说“我要这样”，并在政令上御笔一点。这样，君主立宪制通过消解君主的绝对权力而具有防止个人专制的可能性，使公民的自由免受侵犯。

其二，司法保障人民的自由权利。按照黑格尔的理解，国家法律是“法”即自由权利的最高级形式，它是广布于天下的人民权利书。这种自由权利对于每个人都是平等的，不会因种族、性别、财富、宗教信仰等方面的差别而有所不同，因为它根源于无差别的抽象人格（person）。法律保障富人的自由权利，也无差别地保障穷人的自由权利。与此相关联，黑格尔指出，法院作为一个公共权力机构，其根本职责就在于，在每一个特殊案件中，不受他人与自身私利的诱导而坚定地确认和实现“法”。司法的职责就在于，用强力捍卫法律，保障人的自由权利，这也是司法和警察行事的最后根据。

其三，议会选举制的民主选举是自由权利的重要保障。黑格尔设置了上下两院，下院实行选举制。选举权对于国民是一律平等的，不会因为财富的多寡而有所差别。这种做法也传达着《人权宣言》的理念：“在法律面前，所有的公民都是平等的，故他们都能平等地按其能力担任一切官职、公共职位和职务，除德行或才能上的差别外，不得有其他差别。”① 通过这种无差别的选举，心系苍生的人民代表就被选举出来，代表们以人民的普遍利益和自由为自己活动的目标，孜孜以求、毫无懈怠。黑格尔认为，君主立宪制的制度设计表明自己是自由理念的化身，是自由的真正家园。

（二）财产的统治

现实的君主立宪制国家是否真如黑格尔所描绘的那样呢？恩格斯根

① 齐世荣. 义务教育教科书：世界历史 九年级上. 北京：人民教育出版社，2018：90.

据自身的观察而给出的答案是：现代君主立宪制的英国并非普遍理性的化身，它不过是财产进行统治的工具。

1. 所谓的议会选举不过是富人的游戏

恩格斯对比了1832年议会改革前后的变化：议会改革前，议会选举实际操纵在土地贵族手中。在绝大部分城市，议员的当选要么直接掌握在土地贵族手中，要么掌握在一个封闭的同业公会手中，而这种同业公会通常处于土地贵族的影响之下，只有在极少数城市选举是开放的，但在这些城市里，贿赂成风，真正代议制的最后一点痕迹都被挤掉了。而在农村选区，大土地占有者更是一家独大，几乎所有农业选区的农民都把票投给土地贵族的代表托利党。一句话，在1832年议会改革前，政坛是土地贵族的后花园，在这种政治生活中人民没有任何比较自由的和独立的行动。

议会改革后，情况发生了变化，资产阶级的代表辉格党凭借自身的财富而在政治上分了一杯羹。我们看一下农村选区和城市的选举状况：第一，农村选区和小城市的议会选举依旧如故，财产使土地贵族能操纵农业选区和小城市的议员选举。在农村，选民几乎全是租佃者，而这些租佃者完全依赖于土地贵族，假如土地占有者想和租佃者解除土地的契约关系，那么租佃者就会被赶出土地，因此租佃者自然不敢忤逆土地贵族。在农村选区252名议员中，托利党总是至少可以捞取200个席位。在小城市，选民（小店主和手工业者）也常常因为他们的顾客是租佃者的缘故而依附于土地占有者。

第二，财产使商人和工厂主能决定大城市及部分小城市的议员选举。这也是议会改革带来的主要变化。议会改革增加或新增了新兴城市的选举名额，如利物浦等新出现的城市在议会改革后才享有选举名额。大城市及部分小城市的选民主要是工厂主阶级，他们自然把选票投给了辉格党。

第三，财产使土地贵族和资产阶级能通过贿选来加强自己的影响。宪章派议员托马斯·邓库姆就直言不讳地指出，整个议院，包括他本人在内，没有一个人不是靠贿赂而获得议员席位的。斯托克波尔特的议员理查·科布顿在曼彻斯特的一次演讲中也指出，现在贿赂的规模是史上之最。① 而在伦敦，城市的议员席位是公开拍卖的，谁出最多英镑，该

① 恩格斯. 英国状况 英国宪法//马克思恩格斯全集：第3卷. 中文2版. 北京：人民出版社，2002：567.

席位就给谁，等等。除此之外，在进行选举时有产者还要各种各样的手段：候选人花钱使选民在酒馆里沉入醉乡，然后投票；候选人在投票站拉帮吵架和斗殴，威吓选民投票。

不管议会改革前还是议会改革后，有一点都是不变的，那便是无产阶级始终因财产资格限制而被排除出政治生活。在城市里，选举设置了财产资格，选举法规定，只有每年付房租 10 英镑以上并缴纳了直接税的住房者才能获得投票权。如此一来，工人阶级的绝大多数就被剥夺了选民资格。因此，议会选举说到底是有产者的游戏，改革前是土地贵族的游戏，改革后则是资产阶级和土地贵族的游戏。

2. 所谓的人权不过是“富人的特权”

英国法律赋予了公民诸多权利，包括新闻出版自由权利、结社的权利、人身保护的权利、由与自己同类的人审讯的权利等，恩格斯逐一分析了这些权利的实质：

第一，新闻出版自由权利是富人的特权。英国法律规定，每个公民都具有可以不受阻挠地和不经国家事先许可而发表自己意见的权利，这便是新闻出版自由权利或言论自由权利。恩格斯指出，这种权利似乎对每个人都平等，但事实却并非如此。人民的新闻出版自由权利常常受到压制。在英国，叛国法、诽谤法和渎神法给公民的言论自由设置了重重限制。比如，英国就常常压制宪章派的言论，爱尔兰的取消合并派的遭遇也是如此。英国的新闻出版自由之所以能存在 100 多年，完全靠当局的恩赐。但是，英国却有一个阶级享有着充分的新闻出版自由，它便是有产者阶级。恩格斯指出，英国资产者的党派每天都利用报纸干着有碍公众自由的违法行为。

第二，结社的权利也是富人的特权。英国法律规定，公民具有以合法手段进行结社以追求合法目的的权利，这便是公民的结社权。恩格斯指出，即使结社权利的范围再大，这种权利依然是富人的特权。道理很简单，结社需要大量金钱，这对于富有的资产者诸如反谷物法同盟当然不成问题，他们财大气粗，能轻易筹措到大笔资金，而贫穷的宪章协会或其他工人协会则难以负担结社经费，在没有基金可供使用的情况下，工人社团便组建不起来，即使组建起来了也不能进行宣传鼓动，故起不了什么作用。

第三，人身保护的权利依旧是富人的特权。英国法律规定，人身保护权利是公民的天赋权利，这种权利意味着每个被告（被指控叛国罪的除外）都享有在诉讼开始前通过缴纳保证金而获释的权利。恩格斯指出，穷人无法缴纳保证金，因此只能被关进监狱，而富人却凭借其财产而受到法律的保护，逍遥自在。

第四，由与自己同类的人审讯的权利依然是富人的特权。英国法律规定，每个公民都享有由与自己同类的人审讯的权利。恩格斯分析指出，审讯的陪审员都是由哪些人构成的？拥有财产的富人，因为陪审员的当选设置了财产要求。陪审员中有工厂主或商人，他们多数为辉格党人，有土地贵族，他们多数为托利党人。因此，“穷人并不由与自己同类的人来审讯，他们在任何情况下都由他们的天生的敌人审讯”①。1842 年兰开斯特和斯塔福德几次关于宪章派的诉讼案中，审讯宪章派的陪审员都是有产者。因此，法律规定的权利只是富人的特权。

3. 英国的整个审讯制度和刑法都是偏向富人的

恩格斯首先批判了英国的陪审法庭和审讯制度，他指出，陪审法庭的原则是“千方百计地保护被告”②，被告如同国王一样是神圣不可侵犯的，而且也不可能行为不轨，这是因为，任何一点细微的程序上的差错都能推翻整个诉讼。恩格斯举了一个例子：1800 年，某人原本被认定犯有伪造货币的罪行，但最后却被释放了，因为其辩护律师在宣判之前发现，在伪造的银行券上写的姓氏是简称 Bartw，但起诉书上写的姓氏却是全称 Barholomew。结果，法官认定辩护律师的理由充足，于是把有罪之人给释放了。这个例子表明英国法律已经把被告奉为神明，结果伤害了它本应保护的社会。在英国，谁能请得起律师，谁就占据了绝对有利的位置，律师会用其诡辩的伎俩帮助被告人脱罪，相反，谁要是穷得请不起一位辩护律师，那么等待他的命运就是败诉。

恩格斯还批判了英国的刑法，认为它只是“宽容”富人，“压榨”穷人。恩格斯指出，英国刑法的作用甚小，往往扮演着宽容的角色。但是，这种宽容只是给予“有身份的”犯人即富人。恩格斯指出，英国的一切法庭在这一点上做得如此公开、如此恬不知耻，不管富人的违法行为多么蛮横，法官们对待他们的态度始终非常客气，“总是非常抱歉”，

---

① 恩格斯．英国状况　英国宪法//马克思恩格斯全集：第 3 卷．中文 2 版．北京：人民出版社，2002：577.

② 同①578.

而且通常都以微乎其微的罚款加以判处。人们看到这种情况没有不义愤填膺的。

穷人就没有富人那么幸运了，恩格斯说：“决不应忘记，是财产在进行统治，因此这种宽容只给予‘有身份的’犯人，法定野蛮行为的全部压力则落在穷人、贱民、无产者身上，对此都无人过问。”① 法律在压榨穷人，富人却在支配法律。这是完全符合英国现实的警世格言。恩格斯指出，这种情况是必然的，因为在英国，无论治安法官还是陪审员，他们本身都来自富人阶级，他们自然袒护自己的同类、压榨穷人，因此对这种野蛮状况也就不需要感到惊异了。

（三）发展趋势

从后来英国社会生活的变化来看，财产统治的发展趋势主要体现为以下两方面：

其一，工业革命逐步把资产阶级送上了政治统治的宝座。在 1832 年以前，英国政坛是土地贵族的天下，资产阶级甚至连选举权也没有。伴随着工业革命的深入发展，工业资产阶级的财富迅速增长。经济实力的增强必然要求获得与之相匹配的政治权力。为此，工业资产阶级自 18 世纪末以来就掀起了争取政治权力和社会改革的资产阶级民主运动。凭借自身强大的经济实力，资产阶级不断向国会施加压力，终于在 1832 年成功引发了议会改革，新兴工业资产阶级获得了部分议会席位，打开了通向国家政权的大门。在此基础上，资产阶级又不断发力，终于在 1846 年废除了谷物法，在 1849 年废除了航海条例，在 1852 年成功地把自由贸易原则变为国家法律。通过随后进行的一系列议会改革和社会改革，工业资产阶级更是逐步确立了自己在国家政治生活和经济生活中的统治地位。恩格斯总结指出，在英国，“凡是大工业代替了手工工场的地方，产业革命都使资产阶级最大限度地增加了自己的财富和扩充了自己的势力，使它成为国内的第一阶级。结果，凡是完成了这种过程的地方，资产阶级便夺取了政治权力，并挤掉了以前的统治阶级”②。

① 恩格斯．英国状况 英国宪法//马克思恩格斯全集：第 3 卷．中文 2 版．北京：人民出版社，2002：582.

② 恩格斯．共产主义原理//马克思恩格斯全集：第 4 卷．北京：人民出版社，1958：362.

这样，财产的统治就逐步演变成资本和资产阶级的统治。现代英国的国家政权日益成为一个“管理整个资产阶级的共同事务的委员会”①。

其二，财产的统治日益强化。财产统治的日益强化不仅体现为英国资产阶级对本国政权的垄断和对本国无产阶级的奴役，而且体现为资本对整个世界的统治。资本想要实现最大限度的利润，就必须具有足够大的市场和原料来源地，而资产阶级作为资本的人格化，就必须不断地奔走于世界各地。于是，资产阶级用武力打开了一个又一个国家的大门，资本使农村从属于城市，使半开化和未开化的国家从属于文明的国家，使东方从属于西方。

作为率先完成工业革命的资本主义国家，英国成了名副其实的世界工厂，拥有极其强悍的军事实力，在19世纪凭武力征服了大批国家，其殖民地遍及亚洲、美洲、非洲、大洋洲所有大陆板块，总面积达到了900多万平方公里，殖民地统治人口超过了3亿。为此，英国的资产阶级曾自豪地以“日不落帝国”来形容自己的国家。可以说，正是资本的内在要求和资本自身的强大力量使英国资产阶级不仅成为本国的统治者，而且成为世界的统治者，资本凭自身的力量实现了蒙古的铁骑、基督教的十字架所不能完成的目标——根据自身的面貌缔造一个新世界。

（四）结论

第一，君主立宪制国家的理论与实践处于极端的矛盾中。君主立宪制国家在理论上宣称自己是普遍理性的化身，宣扬天赋人权、人民意志等，但在实践中，一切所谓“天生的权利”都不过是空洞的名称，包括陪审法庭在内的司法力量也只不过是虚有其表。在现实性上，君主立宪制国家不过是私有制和资产阶级进行阶级压迫的工具，法律压榨穷人，富人则支配法律。在强大而不义的私人利益面前，国家本应大声疾呼“你的道路不是我的道路，你的思想不是我的思想！”② 但是，在现实中，国家政治权力在遭遇私人利益时却沦为工具，成为私有利益的耳、目、手、足，为其“探听、窥视、估价、守护、逮捕和奔波”。恩格斯

---

① 马克思，恩格斯．共产党宣言//马克思恩格斯文集：第2卷．北京：人民出版社，2009：33.

② 马克思．关于林木盗窃法的辩论//马克思恩格斯全集：第1卷．中文2版．北京：人民出版社，1995：261-262.

的愤怒可想而知。

第二，对君主立宪制国家的批判决定了恩格斯对待国家的态度和立场。马克思在《黑格尔法哲学批判》一书中全面而深刻地批判过君主立宪制国家，认为黑格尔所倾心的君主立宪制并非普遍理性的化身，毋宁说是政治国家的异化。在批判的基础上，马克思寄希望于体现人民意志的未来民主制国家，认为民主制国家是自由之谜的解答。恩格斯则认为，政治国家的本质就是私有制的工具，人民不可能在国家的基础上实现真正的自由和真正的平等，无产阶级争取自由的斗争不可能在民主制的基础上进行到底。这种思想在日后的《德意志意识形态》等著作中得到进一步发挥，最终形成了国家是阶级压迫的工具和消灭国家的结论。因此，这一时期恩格斯对君主立宪制国家的批判具有重要的意义。

第四章　“美杜莎的怪脸”（下）

本章聚焦工人阶级状况，细致剖析资本主义私有制和竞争关系给工人阶级带来的深刻影响。本章首先描绘工人阶级状况的总体图景。在私有制及其阴影的笼罩下，无产阶级不得不生活在一个充满不公的世界里，忍受无尽的贫困、匮乏、卑微、蔑视和压迫。接着，在描绘总体图景的基础上，本章分别梳理资本主义私有制和竞争关系对工人的劳动状况、生活状况、身体状况、受教育状况和道德水平所造成的影响。不管在哪个方面，资本主义私有制和竞争关系都导致了其深刻的异化。最后，本章剖析无产阶级的灰色人生体验。这也是本章的落脚点与升华。从最深层的意义上说，社会制度的异化最后都要体现在人的心理体验上。在私有制条件下，无产阶级没能体验到丝毫温情与欢乐，其人生也没有丝毫盼头。资本主义社会留给无产阶级的是彻底灰色的人生体验。

一、工人阶级状况的总体图景

工人阶级是被资本和竞争的有力发条卷入欧洲近代史的。在竞争、商业危机、技术异化和普遍对抗等要素的作用下，无产阶级过着贫困、匮乏和卑微的生活，不仅如此，他们还是受蔑视、被压迫的一群，在价值层面遭受蔑视，在经济层面遭受残酷的剥削，在政治层面遭受强权的镇压，在道德层面不得不忍受资产阶级的虚伪与残忍。

（一）被“历史的巨流”裹挟的无产阶级

按照恩格斯的理解，无产阶级是被“历史的巨流”卷入欧洲近代史的，说白了，这股“巨流”指的就是资本逻辑。因此，无产阶级的产生也是资本逻辑的产物。具体说来，资本是以现代工业和竞争作为强有力的发条而开启了无产阶级的生成史。

16、17 世纪，在伊丽莎白一世的治理下，英国日渐强盛，其海外扩张的野心也日益膨胀，它用坚船利炮打开了一个又一个国家的大门，到 18 世纪中叶，英国的殖民地遍布世界各地，这些殖民地为英帝国提供了如黑洞般庞大的市场，其中对布匹、棉花制品的需求更是巨大，而当时英国的家庭手工作坊和手工工场根本满足不了这种需求。在这种情况下，资本从追求最大利润的逻辑出发，迫切呼唤生产效率更高的生产技术和手段，于是，工业革命便应运而生。珍妮纺纱机、水力织布机等一系列发明及其改进是工业革命的重要成果。它们的出现使原来纺织工人（关于原始纺织工人的情况，我们在第三章已经做了交代，他们是兼营农业的工人）的身份发生了转变。因为市场巨大，所以纺织工人只要专门守在织机旁就能赚得比原来更多的钱，于是这部分兼营农业的纺织工人就抛弃了自己的土地而专职从事织布工作。就这样，原来兼营农业的纺织工人阶级在工业的诱导下转变为新兴的纺织工人无产阶级。他们没有丝毫财产（因为他们已经放弃了农业），单纯以工资为生，这样，他们就变成了“无产者”。同时，工业的诱导也大大刺激了工业人口的增长，伴随着工业革命的深入，英国在七八十年的时间里迅速从一个农业国转变为工业国，这些新增的工业人口壮大了无产阶级的队伍。

比工业的诱导更为有力的发条是残酷的竞争。在农业方面，原来的产业工人抛弃农业以后，土地就闲置起来了，一批大佃农趁机租了成百上千亩土地，他们在这大规模的土地上使用了先进的耕作技术，结果大大提高了土地的收益，其产品自然比小自耕农卖得便宜。在大佃农的竞争下，小自耕农纷纷破产，他们“天生的惰性和无法改进的祖传的粗枝大叶的耕作方法”① 决定他们在与大佃农的竞争中必然败北。这些小自耕农破产后，除了做农村无产者，就没有别的选择了。在手工业方面，

① 恩格斯．英国工人阶级状况//马克思恩格斯全集：第 2 卷．北京：人民出版社，1957：285.

情况也是一样。由于机器的发明及改进，机器劳动不断地把手工劳动排挤出英国工业的各个主要部门，英国工业的历史就是一部机器劳动逐个夺取手工劳动地盘的战争史。正如马克思恩格斯在《共产党宣言》里指出的，“以前的中间等级的下层，即小工业家、小商人和小食利者，手工业者和农民——所有这些阶级都降落到无产阶级的队伍里来了，有的是因为他们的小资本不足以经营大工业，经不起较大的资本家的竞争；有的是因为他们的手艺已经被新的生产方法弄得不值钱了。无产阶级就是这样从居民的所有阶级中得到补充的”①。就这样，无产阶级在工业的诱导和竞争这个强有力的发条下产生了。从起源来看，这一阶级的诞生就带着悲情的底色——资本逐利的产物。不仅如此，无产阶级还是资本逐利的牺牲品。接下来我们看看在竞争、商业危机、技术异化和普遍对抗等“美杜莎的怪脸”的阴影下，无产阶级生活的总体图景。

（二）贫困、匮乏、卑微的人生

用一句话概括竞争、商业危机、技术异化和普遍对抗等给无产阶级生活带来的影响，那便是，这些因素导致了无产阶级贫困、匮乏、卑微的人生。这种贫困、匮乏、卑微体现为如下方面：

1. 工业区是“**周期贫穷**的发源地”②

恩格斯指出，新机器的发明（机器发明所导致的失业和贫困在前文已做分析，在此不再赘述）、竞争和商业危机等因素必然导致工人的失业及贫困。工人能否就业、其工资水平如何，跟市场的供求状况有直接关系。当市场的供给和市场对工人的需求刚好相等时，资本家和工人在自己人中间都不会展开激烈的竞争，这时工人就会拿到平均工资。平均工资的确定主要取决于工人的平均需要、物价水平、文化程度等。当市场对工人的需求小于市场的供给时，工人只能拿到低于平均工资的收入。恩格斯指出，这种工人之间的激烈竞争对于无产阶级而言是现代各种关系中最坏的一面。在这种情况下，工人要么接受资产阶级提出的苛刻条件（远低于平均工资的收入、延长劳动时间、增大劳动强度等），

---

① 马克思，恩格斯．共产党宣言//马克思恩格斯文集：第2卷．北京：人民出版社，2009：39.

② 恩格斯．英国工人阶级状况//马克思恩格斯全集：第2卷．北京：人民出版社，1957：505.

要么选择饿死、冻死。在最坏的情况下，每个工人不得不放弃他原本享受的那一点仅存的舒适和文明，勉勉强强地生存下去。工人只能拿到以前工资的一半甚至更少，只能得到一点点生活必需品，这一点勉强维持生存的东西，就是最低工资。

比这些拿最低工资的情况还糟糕的，是那些在残酷竞争中败下阵来的工人，由于各个方面的原因，这些人被其他工人、被机器排挤出了就业市场，成为“多余的人”。恩格斯指出，除了短促的最繁荣时期外，英国工业在任何时候都会制造出一支工业区失业大军。根据当时济贫法委员会的报告，这支失业大军在英格兰和威尔士平均有 150 万人。这 150 万人只是那些向济贫机构申请过救济的，如果再加上那些不采取这种“最后的非常令人讨厌的办法的人”①，失业大军队伍就更庞大了。在经济危机时期，失业人口更是增加到历史新高度，贫穷也随之达到最高限度。1842 年的经济危机时期就是这种情况。恩格斯指出，经济危机每重复一次，其破坏性就加强一次，在以后的危机时期，失业人口将会达到让人瞠目的地步。在 1842 年的经济危机时期，济贫捐在所有工业区达到历史最大值。在里子，济贫捐高达 17 000 英镑，可这笔钱甚至在危机尚未到达顶点时就用光了。工业区到处都是如此。一份调查报告指出，工人阶级得到的食品只相当于八年前的 1/3，肉的消费量减少了 1/5 甚至 3/5，在 1843 年 1 月，工资水平还在不断下降。倘若在这段时期店铺老板不尽可能地赊东西给工人，倘若后者不互相帮助，那么就会有大批“多余的人”饿死。所有的工业区，从曼彻斯特到里子，从伯明翰到莱斯特，情形都是这样。

2. 农业区是“慢性贫穷的发源地”

恩格斯考察了英格兰、威尔士和爱尔兰的农民状况。他发现，竞争已经使英格兰的大批农民失去工作。前面提到，原本兼营农业的纺织工人放弃了农业而专门从事纺织业，结果空出了许多小块土地，一些大佃农大规模地租赁这些土地，他们在新租来的土地上使用先进的技术进行耕种，结果大大提高了土地效益。在这种情况下，大批小农业者就被这些占优势的大佃农排挤出农业，他们纷纷破产，被迫抛弃自己耕作的土地，到大地主或大佃农那里当雇农，或者到工业区当工人。再后来，随

① 恩格斯. 英国工人阶级状况//马克思恩格斯全集：第 2 卷. 北京：人民出版社，1957：371.

着机器的不断改进，工业区已经无法全部吸收这些来自农业区的过剩劳动力，于是农业区的失业劳动力便出现了。此外，由于脱谷机以及其他机器的发明和应用，农场劳动变得非常简单，大农场纷纷雇用廉价的劳动力——妇女和儿童，结果农业部门的失业劳动者大大增加。

竞争也使威尔士的农民破产了。恩格斯指出，威尔士农民的遭遇和城市小资产阶级的处境类似。威尔士的农民大多是小佃农，他们的土地规模小，生产技术也是千百年来传统的那一套，他们财力有限，无法像条件好的大农场主那样采用先进技术和设备，然后以低廉的价格出售自己的农产品。小佃农之间的竞争、他们与英格兰大佃农之间的竞争，以及这些竞争所导致的地租的提高，使他们纷纷破产。

爱尔兰农民的贫困更加触目惊心。由于大地主的残酷剥削，9/10的爱尔兰乡村居民穷得“像教堂里的老鼠一样”，他们的穿着破烂不堪，还停留在“半文明的国家”① 里才会出现的最低发展水平。根据艾利生郡长的有关报道，在850万爱尔兰居民中，有近600万的当家人过着极端贫困的生活；不仅如此，还有230万人每天都在依靠社会的或私人的救济勉强维持生计，爱尔兰有27%的居民是贫民！

面对这种普遍的贫困，政府做了什么？修改济贫法。但是，贫困状况并没有因为新济贫法的出台而有所改善。工资没有丝毫提高，失业人口也丝毫没有减少；非但如此，新法律的残酷还激起了无产者极端的愤怒。新法律带来的唯一结果是：以前总共有300万～400万半赤贫者，现在却出现了100万完全的赤贫者，而其余的则依然是半赤贫者，但他们却再也得不到任何救济了。农业区的贫困状况每年都在恶化，劳苦大众过着极端贫困的生活，每户人家每个星期就靠6～8先令过活，有时候连这些钱也没有。

3. 商业危机与“过剩人口”的激增

根据恩格斯的分析，商业危机是根源于私有制的生产相对过剩的危机，这种危机大约每隔5～7年就会爆发，而且其破坏性一次比一次强。这种危机带给工人的影响就是失业和可怕的贫困。伴随着工业的发展，英国工业无产阶级的人数在19世纪中叶已经占全国人口的1/3甚至1/2，只要商业稍微一停滞，这个阶级的大部分人就会失业与挨饿，而大规模

① 恩格斯．英国工人阶级状况//马克思恩格斯全集：第2卷．北京：人民出版社，1957：560.

的商业危机则导致整个阶级都挨饿。在《英国工人阶级状况》一书中，恩格斯具体描述了危机对无产阶级的影响，国内市场和一切国外市场都充斥着英国货，这些货物只能慢慢地消费。几乎所有工业部门都停止了生产。在危机最严重时，即使大型的工厂、商店也都停止了生产和营业。“工资由于失业者彼此竞争，由于工作时间缩短，由于出售商品不能获利而日益下降。贫穷在工人中到处蔓延开来，如果某个人还有些积蓄的话，这些积蓄也很快就花光了。慈善机关被围得水泄不通，济贫捐增加 1 倍、2 倍，可是仍然不够，挨饿的人不断地增加，数目惊人的‘过剩人口’突然出现了。”① 在经济萧条时期，到处都是被抛弃在街头的工人。这些失业的工人，幸运的就在那些竞争不太激烈、远离大工业的劳动部门中找到工作，苟延残喘；不幸的就在危机中死掉了。对于无产阶级而言，经济危机所到之处，无异于大瘟疫降临。

4. “过剩人口”的卑微人生

竞争和经济危机等因素催生的失业大军，其命运是怎样的？恩格斯指出，这些“过剩人口”还有哪一行不去干的！他们拾马粪、扫街道、摆小摊、用毛驴或手推车运送东西，或者靠各种零碎的工作勉强维持生计。这些“多余的人”大多做了小商贩。特别是到了每个星期六的晚上，无数失业者就会涌到街上，男人、女人和小孩争先恐后地叫卖背带、鞋带、橘子、饼干以及各式各样的东西。这些人就靠偶然赚得的那一点点钱，勉强做到“不让灵魂和躯体告别”②。其他人就去当所谓的“零工”，他们每天都徘徊于街头，找一些偶然的零活，但除一些运气好的以外，他们中大多数人是找不到一点零活的。一位居住在伦敦东头的牧师曾经这样描述失业者抢夺零活的场景：“冬天里，在伦敦一切船坞的大门口，每天早晨还在破晓以前，就已经有成百的穷人等着开门，希望找到一点零活，而当最年轻力壮的、和船坞的行政人员最熟识的人们都已经被雇用的时候，其余的成百的人在失望之余便垂头丧气地各自回到自己的破屋子去。”③ 在这个自私自利的社会里，穷苦者在生活的重压下勉力维生。

---

① 恩格斯. 英国工人阶级状况//马克思恩格斯全集：第 2 卷. 北京：人民出版社，1957：367.

② 同①369.

③ 同①370-371.

还有一部分失业者则沦为了乞讨者。这些人乞讨的方式是特别的。他们通常是全家沿街乞讨，时而说一段哀号求助，时而唱一支诉苦的歌，时而全家默默地站在街上，用穷苦无告的模样来打动行人。伦敦所有大街上都站着饥肠辘辘的失业者，他们单独地或成群结队地守在人行道旁，向行人请求救济，但他们不是如通常的乞丐那样哀求，而是在要求甚至用他们的态度和言语在威胁。面对这种悲惨境况，富人们报以冷漠的回应。英国的济贫捐少得可怜，阔佬们都不愿为这些“多余的人”掏腰包。这里能指望的只能是工人的同情，因为工人们体验过饥饿的滋味，故而愿意对同类尽绵薄之力。还有的无产者选择了铤而走险，偷盗、暴力事件充斥着英国。工厂制度的扩展到处引起了犯罪率的增长。这些人有此极端行为，一方面是因生存所迫，另一方面则是内心反抗资产阶级的表现。

（三）受蔑视、被压迫的一群

恩格斯指出，无产阶级除了不得不面对贫困、匮乏和卑微的人生，还遭受着资产阶级的蔑视与压迫。这种蔑视与压迫是普遍的对抗关系和资产阶级自私自利人性的必然产物。具体说来，无产阶级遭遇的蔑视与压迫有如下四个方面：

1. 价值层面遭受蔑视

在资产阶级眼中，无产阶级是怎样的存在？恩格斯指出，资产阶级“不把工人看做人，而仅仅看做‘手’”①。工厂主也经常当面如此称呼工人。在资本家眼中，工厂主是“资本”，工人则是“劳动”。后者的意义只在于他们具有工具性的地位，即能给资本家带来利润。狄更斯的小说《艰难时世》曾形象地描绘过这一点，在纺织厂厂主、银行家庞得贝看来，工人并不是活生生的人，而只是“手”，只是为他们创造财富的工具而已，“说实在的，如果当初老天能把这一物种创造得只有手，或创造得像海边低级生物一样只有手和肚子，某些人会对这一物种更有好感”②。资本家不能理解除了现金交易、买卖关系，他们和工人还有什么别的关系。恩格斯也描述了自己与一位富有的英国资产者的对话。在

---

① 恩格斯．英国工人阶级状况//马克思恩格斯全集：第 2 卷．北京：人民出版社，1957：565.

② 狄更斯．艰难时世．上海：上海译文出版社，1985：73.

曼彻斯特的街上，恩格斯对后者谈及工人区恶劣的不通风的城市建筑体系、工人们可怕的居住条件和恶劣的生活条件，后者静静地听完这一切，在告别时蹦出一句话：“但是在这里到底可以赚很多钱。再见，先生！”① 在资本家眼中，工人及其家人是否贫困或挨饿是无足轻重的事情，重要的是自己能赚到钱。这种金钱至上的政治经济学是对无产阶级人格与尊严的赤裸裸的蔑视。

恩格斯指出，千万不要以为资产阶级会公开承认这种自私自利的价值观，相反，他们会用最伪善的假面具把这种自私自利掩盖起来。工厂主对外宣称，难道财主就不关心穷人吗？他们不是已经创办了任何别的国家都没有的慈善机构吗？恩格斯一针见血地指出，所谓的慈善机构不过是富人摆出的虚伪姿态。资本家榨干了工人的最后一滴血，然后再对后者施以小恩小惠，从而在世人面前摆出一副“人类恩人的姿态”②！事实上，这种小恩小惠还不及工人所应得的1%。恩格斯愤怒地批判道：“这种布施使施者比受者更加人格扫地；这种布施使得本来就被侮辱的人遭到更大的侮辱，要求那些被社会排挤并已失掉人的面貌的贱民放弃他最后的一点东西——人的称号；这种布施在用施舍物给不幸的人打上被唾弃的烙印以前，还要不幸的人**卑躬屈膝地去乞求**！”③ 这种所谓的“布施”和视工人为“手”一样，都是对无产阶级人之为人的本质的践踏。恩格斯进一步指出，英国资产阶级做慈善并非为了工人的利益，而是为了自己的利益。捐钱之后，富有的资产者就可以对穷人们说：既然我为慈善事业捐献了那么多金钱，那么你们就再也没有权利打扰我了，你们就应该待在自己阴暗的“狗窝里”，不要再用那副穷酸相来刺激我敏感的神经！这是我向医院捐赠了20英镑所必须换取的东西！④ 资本家对无产阶级的蔑视深入骨髓！

2. 经济层面遭受残酷的剥削

恩格斯指出，无产阶级遭受着资本家各式各样的剥削，其中有几种是最让人愤怒的。

---

① 恩格斯．英国工人阶级状况//马克思恩格斯全集：第2卷．北京：人民出版社，1957：565.

② 同①566.

③ 同①566-567.

④ 同①567.

第一种方法是罚款。许多工厂主通过这种方法在工人身上搜刮小钱以增加自己的利润。比如，工人在早上来到工厂时，常常发现工厂的钟比正常时间快了一刻钟，这时厂房的大门已经关闭，管工们则拿着罚款簿在车间四处乱转，记下大批未到工人的名字。大量有关工厂调查的报告都叙述了类似的情况。更无情的是，即使处于怀孕期的女工，只要在工作时间坐下来休息片刻就会被罚款 6 便士。工厂调查报告的负责人李奇手上有一张长达 10 英尺的罚款单，罚款总数高达 35 英镑 17 先令 10 便士。更夸张的是，开这张罚款单的仓库管理人竟然被解雇了，理由在于他罚得太少，致使工厂主每周的收入少了 5 英镑。

第二种方法是实物工资制。所谓实物工资制就是用实物代替工资，这种支付方式曾经通行于全英国。为了获得更多利润，工厂主会事先开一个商店，出售各式各样的商品，这些商品的价格通常比别的商场贵 25％～30％。为了使工人必须到工厂主的商店购买商品，工厂主在支付工资时不发现金，而是发工厂主商店的购买券。这种赤裸裸的剥削制度引起了工人的愤怒。1844 年 4 月 27 日的《北极星报》刊登了哈德斯菲尔德一位工人的控诉信。这位工人在信里控诉了名叫鲍威斯的工厂主：这位工厂主对可怜的织工实在太可恶了，一匹价值约 40 先令的料子，他只发 20 先令的现钱，其余的就发衣服或呢子，这些物品的定价要比城市的平均售价贵 40％～50％，更可恶的是，这些东西品质低劣甚至是发霉的。

在广大无产者的抗议下，英国政府不得不于 1831 年公布了一个名为“Truck Act”的法律，根据这个法律，发放购买券用以代替工资的做法被宣布为无效、非法的行为，一经发现，就处以罚款。但是，正如恩格斯指出的，这个法律就像大多数其他法律一样，只在个别地方才是实际有效的。虽然工厂主不敢再像以前那样明目张胆地实行实物工资，但他们还是能想出其他各种各样的方法迫使工人到工厂主商店而不是到别的地方购买东西，而这种阴谋勾当是很难被揭穿的。

第三种方法是小宅子制。这种制度的内容是工厂主以极其苛刻的条件为工人提供住所，房租从工人的工资中扣除。恩格斯指出，这种制度对工人的奴役并不亚于实物工资制。在乡间，工厂附近的工人常常没有房子住。在这种情况下，工厂主就会造工人的居住房，这种房子会给工厂主带来巨额利润。小宅子所带来的利润是通常房租的两倍。只要工厂主的工厂不倒闭，那他就总会有房客，而且是按时交租的房客。其结果是，工厂主就免遭两种可能的损失：小宅子的空置和收不到房租的危险。工人在工厂主那里打工，就不得不接受老板苛刻的条件，甚至必须为根本不住的房子缴纳房租。就这样，工人被资本家榨干了最后一滴血汗。

3. *政治层面遭受强权的镇压*

通过前文的分析我们已经看到，现代英国在本质上不过是有产阶级压迫无产阶级的工具。具体说来，无产阶级面临的强权压迫有这么几个方面：

首先，整个国家的立法就是资产阶级反对无产阶级的工具。在资产阶级看来，只是因为有了无产阶级，法律才是必需的。这一点在某些法律条文中赤裸裸地表现出来，例如，英国法律宣布流浪汉和露宿者是不受法律保护的，这无疑是资产阶级敌视无产阶级的表现。

其次，治安法官偏袒资产者而压迫无产者。如果资产者被法庭传唤，治安法官便会因为打搅了阔佬而向其表示深深的歉意，并且竭尽全力使诉讼变得对资产者有利；如果不得不给资产者判罚，法官就会再次对此表示极大的歉意，而结果最多是判资产者交纳一笔微不足道的罚款，这时阔佬就会轻蔑地将钱往桌上一扔，然后扬长而去。反之，如果无产者被传唤到治安法官那里去，他所面临的结局就总是先被扣押起来，然后跟许多像他一样的人一起被关在监狱。无产者一开始就被视为罪犯，受到治安法官的叱责。如果他们为自己的行为辩护，那么得到的就只是法官轻蔑的回复："啊，我们懂得这些借口！"① 最后无产者都会被处以罚款，如果支付不起罚款，就只好在监狱里做几个月的苦役来抵罪。法官即使找不出无产者的任何罪名，也会把他们当成流氓或游民而送进监狱。治安法官的偏袒行为实在是让人想象不到的。

不仅治安法官是这样，警察也是如此。在警察眼中，资产者和无产者是两类不同的人群。前者无论做了什么，警察总会对他们客客气气；后者即使没做什么，警察却总会残酷而粗暴地对待他们。在警察看来，贫穷本身就是一种罪过，贫穷的无产者就是犯有各种罪行的罪犯。因此，对于无产者而言，法律的保护作用是没有的，警察可以随意闯入他

---

① 恩格斯．英国工人阶级状况//马克思恩格斯全集：第2卷．北京：人民出版社，1957：570.

们家里，随意逮捕甚至殴打他们。不仅如此，警察还会破坏工人的每一次集会。宪章派的每一次集会都遭到警察的骚扰甚至粗暴的取缔。这些现象表明，无产者身负法律的全部重担却得不到法律的一点保护。

为何国家的立法、法官和警察都偏袒资产者而反对无产者？因为国家政权不过是资产者的囊中之物，法律自然体现他们的意志；而法官和警察本身就是资产者，他们自然会把本阶级的利益视为一切真正秩序的根本基础。

4. 道德层面不得不忍受资产阶级的虚伪与残忍

恩格斯指出，新济贫法最淋漓尽致地体现了这一点，它的思想基础就是马尔萨斯的人口论。马尔萨斯认为，贫穷人口的增长是一切罪恶之源，因此应当用无情的手段来对付他们。在制定新济贫法之前，资产阶级任命了一个专门委员会来调查当时济贫所的工作，委员会得出的结论是：过去和当前的济贫工作“阻碍工业发展，鼓励人轻率结婚，促使人口增长，抵消人口增长对工资的影响；这个制度是一种全国性的制度，它使勤劳而诚实的人不愿意工作，使懒惰、放荡和轻佻的人得到鼓励；它破坏家庭的联系，经常阻碍资本的积累，耗费现存的资本，并使纳税人破产；此外，它还给私生子发抚育费，这简直是在发私生子的奖金”①。在资产阶级看来，过去的济贫法和济贫工作对穷人实在是太仁慈了，以至于资产者无法榨取最大的利润，因此必须修订济贫法。1834年英国议会通过了新济贫法。根据该法律，一切实物或金钱的救济都被取消了，取而代之的是这样一种救济方式，就是把穷人投入各地迅速建立起来的习艺所（workhouses）。习艺所是穷人谈之色变的地方，他们习惯把它称为“穷人的巴士底狱”。不到万不得已，穷人是不会去那里请求救济的。

习艺所的伙食比最穷的工人吃的还要糟糕，甚至连监狱里的一般伙食都不如，但那里的工作却比任何地方都要繁重。住在习艺所的穷人很少见到肉，更别提鲜肉了；吃的多半是最坏的面包、燕麦粥和劣质土豆，啤酒则几乎没有。住在习艺所的人完全失去自由。任何人如果不完成分内的工作就不准吃饭；想进城必须事先请假，通常这种请求是得不到管理者的允许的；受救济者也不准接受亲朋好友馈送的东西。这些穷

---

① 恩格斯．英国工人阶级状况//马克思恩格斯全集：第2卷．北京：人民出版社，1957：574.

人必须统一穿上习艺所的制服，完全听任管理者的摆布。在习艺所里，所有穷人都得从事繁重的劳动。男人通常要砸石子，并且要砸得像“一个身强力壮的男人紧张地工作一天所能砸的一样多”①；女人、小孩和老人则要每天拆开旧船索，工作强度也丝毫不小。更不人道的是，阔佬们将这些受救济者视为“多余的人”，认为他们仅仅有生存的权利而没有繁衍后代的权利。穷人本身就是国家的祸害，为此必须把他们控制起来，使他们不能生产出更多的“多余的人”来祸害这个国家和资产者。为了使这些“多余的人”不能繁衍后代，家庭被强行拆散，丈夫、妻子和小孩被分别投入各幢屋子里。他们很少见面，管理者只有在认为他们很规矩时，才准许他们短暂见上一面。穷人也不能擅自和外面的人接触，否则就要受到管理者的处罚。面对这种新济贫法和习艺所，无产阶级无疑是愤怒的。穷人们拒绝资产阶级所谓的“社会救济”，宁愿饿死也不愿到折磨人的“巴士底狱”去。

恩格斯指出，习艺所对待穷人的做法处处都与法律的人道精神相抵触。通过新济贫法和习艺所，资产阶级向世人清楚地宣布：“没有财产的人活在世上只是为了供有产者剥削，并在有产者不需要他们的时候便去饿死。”② 在这个国家所有的措施中，英国资产阶级表明自己是作为当权者、作为一个整体出现的，在这里，他们凭借新济贫法和习艺所向无产阶级宣布：穷人是不受国家、法律和社会保护的，更直接地说，无产者不是人，故任人践踏。既然资产者在事实上把穷人视为罪犯，那么为何还要用习艺所来救济穷人？这就是他们的虚伪之处。资产者是残酷的，因为习艺所实质就是惩治犯人的监狱，甚至比监狱更恶劣。资产者心里很想把所有济贫法都废除掉，但又没有足够的正当理由和胆量这样做，于是就炮制出一个尽可能符合马尔萨斯观点的济贫法，用习艺所来宣扬其所谓的“善心”。因此，新济贫法和习艺所就是资产阶级虚伪与残忍的体现，而这一切重压最终都落到无产阶级身上。

对于无产阶级所遭受的贫困、匮乏、卑微、被蔑视和受压迫的处境，恩格斯借英国思想家托马斯·卡莱尔之口做了精彩的总结：“自从社会产生以来，千百万无声无息、劳累不堪的人的命运从来没有像现在

① 恩格斯. 英国工人阶级状况//马克思恩格斯全集：第 2 卷. 北京：人民出版社，1957：576.

② 同①581.

这样难以忍受。使人不幸的不是死，甚至也不是饿死；……对上帝创造的一切人来说，不能忍受而且永远不能忍受的是：过着贫苦的生活，却又不知道因为什么；工作累垮了身体，但总是一无所得；心力交瘁，但仍然无依无靠，孤苦伶仃，脖子上套着冷酷的万能的 *Laissez-faire* 绞索，被幽禁在寂静的、无生气的、无止境的不公道的世界里，就好像幽禁在法拉里斯牛的该咀咒的肚子里一样，慢慢地结束我们的一生。”① 给无产阶级套上绞索的就是资本主义私有制。因为私有制及其“美杜莎的怪脸”，无产阶级不得不生活在一个充满不公的世界里，承受着各式各样的蔑视与压迫。

（四）结论

恩格斯关于英国无产阶级苦难状况的研究代表着一种新的思考。西方思想家关于人类苦难的思考路向可谓林林总总，比较有代表性的是以下三种：

第一种认为思想、观念（尤其是宗教观念）对人的禁锢是人类苦难的根源。青年黑格尔派就持这种观点。该派认为，“观念、思想、概念，总之，被他们变为某种独立东西的意识的一切产物，是人们的真正枷锁”②，尤其是宗教观念。青年黑格尔派认为，只要宗教存在，那么人类遭受奴役和苦难的历史就会持续，因此该派认为真正重要的事情就是同意识的这些幻想做斗争。青年黑格尔派寄希望于启蒙和人类自我意识的觉醒，并认为自己是人类自我意识的代表，是人类摆脱苦难的希望。

第二种认为是人性的劣根性导致了人类的苦难。众多思想家持这种观点，其中马基雅维利和霍布斯是最突出的代表，在他们看来，人性就是“变化多端的、弄虚作假的、奸诈懦弱的、生性贪婪的。只要你能成功，他们就完全是你的人。当远离危险时，他们愿意为你流血，愿意为你献出他们的财富，他们的生命，他们的孩子。但是，当危险来临的时

---

① 恩格斯．英国状况　评托马斯·卡莱尔的《过去和现在》1843 年伦敦版//马克思恩格斯全集：第 3 卷．中文 2 版．北京：人民出版社，2002：508.

② 马克思，恩格斯．德意志意识形态//马克思恩格斯选集：第 1 卷．3 版．北京：人民出版社，2012：145.

候，他们就背弃你”①。人性的第一条公理就是满足自然欲望，为了争夺私利，人与人之间像狼与狼一样，社会永远处于“每一个人对每一个人的战争”状态。摆脱困难的希望就寄托在一个让臣民惧怕的强大国家（利维坦）和兼具狮子之力量、豺狼之机智的君主。

第三种认为是政治的压迫导致了人类的苦难。法国的《人权宣言》开篇就指出，无视、遗忘或蔑视人权是公众不幸和政府腐败的唯一原因，政治压迫是人民群众苦难的根源，消除政治压迫的出路在于进行政治革命，并在此基础上建立保障人权的政治制度和宪政民主体制，同时，要大力进行有关人权的启蒙，把自然的、不可剥夺的和神圣的人权阐明于庄严的宣言中，让社会成员知悉自己的权利并且捍卫自己的权利。唯有如此，才能避免人类的苦难再度降临。

与这些思考路向不同，恩格斯从社会历史的深层探寻人类苦难的根源。他看到，导致无产阶级贫困、匮乏、卑微、被蔑视与受压迫的是竞争、商业危机、技术异化和普遍的对抗关系，而竞争、商业危机等要素在本质上都是私有制的“美杜莎的怪脸”的表现，因此，资本主义私有制才是无产阶级苦难的根源。这种新思考路向是恩格斯对人类思想史的贡献。

二、劳动状况

在资本主义私有制和竞争关系阴影的笼罩下，工人阶级的劳动状况非常糟糕，具体表现为：（1）劳动环境恶劣；（2）劳动时间长、劳动强度大；（3）劳动极其单调、折磨身心；（4）工厂制度让工人失去了自由。

（一）前现代工人的劳动状况

在这里，前现代与现代的分界线就是工业革命。恩格斯对工业革命以前的工人劳动状况及性质进行了考察。在使用机器以前，纺纱织布普遍采用家庭作坊的生产模式。在这种模式里，纺纱织布的工作是在工人

① 马基雅维里．君主论．北京：商务印书馆，2009：80.

家里进行的，具体的分工是：妻子和小孩纺纱，父亲则把纱织成布，布匹织好后就交给包买商，即使不加工，也可以直接把纱卖掉。这些纺织工人家庭大都居住在邻近城市的农村，靠变卖织的布就能生活得不错。在这时，“本地市场还是有决定意义的、甚至几乎是唯一的市场，而竞争（后来由于取得了国外市场和扩大了贸易而替自己开辟了道路）的威力也还没有对工资发生显著的影响”①。因此，纺织品大多能卖个较好的价钱，人口的增长也十分缓慢，这与本地市场需求的扩大相一致，从而保证了绝大部分工人都有工作。大部分纺织工人多少都能存储一点钱，并且在空闲时租一小块地进行耕种。这批兼职农业的纺织工人有大量的空闲时间，因为他们能决定在什么时候织布以及织多少布。这些纺织工人虽然没有很多的收入，但还不是无产者，他们“在故乡的土地上扎下了根”②。

这些纺织工人过着舒适而庸碌的生活，其物质生活状况比他们的后代好得多；他们不需要过度劳动，愿意干多少活就干多少活。在空闲时间里，他们大多会到田地里或园子里从事些有益于健康的工作，这种工作本身就是一种休息。此外，他们还会与邻居一起开展娱乐和游戏活动，如打球、滚木球等，对他们的健康和体质都非常有好处，因此，这些纺织工人大都是些结实、强壮的人，在体格上近似于邻近的农民。他们的孩子也都生长在农村新鲜的空气中，这些小孩有时也帮助他们的父母做些零活，但还不是经常的，更谈不到 8～12 小时的工作了。

因此，总的说来，这些前现代的工人在自己庸碌、平静的生活中还是感觉挺舒服的，其劳动环境较为舒适，劳动时间自由支配，劳动强度也不高，劳动对于他们而言不是件难受的事情。正如恩格斯指出的，倘若没有工业革命，他们是永远不会放弃这种生活方式的。③

（二）工业无产阶级的劳动状况

英国的工业革命开辟了一个新时代，它产生的最重要的结果就是催

① 恩格斯. 英国工人阶级状况//马克思恩格斯全集：第 2 卷. 北京：人民出版社，1957：281.

② 同①282.

③ 同①283.

生了一支全新的工业无产阶级劳动大军。（其产生过程和机制，前文已经做了交代，在此不再赘述。）他们人身自由、一无所有，是典型的现代工人。他们面对的劳动状况，全然有别于他们的祖辈、父辈，概括起来，具体体现为如下四个方面：

1. *劳动环境恶劣*

恩格斯指出，工厂工人的孩子死亡率非常高，这就足以证明他们的劳动环境何其恶劣。这些童工通常在潮湿、寒冷，或者污浊、闷热的环境里工作，即使在最好的情况下，这种严酷的劳动环境也会造成“容易感染某种疾病的体质或者使发育受到阻碍”①，因此，工人的孩子在发育和体力方面都比一般的孩子差。童工的劳动环境尚且如此恶劣，成年工人的劳动环境就可想而知了。

恩格斯考察了煤矿工人的劳动环境。在整个大不列颠王国，采矿业可以说是最为危险的行业，矿井则是事故出现最为频繁的地方，再没有一个劳动部门的工人像矿工那样每天都面临死亡的危险了。矿井中的空气和矿坑瓦斯混合起来，就会产生一种爆炸性的瓦斯，这种瓦斯一遇火种就会爆炸，矿井里的工人都难逃厄运。瓦斯爆炸事件几乎每天都会发生，时而在这里发生，时而在那里发生。例如，1844 年 9 月 28 日，德勒穆的哈斯威尔矿井就发生了爆炸，这次事故造成了 96 人死亡。这种例子太多，不胜枚举。工人的劳动环境为何如此恶劣、事故频发呢？恩格斯指出，这些都直接归咎于资产阶级的贪得无厌。要是资本家舍得花钱，那么就可以在矿井中安装通风井，这样就可以使矿井中的空气畅通，从而完全消除瓦斯爆炸的可能性。但资本家不肯花钱来改善矿井的环境，在这种情况下，工人只能使用戴维灯，但这种灯的光线十分微弱，所以工人宁愿改用蜡烛，结果一遇到火星或明火，瓦斯爆炸就不可避免了。如果资本家愿意出钱购买通风设备，爆炸是完全可以避免的。除了瓦斯事故，矿井还经常发生水平坑道整体崩塌或部分崩塌的事故，这种事故通常会把工人活埋或导致他们终身残疾，这也是资本家的贪婪所致。资本家关心的只是如何尽可能地从水平煤层中将煤挖掘干净，这就是坍塌事故的根源。

除了以上两种事故，矿井中还常常发生工人坠落事件。这是因为资

① 恩格斯．英国工人阶级状况//马克思恩格斯全集：第 2 卷．北京：人民出版社，1957：436.

本家购买的绳索的质量通常很差，当工人用这些劣质绳索在矿井里攀缘时，绳索就常常断掉，不幸的工人就会跌得粉身碎骨。据矿业杂志统计，以上几种事故每年大约要夺走 1 400 多人的性命。仅仅郎卡郡一地，每周就至少发生两三起这样的不幸事故。

2. 劳动时间长、劳动强度大

中央委员会的报告指出，孩子大部分从八九岁开始在工厂里工作，有一些甚至从五六岁就开始工作了。他们的工作时间是每天 14～16 小时（吃饭时间除外）。如果孩子在上班时间逃跑，工厂主就会把他们追回来，并不断地用长鞭子抽他们！然而，就是这么长的劳动时间也还不能满足资产阶级的贪欲。为了延长劳动时间，工厂主发明了可耻的夜工制。很多工厂都实行了两班制，一班在夜里工作 12 小时，一班则在白天工作 12 小时。我们知道，任何白天的休息都代替不了夜间的睡眠。睡眠经常这样被剥夺，无论对小孩子还是对成年人，都会引起严重的后果。童工和成年人的整个神经系统遭到刺激与破坏，从而身体整个地衰弱下去。委员们的报告还指出，过长的劳动时间会导致大批畸形者，其中最普遍的畸形是两腿和脊柱弯曲。

最可怜的是从事搬运煤和铁矿石工作的工人。这些工作是很繁重的劳动：工人必须在高低不整、坑洼不平的坑道里把装满煤或铁矿石的没有推轮的运矿桶拖着走，他们经常要淌过水或稀泥才能慢慢爬出巷道。这种苦活要么由一个成年工人完成，要么由两个孩子共同完成。即使成年男子也会觉得挖矿工作是非常累人的。这种工作劳动时间是多长呢？通常每天达到 11～12 小时，在苏格兰竟然长达 14 小时。有些矿主还会把工作时间延长 1 倍。因此，所有的搬运工都必须在地下不间断地工作 24 小时，甚至 36 小时。这些工人自然都没有固定的吃饭时间，能够保住性命已是幸运。

这样长的劳动时间会造成怎样的恶果？什么样的报酬能够补偿工人所遭受的痛苦？长时间劳动的普遍结果就是极度的筋疲力尽，童工都为这种工作而叫苦不已。中央委员会的报告经常报道这样的例子：孩子们一回到家，就马上倒在石板上或别的什么地方睡着了，父母得把睡着的孩子梳洗干净并抱上床。有些童工甚至常常疲倦到倒在路上睡着了，他们的父母不得不在夜深人静之时去寻找孩子，将他们在睡梦中带回家。每逢星期日，这些童工都会把大部分时间花在睡眠上，为的就是稍稍恢复一下体力。恩格斯指出，这样，那些本来应专门用于孩子身体发育和精神发育的时间就被牺牲在冷酷的资本家的贪婪上了。阔佬们把这些孩子从新鲜空气和学校里拖出来，让其没日没夜地劳动，从而在他们身上榨取更多的利润，“这无论如何是不可饶恕的”①。这些孩子没有童年，没有欢乐，在他们的世界里，极目之处皆是冰冷与苦难。要不是新工厂法在某种程度上束缚了资本家的手脚，这些人指不定会做出什么更可怕的事情来。

3．劳动极其单调、折磨身心

恩格斯指出，“无聊”毁掉了工人全部的体力和智力。伴随着生产技术的进步，现代生产的分工已经变得越来越细而越加简单，比如，一些工人在工厂里只需负责看机器，另一些则只负责接断头，干这种活并不需要运用智力，但同时“又不许工人思考别的事情”②。恩格斯指出，工人就被判处活埋在工厂里，要不断地注视着永不疲惫的机器，这是人间最残酷的一种苦刑。工人的精神不可避免地萎靡不振。要想出一个比注视永动机更能折磨精神的办法来是很难的。在这种情况下，如果说工厂工人还保留着人的情感和人的理智，甚至于还发展了它们，那只是因为他们还保持着对资产阶级的愤怒，还没有失去反抗自己的命运的勇气，这就是他们在劳动中唯一能保留的感觉和思想。此外，干这类活也不需要紧张肌肉，人的身体就没有了活动的余地。结果是，工人除了干活的那部分肌肉得到锻炼以外，其余的部分都松弛了，身体的畸形就是不可避免的。因此，“这并不是真正的劳动，而是纯粹的无聊，是世界上最折磨人最使人厌倦的无聊”③。就这样，工厂工人全部的体力和智力毁在了这种无尽的无聊之中，工人的宿命就是从 8 岁起承受这种无聊的折磨。他们没有片刻的空闲时间，机器整天转动着，传动皮带、轮子和锭子整天在他们耳边轧拉轧拉、轰隆轰隆地响着，只要稍一喘气，监工就会立即手拿罚款簿出现在他们背后。官方委员会的意见指出，这种永恒的“无聊”以及它所带来的疾病会使工人不可避免地走向堕落，酗酒、纵欲等都是必然的。

---

① 恩格斯．英国工人阶级状况//马克思恩格斯全集：第 2 卷．北京：人民出版社，1957：437.

② 同①463.

③ 同①463.

4. 工人制度让工人失去了自由

恩格斯指出，作为资本逻辑的产物，现代工厂制度是资产阶级用来束缚无产阶级的“奴隶制的锁链”①。现代工厂仿佛一个小王国，国王就是资本的化身——工厂主凭借资本的力量将自己的意志上升为绝对意志。工厂主就是“绝对的立法者”②，可以随心所欲地颁布或修改工厂的规章制度，即使在这个规章制度中加入最荒谬的东西，他们还是可以理直气壮地对工人说：“你们是可以自己做主的，如果你们不高兴，就不必订这样的契约；但是现在你们既然自愿地订了这个契约，那你们就得履行它。”③ 在这里，“法律上和事实上的一切自由都不见了”④。工人必须在早晨五点半前到达工厂，迟到几分钟就得受罚；如果工人迟到了10分钟，工头就会把他挡在大门外直到吃完早饭，结果，工人就被扣除了1/4的工资。此外，吃饭、睡觉、喝水乃至上厕所，工人都不得不听工厂主的命令。“专制的钟声”⑤ 经常把工人从睡梦中惊醒，将其从早餐桌和午餐桌上唤走。

工厂主是自己王国中专制的君主，为了榨取最大利润，无所不用其极，我们来看看他们都制定了什么样的规则。1844年10月，曼彻斯特的一位工厂主制定了如下工厂规则：（1）工厂大门在上班后10分钟关闭，早饭前任何人都不得入厂；此间缺席者，按其负责管理的织机数目每台罚3便士；（2）在其他时间内，负责动力织机的工人如果在机器转动时缺席，按其负责管理的机器数目每台每小时罚3便士；工作期间未得监工许可而擅自离开车间者也罚3便士；（3）未自带剪子的工人每天罚1便士；（4）所有刷子、梭子、轮子、注油器、窗户等如有损坏，均由工人赔偿；（5）工人离职必须在一周前预先通知厂方，工厂主有权因举动失当或工作不好等缘由而未经事先通知便开除任何一个工人；（6）工作期间，工人与别人说话、吹口哨或唱歌的，罚6便士；工作期间离开现场者，也罚6便士；（7）本工厂不允许有两个及以上的工人同

① 恩格斯．英国工人阶级状况//马克思恩格斯全集：第2卷．北京：人民出版社，1957：464．

② 同①．

③ 同①464-465．

④ 同①．

⑤ 同①．

时丢开工作。[①] 工人面对这种不人道的规则内心自然是愤怒的，他们罢了工，工厂主竟将这些罢工的工人告上法庭，理由是他们违反了工厂主制定的规则。法官如何判决呢？他竟然承认工厂主有理，并以有约必践为根据判决工人败诉。这样，工人还得忍受这位本身就隶属于资产阶级的治安法官的嘲笑，忍受资产阶级所炮制的法律的嘲笑。法庭如此偏袒的判决是很常见的。恩格斯指出，当过兵的人都尝过军事纪律的滋味，而工人却注定了“从九岁起无论精神上或肉体上都要在棍子下面生活一直到死。他们比美国的黑人更像奴隶，因为他们处在更严格的监视之下”[②]。如果他们依然能够像人那样感觉和思考，如果他们能够做到这样，那只是因为他们咬牙切齿地痛恨压迫者，痛恨那种使他们沦为机器的工厂制度！

以上是对工业无产阶级的劳动状况的描述，在恩格斯看来，工人的处境甚至比古代农奴还要糟糕。他对比了“1845年自由的英国人”的状况和“1145年诺曼贵族压迫下的撒克逊农奴”的状况：农奴是被束缚在土地上的奴隶，而现代工人则由于小宅子制而被束缚在土地上；根据古代的传统法则，农奴必须把“初夜权”献给主人，而现代工人则必须把“每夜权”献给工厂主；农奴没有获得财产的权利，地主可以任性地拿走他们的一切，现代工人虽然有财产权，但并没有财产，而且激烈的竞争也决定了他们不可能弄到财产；农奴与地主的关系由约定俗成的习俗和法律来调整，现代工人与工厂主的关系也由法律来调整，但是法律并未被遵守，因为它不符合工厂主的利益；地主并不能使农奴离开土地，因为在古代土地几乎都是不能转让的，而现代资产阶级却凭借手中的资本强迫工人出卖自己。[③]

古代农奴是其出生的那块土地的奴隶；工人则是生活必需品的奴隶，继而是金钱（生活必需品必须靠金钱购买得来）的奴隶。因此，古代农奴和现代工人都是物件的奴隶。古代农奴的生计有封建的社会制度加以保障，在那种社会制度下，每个人都有固定的位置；现代工人却连基本保障都没有，只有当资本需要时，他们才能勉强维持生计，而当不

---

① 恩格斯. 英国工人阶级状况//马克思恩格斯全集：第2卷. 北京：人民出版社，1957：465.

② 同①466.

③ 同①471.

能为资本带来利润时，他们就会被无情地抛弃。农奴需在战争时期替自己的主人卖命，工人则必须在和平时期为老板卖命。“农奴的主人是野蛮人，他把农奴看做牲口；工人的老板是文明人，他把工人看做机器。”① 在恩格斯看来，现代工人并不比古代农奴过得好，甚至过得更糟。农奴和工人都是奴隶，前者遭受的奴役是明显的、公开的，而后者遭受的奴役却是伪善的、狡猾的，因此，束缚现代工人的是“比旧的农奴制更坏的神学的奴隶制”②。

（三）结论

第一，恩格斯关于劳动性质的批判能让我们更好地考察“马恩关系”问题。我们看到，一方面，在价值取向上，马克思恩格斯都极力批判现代工厂劳动单调、折磨身心的本质。他们都指出，现代劳动单调、不断重复的性质摧毁了工人的身体、智力和情感。工人在劳动中不是感到幸福，而是感到不幸。这种劳动使工人的体力和智力受摧残，精神受折磨，工人最终沦为了机器。这种结局无疑是深受启蒙思想影响的马克思恩格斯不能容忍的。另一方面，在方法论上，马克思更多受德国观念论的影响，在进入现实世界之前先探讨事物的理念。马克思先考察了人的本质，认为自由活动即劳动是人的本质，劳动本应成就人的自由，但现实的劳动显然与劳动的理性本质背道而驰，由此马克思提出了劳动异化理论，并且从哲学的高度探讨了劳动异化的根源及扬弃，从而提出了共产主义理想。相比而言，恩格斯更多接受了英国经验论的传统，自由、平等作为他持守的理念在更多的时候是隐而不显的。恩格斯直接考察工人劳动中的体验，指出这种劳动是世界上最折磨人、最使人厌倦的无聊。在此基础上，恩格斯指出这种劳动是背离人的本质的。因此，在方法论上，二者各有千秋，各具特色。

第二，私有制是导致现代劳动条件和性质异化的根源。我们看到，使工人不得不承受恶劣劳动条件的直接原因是资产阶级自私自利的本性和激烈的竞争。资产阶级有能力改善工人的劳动条件而不为，竞争的存在则注定工人阶级为了生存而不得不忍受一切非人的劳动条件。从深层

---

① 恩格斯．英国工人阶级状况//马克思恩格斯全集：第 2 卷．北京：人民出版社，1957：471.

② 同①472.

次上讲，二者都是资本主义私有制的产物，在私有制的土壤上，资本家作为资本的人格化，其人性就是资本本性的外显，他们自私自利，为达目的不择手段。竞争则是私有制的根本属性，只要私有制作为社会的根本制度，那么竞争关系就贯穿在一切社会关系中。在竞争的重压下，失败者万劫不复；幸存者则必须委曲求全，继续沦为资本逐利的工具。

三、生活状况

在资本主义私有制和竞争关系的碾压下，工人阶级的生活状况是极其糟糕的，他们住的是“奥吉亚斯的牛圈”，衣衫褴褛，吃的一般都是劣质食品。“最有贡献的人”成为社会战争的牺牲品，沦为最可怜的人。

（一）社会本应如何对待工人阶级

我们都熟知，人类生产力在资本主义时代有了突飞猛进的发展，资本主义社会在其不到100年的发展中，创造的生产力比过去一切时代所创造的全部生产力还要大，所创造的全部财富还要多。这些社会财富是谁创造的？工人阶级。有人质疑这一观点，认为没有现代的生产技术和先进机器，资本主义社会怎么可能创造出如此庞大的物质财富，所以先进的生产技术和机器才是创造财富的主角。这种观点是站不住脚的，任何先进的生产技术和机器最终都要通过人来发挥作用，没有工人阶级的劳动，先进的生产技术和机器就无所依托，所以，工人阶级才是社会财富的真正创造者，是对社会而言“最有贡献的人”。那么，社会应如何对待工人阶级？社会应给工人什么样的住宅？什么样的衣服和食物应作为对他们劳动的回报？按照马克思恩格斯的设想，在最理想的社会状况下，那便是各尽其力，按需分配，工人阶级是社会财富的创造者，理应也是社会财富的享有者。退一步讲，在社会财富达不到按需分配的水平时，社会也应给予工人公正、体面的物质生活。工人阶级的生活状况是衡量一个社会文明进步的重要尺度。

（二）住宅、穿着和饮食状况

1. 工人阶级的住宅状况

关于工人阶级的住宅状况，恩格斯用一个短语加以概括：“奥吉亚斯的牛圈”（奥吉亚斯是古希腊厄利斯的国王，他有一个巨大的牛圈，里面养了2 000多头牛，30年来此地从未被清扫过，粪秽堆积如山，肮脏不堪。因此“奥吉亚斯的牛圈”意指肮脏、混乱之地）。恩格斯通过对比来突出工人住宅状况的恶劣。资产阶级的住宅是十分舒适的，资本家多数住在空气清新的房屋里或别墅里。在曼彻斯特城市的中心有一个长宽皆为半英里的商业区，商业区外边是一个纯粹的工人区，工人区就像一条宽1.5英里的带子，把商业区围绕起来。在工人区外面就住着中等的和高等的资产阶级。中等资产阶级住在离工人区不远的地段上；而高等资产阶级住得离工人区更远，住在郊外的房屋里或别墅里，或者住在布劳顿、奇坦希尔和盆德尔顿等地，这些地方都位于空气流通的高地，空气清新、有益健康，住宅自然是华丽舒适的，交通也十分便利，每隔一刻钟或半小时就会有到市区去的公共马车从此经过。

我们来看普通工人的住宅状况。工人就住在大城市专门划定的贫民窟里。这些贫民窟通常位于紧挨着富人府邸的狭窄的小胡同里。社会之所以要专门给穷人划定一块完全孤立的区域，目的在于让穷人在资产阶级看不到的地方尽力挣扎着活下去。英国城市的贫民窟都是按照统一模式构建的：房屋位于城市最糟糕的地区，最常见的是砖房，通常是一层或两层，这些房屋大多排列得乱七八糟，有许多还配有用于住人的地下室。每幢房屋通常只有三四个房间和一个厨房，这些叫作小宅子的房屋就是普通英国工人的住宅。贫民窟的街道通常是没有铺砌和整修过的，这里没有排水沟和污水沟，到处都是垃圾和臭气熏天的死水洼，道路坑坑洼洼，一下雨就污水横流。房屋通常是背靠背地修建起来的，两幢房屋共用一堵后墙，这些房屋没有任何排水和通风的设备，一整家子的人都挤在阁楼的一个角落或者地下室。这些地区杂乱无章的建筑极大地阻碍了空气的流通，再加上很多人杂居在这个不大的空间里，所以这些工人区的空气糟糕得难以想象。此外，街道上到处挂满了湿漉漉的破衣服，这些晾衣服的绳子横过街心，到处都给人杂、乱、差的感觉。“奥吉亚斯的牛圈”真是名副其实。这种糟糕的居住环境也造成了各种传染病的肆虐横行。例如，1817年，热病席卷了爱丁堡，在这种流行病猖獗时，有将近6 000人患病。1817—1818年，热病猖獗时，科克市有近1/7的居民患病，在同一时期，里美黎克患热病的居民占全体居民的1/4，瓦特福德贫民窟的患病者竟然高达95%。1842年，整个苏格兰有1/6的工人患了热病，这种流行病以骇人的速度把灾害从一个地方传到另一个地方，短短两个月的时间，患热病的人数就超过了过去 12 年的总数。1843 年，热病在格拉斯哥肆虐，工人中的 12%（共达 32 000 人）患病，其中有 32%死于该热病。在爱尔兰，这种流行病也相当常见。“奥吉亚斯的牛圈”与流行病如影随形。①

为何这些房屋建造得如此糟糕？一个自由党人、一切工人阶级的死敌西尼耳的话道破了其中的原因：“当我参观爱尔兰城、安柯茨和小爱尔兰工厂工人的住宅时，使我感到惊奇的只是在这样的住宅里竟能保持一个勉强过得去的健康水平。这些城市——就面积的大小和人口的数目来说，这都是些道地的城市——在建造的时候，除了从事投机的业主的直接利益，就什么也没有考虑到。”② 一切都是为了资本家和地方当局的利益。这些房屋都是在曼彻斯特几百间废弃房子的旧址上修建起来的。在改建时，资本家和地方当局采取了什么措施来加以改善吗？什么都没有做。资本家考虑的只是自己的钱包。哪个角落还空着，就在哪个地方盖起房屋；哪里还多出了一个出口，就盖起房子将其堵住。伴随着工业的迅猛发展，地价不断上涨，而地价涨得越高越快，资本家就越疯狂地在任何一块空地上盖起房子，丝毫不考虑居住者的健康。此外，建筑公司的老板都是一整条街一整条街地建房子，因为这样一来，不用另外雇人挖土就能得到较深的地下室，这种地下室并非用来做仓库或储藏室，而是用来出租给人住。于是，这些老板又可以额外赚一笔，他们知道，不论小屋建得多坏，总会找到穷人光顾。

以上是普通工人的住宅状况，即使住得再差，他们毕竟还有瓦遮头，至于那些无家可归的人，就只能住“夜店”乃至沦落街头了。恩格斯指出，伦敦约有 5 万人每天早上醒来不知道接下来的一夜将在何处度过。他们当中最幸运的就是能把手中仅有的两便士保留到天黑，然后到任何一个大城市都有的所谓“夜店”找一个栖身之所。这是一个怎样的栖身之所啊！房子从阁楼到地下室都铺满了床，这些地方能容纳多少张床就放多少张床。每张床上则能容纳多少人就睡多少人，一张床睡五六个人是稀松平常的事情。更糟糕的是，男的和女的、生病的和健康的、

---

① 恩格斯．英国工人阶级状况//马克思恩格斯全集：第 2 卷．北京：人民出版社，1957：384-385.

② 同①346.

喝醉的和清醒的、年老的和年轻的，所有这些人都躺在一起。这些人进行各式各样的争论、吵闹乃至打架。那些连住“夜店”的钱都没有的人又怎样？哪里可以落脚，他们就睡在哪里——在拱门下，在过道旁，或者在房主和警察不会驱赶他们的任何角落。一些人到收容所里过夜，另一些人则睡在维多利亚女王公园的长凳上。可以看到，工人阶级的居住状况是相当糟糕的。

2. 工人阶级的穿着状况

关于工人阶级的穿着状况，恩格斯也是通过对比来分析的。几乎整个资产阶级都穿法兰绒的内衣，这种内衣质量上乘，御寒和防湿效果非常好，多数资产阶级女性还穿法兰绒的护胸、兜肚，这些衣物的质量不用说也是相当好的。那么，工人阶级的穿着状况如何？恩格斯指出，工人的绝大多数都穿得很差，男性工人的衬衫是用杂色印花布或漂白布做的，女性工人的衣服则大多是用印花布做的，毛织品的裙子对于她们而言是奢侈品。男性工人的夹克或上衣大多是用粗布或其他粗棉织品做的，因此粗布甚至成了工人的同义语，社会就叫工人“粗布夹克”，而工人也这样称呼自己。这种粗棉织品虽然比毛织品厚重，但在御寒和防湿方面是远不及后者的，而且由于厚，这些粗棉织品特别容易吸潮，一湿就很难干。英国的天气变化无常，穿粗布夹克的工人常常感冒。

大多数工人，尤其是爱尔兰人，他们的衣服简直就像一些破布拼凑起来的，上面布满了补丁，有时甚至连再打一个补丁的地方都找不到，这些布满补丁的衣服，通常连原来的颜色都认不出来。衬衣的破布常常从裤子或上衣的破洞里拖到外面来。正如一位英国议员指出的，爱尔兰人穿的是“一身破烂的衣服，这种衣服脱下和穿上都十分困难，只有在节日或特别隆重的场合才这样做”①。我们看到，工人阶级的穿着状况也是相当糟糕的。

3. 工人阶级的饮食状况

关于工人阶级的饮食状况，恩格斯同样做了对比。资产阶级的饮食状况是非常好的，这些有钱人上午就把商店里最好的东西都挑走了。他们不会轻易受骗，因为他们购买的东西来自大商店，大商店的老板十分珍惜自家的声誉，因为一旦出售假冒伪劣商品，最终吃亏的还是商家自

① 恩格斯．英国工人阶级状况//马克思恩格斯全集：第2卷．北京：人民出版社，1957：350.

己。此外，有钱人吃得讲究，这练就了他们灵敏的味觉，因此就比较容易识破骗局。

工人阶级的饮食状况又如何？恩格斯指出，工人的饮食状况是由他们的工资状况决定的。挣较多工资的工人，特别是那些家里每个人都是劳动力的家庭，在家庭成员都有工作时，就吃得相对较好：每天饭桌上都会有肉，晚饭还配有干酪和猪板油。但是，绝大部分工人家庭挣的并不多，也就只能买些质量差的食品。这些家庭的饮食状况和衣着状况一样，得到的都是阔佬们认为太坏的东西。在英国的大城市里，各种优质食品在大商店里都可以买到，但价格昂贵，绝大部分工人都必须用他们那不多的一点钱来养家，因此是买不起的。而且，工人一般都要到星期六晚间才能领到工资，因此工人要到星期六下午六七点才能到市场上购买食品，这时好的东西早被资本家买走了。事实上，就算还剩下一些质量较好的食品，工人大多也买不起。工人买到的土豆大多是质量很差的，干酪是质量很次的旧货，蔬菜也很不新鲜，猪板油常常是发臭的，肉则是既瘦又硬，且都是老畜的肉，甚至常常是病畜或死畜的肉，吃下这种肉会对人的健康造成什么样的影响是可想而知的。

为什么工人买到的东西通常都是劣质甚至有害的？恩格斯指出，一方面是因为工人贫穷。工人通常都向小商小贩购买食品，后者收买的原料本来就是次货，也正因为是次货，所以卖价才如此低廉。穷苦的工人为了能用不多的钱购买到必需的食品（哪怕是品质很差的食品），常常不得不采用一种特殊的办法，那便是在星期六晚上临近 12 点时去购买食品，因为到了星期六晚上 12 点，所有商店都会打烊，星期日又全天停市，所以在星期六晚上 10 点到 12 点商家就会把一些不好保存的食品以十分低的价格出卖。但是，这些在晚上 10 点到 12 点买来的食品的质量如何是可想而知的，这些东西到星期日早上十有八九是不能再吃的，而贫穷的工人却只能用这些东西来点缀星期日的餐桌。即使买来的肉通常是不能吃的，但既然买了，工人也就只好将它吃掉。

另一方面是因为市场充斥着无良商家。恩格斯细数了商家的欺骗行为：“把咸黄油冒充新鲜的出售，不是在一块块的咸黄油上涂上一层新鲜的黄油，就是把 1 磅新鲜的黄油放在上面让人先尝一尝，在尝过以后却把咸的卖出去，或者洗掉盐再把黄油当做新鲜的出售。糖里面掺上米粉或其他价钱便宜的东西，照净糖的价钱出卖。制肥皂时剩下的废弃物也掺上别的东西冒充糖卖。……茶叶里面往往掺上黄荆叶子及其他类似的杂物，或者把泡过的茶叶晒干，放在烧热的铜片上烘烤，使它恢复原来的颜色，然后当做好茶叶出卖。……葡萄牙红葡萄酒干脆就是假造的（用颜料、酒精等制成）……在市面上行销的各种各样的烟草里都掺上了各种令人作呕的东西。”① 这些商家真是为达目的不择手段。资本逻辑对商家观念的影响何其彻底！穷人也不像资本家那样善于鉴别食品的质量，因为在平时的生活中他们没有什么机会锻炼自己的味觉，结果，所有这些掺假的甚至有毒的食品都卖给了他们。

还有一个重要方面是政府监管不严。正是由于市场监察员监督不严，才导致了许多情况都逃过了监察员的眼睛，否则，该如何解释肉贩明目张胆地把已经发臭的畜肉拿到市场出售的事实？只要稍加留心，就能杜绝这种荒唐情况出现。政府的失职和不作为是导致工人吃苦头的重要原因。

在那些只能拿最低工资的工人中，即在爱尔兰工人中，土豆是他们唯一的食物，他们甚至连茶都喝不起。至于那些没有工作的“多余的人”，就只能听天由命了，他们讨到什么、偷到什么，就吃什么。他们如果啥也没弄到，就只好饿死了。饥饿的滋味对于许多工人而言并不陌生。一位自由党议会议员这样描述工人的饥饿状态：“英国农民（即农业短工）和英国贫民这两个词是同义语。他父亲是贫民，他母亲的奶没有养分；他从小就吃得很坏，从来没有吃饱过，直到现在，只要没有睡着，就几乎老是感到无可满足的饥饿的痛苦。”② 这些对资本主义社会“最有贡献的人”，在社会战争的重压下处于饮食恶劣乃至饥肠辘辘的状态之中。

以上就是工人阶级的住宅、衣着和饮食状况，恩格斯对这些状况做了概括：“工人住宅到处都规划得不好，建筑得不好，保养得不好，通风也不好，潮湿而对健康有害。住户住得拥挤不堪，在大多数场合下是一间屋子至少住一整家人。……工人的衣服一般也是很糟糕的，在很多情况下只是一些破衣褴衫。食物一般都很坏，往往是几乎不能入口的，在许多场合下，至少是有时候，在量方面也不足，而在最坏的情况下就

① 恩格斯．英国工人阶级状况//马克思恩格斯全集：第2卷．北京：人民出版社，1957：353.

② 同①551.

会饿死人。”① “最有贡献的人”沦为社会战争的牺牲品，成为最可怜的人。

这种恶劣的生活状况会给工人阶级带来什么样的恶果？马克思恩格斯都指出，其严重后果之一就是工人的寿命最短。恩格斯指出，这种现象首先反映在工人的后代身上。工人的孩子死亡率很高。相关报告指出，像曼彻斯特这个城市，工人的孩子超过半数不到5岁就死掉了，考虑到工人后代恶劣的生活状况，这就没有什么好感到奇怪的了。但是，资产阶级的孩子同期的死亡率却只有20%。有关报道还记载，在1840年，利物浦的上等阶级（指贵族、自由职业者等）的平均寿命为35岁，处境较好的手工业者和商人的平均寿命是22岁，而短工、工人和一般雇佣劳动者的平均寿命只有15岁。早亡在煤矿工人中是普遍现象。挖煤的工人风餐露宿，常常食不果腹，所以在煤矿区流行着这么一句谚语：“装煤工人，未少先老。”煤矿工人老得早，寿命更短，他们中很少有人长寿。从中我们也看到恶劣的生活状况对工人寿命造成的不利影响。马克思在《资本论》一书中对工人阶级的寿命做了更详细的记录。他指出，工人的后代在出生后的头几年通常会出现惊人的死亡率。例如，在英格兰有16个农村地区，每年不满1周岁儿童的死亡人数平均是9 085，而在乌尔未汉普顿、赫乌和普雷斯顿等工业区超过了24 000，在诺定昂和斯托克波尔特则超过了25 000，在最大的工业城市曼彻斯特达到了最高，即26 000。1861年的一个官方调查报告指出：造成工业城市如此高的儿童死亡率的原因，除了当地的情况外，最重要的就在于这些儿童“饮食不适、缺乏营养、喂鸦片剂等等”②。我们看到，恶劣的生活状况让整个工人阶级都为之付出了惨重代价。

（三）结论

第一，在资本主义社会工人阶级遭受到不公的对待。就我们的分析来看，不劳而获的富有者享受着优越的生活，而用自己的勤奋劳动为社

① 恩格斯. 英国工人阶级状况//马克思恩格斯全集：第2卷. 北京：人民出版社，1957：357.

② 马克思.《资本论》第一卷第四篇第十三章 机器和大工业//马克思恩格斯全集：第44卷. 中文2版. 北京：人民出版社，2001：458.

会创造了巨大财富的广大劳动者却过着一种居无定所、衣衫褴褛和食不果腹的生活，资本主义社会在物质财富的分配上何其不公！这种物质财富分配的不公不仅意味着工人阶级的物质需要得不到满足，更意味着工人阶级的人格、尊严遭受到蔑视。按照黑格尔的理解，在抽象法阶段，人格作为自由意志的定在是主观抽象的东西，这种抽象人格必须走向自身的定在，即要使自己现实化，其现实化的途径便是具体化为外在的财产，这便是“所有权”概念。因此，财产在最深层的意义上是一个人的自由、人格和尊严。社会剥夺了大多数人获取财富的机会，让其生活在粗糙、恶劣的物质生活条件之下，这就意味着社会对该群体自由、人格和尊严的蔑视。在这个意义上，正如德国哲学家霍耐特指出的，工人阶级对资本主义社会的反抗不仅意在争取好的物质生活条件，更是“为承认而斗争”。

第二，私有制是导致工人阶级恶劣的生活状况的根源。为何工人阶级的物质生活条件如此糟糕？直接原因是激烈的竞争和资本家自私自利的人性。竞争使工人阶级的劳动越来越廉价，工人常常陷入失业的境地，故不得不忍受恶劣的物质生活；资本家掌握财富与权力，却对工人恶劣的物质生活视而不见，甚至无情嘲笑。而从深层次上讲，二者都是资本主义私有制的产物。竞争是私有制的根本属性，只要私有制存在一天，竞争就会如影随形。资本家自私自利的人性也是私有制的产物，因为资本家就是资本的人格化，他们身上必定带着资本的本质特征，自私自利，麻木无情。因此，工人阶级恶劣的生活状况是资本主义私有制的“美杜莎的怪脸”的表现之一。

四、身体状况

根据恩格斯的观察，工人阶级的身体状况是极其糟糕的。妇女不能生育，孩子畸形发育，男人虚弱无力、四肢残缺不全，整代人都被毁灭了。之所以如此，具体原因有：违反人性的劳动性质，糟糕的生活环境，恶劣的饮食条件，工人面对疾病时只能求助于骗人的江湖郎中和各式假药，妇女外出工作，工人的酗酒与纵欲，资产阶级的贪婪。这些具体原因背后的根源则是资本主义私有制。

（一）社会谋杀

恩格斯指出，现代英国正上演着社会谋杀。如果一个人故意伤害他人身体而致其死亡的行为被称为杀人，那么英国社会就犯下了同样的罪行。它把成千上万的无产者置于一种可悲境地，使他们不可避免地遭到“过早的非自然的死亡”①，遭到如同被枪弹或刀剑杀死一样的横祸。它剥夺了成千上万的工人所必需的物质生活条件，把他们置于无法求生的境地。它利用法律的强权置广大工人于求告无门的境地，直到死亡这一不可避免的结局到来为止。英国社会清楚地意识到，成千上万的贫苦群众一定会成为上述不公待遇的牺牲品，但它依然不想消除这些因素。因此，英国社会也在进行谋杀，这种谋杀与个人所进行的谋杀在性质上是一样的，只不过它更隐蔽、阴险和歹毒，没有一个穷人能幸免于难。这种见不到谋杀者的行为看起来不像谋杀，但仍然是谋杀。恩格斯指出，“我现在就来证明：英国社会每日每时都在犯这种英国工人报刊有充分理由称之为社会谋杀的罪行；英国社会把工人置于这样一种境地：他们既不能保持健康，也不能活得长久；它就这样不停地一点一点地毁坏着工人的身体，过早地把他们送进坟墓。我还要证明：社会**知道**这种状况对工人的健康和生命是怎样有害，可是一点也不设法来改善。社会**知道**它所建立的制度会引起怎样的后果，因而它的行为不单纯是杀人，而且是谋杀”②。接下来我们就看看，在社会谋杀的处境下，整个工人阶级的身体状况。

（二）普遍的衰弱

恩格斯用了一个词来总括社会谋杀下工人阶级的身体状况：“普遍衰弱”③。他指出，工人中很少看到体格好、健康和强壮的人。工人几乎全都“身体衰弱，骨瘦如柴，面色苍白”④，几乎所有工人都患有消化不良症，并总是愁眉苦脸、不高兴，虚弱的身体无力抵抗各种疾病，

---

① 恩格斯. 英国工人阶级状况//马克思恩格斯全集：第 2 卷. 北京：人民出版社，1957：380.

② 同①.

③ 同①390.

④ 同①390.

随时都会病倒。他们“老得快，死得早”①，有关死亡的统计数据无可辩驳地证明了这一点。接下来我们分别看看男工、女工、童工和幼儿的身体状况。

1. 男工的身体状况

男工的身体状况可以概括为：疾病缠身、普遍虚弱和四肢不全。恩格斯指出，在社会的重压下，男工都很快累垮了。他们中的大多数人一步入40岁就无法再工作，能支持到45岁的只有一小部分，能撑到50岁的就更少了。一位帮工厂工人看病的外科医生斯麦里指出，对于工人阶级而言，40岁已经是进入老年的年龄了。在利物浦和曼彻斯特等大工业城市，工人这种未老先衰的现象十分普遍，几乎所有40岁的男工看起来都像五六十岁的中老年人，而在资产阶级里边，无论男人还是女人，只要他们不放纵狂欢，其容貌通常可以保养得很好。工人中的年轻人，即使有比较好的营养、比较结实的身体和其他方面的条件，在经受社会的野蛮剥削之后，也免不了要出各种问题，如腰痛、背痛、腿痛、静脉扩张、关节肿胀、小腿和大腿大面积的顽固溃疡等，这些疾病在工人当中几乎是普遍存在的现象。除了所有这些疾病，相当多的工人还会成为残废。工人在机器上的高强度工作每天都会酿成相当多的不幸事件，许多工人因此暂时地或永久地失去了工作能力。比如，在英国曼彻斯特，人们常常可以看到大批因工致残的工人：张三缺一条或半条腿，李四少一只或半只胳膊，这些人简直就像“生活在一批从战争中归来的残废者里面一样”②。

2. 女工的身体状况

女工的身体状况可以概括为：身体畸形、生育困难、发育反常和患衰弱症。工厂劳动常常引起妇女的身体畸形，其中最常见的畸形就是骨盆变形，这是由于工厂劳动要求妇女长时间蹲着所引起的。这种畸形在妇女中比在男人中显得更为严重。生育困难也是妇女的常见病。许多产科医生和助产婆都证实工厂女工比别的妇女在生育上困难得多，而且她们还经常流产。工厂女工也常出现发育反常的现象。有许多年轻女工，特别是饮食相对好一些的女工，由于厂房里的温度高（这种高温和热带

---

① 恩格斯. 英国工人阶级状况//马克思恩格斯全集：第2卷. 北京：人民出版社，1957：390.

② 同①450.

气候的酷热一样起着加速发育的作用），就比通常的女性发育得快，常常有工厂女工在12～14岁就已经发育完全了。一份工厂报告甚至还报道，一个工厂女工在11岁时已经是发育完全的妇女，甚至怀了孕。在曼彻斯特，15岁的工厂女工生孩子已经是十分常见的事情。这些女工发育得太早，结果是过早衰老。但是，工厂女工的发育受阻却也是常见的事情：许多女工乳房发育很晚甚至根本就不发育；还有很多女工要到十七八岁甚至20岁才开始来月经，有些则根本就不来，月经不调所导致的全身不适和剧痛是稀松平常的事情；贫血症也是常见的妇女病。这些都是被所有医学报告一致证明的。

除了以上问题，工厂女工还常常患衰弱症。为了在激烈的竞争中保住饭碗，许多女工怀孕后选择一直到分娩都在工厂工作，这在整个工厂的生态中是完全可以理解的。对被解雇的恐惧远大于她们所承受的痛苦。除此以外，被解雇还意味着她们在一段时间内拿不到工钱。因此，人们常常能在工厂看到这样的事情：女工前一天傍晚还在工厂做工，第二天早上孩子就生出来了，甚至有些女工在机器旁边分娩了。间接强迫这些怀孕的妇女每天工作十几个小时直到她们分娩，要求她们必须站着而且还要经常弯腰，这是何其野蛮、残酷的行为。这些妇女的体质以及生下来的孩子的体质如何，是不难想象的。但苦难还不止于此。这些女工分娩后不久就会被催促着回到机器旁，如果女工被允许休假两周，那么她们是幸运的，因为这是一个很长的假期。事实上，有许多女工产后一周甚至三四天就被迫回到工厂做工了。恩格斯叙述了自己亲身经历的一件事情，有一次他听到一位工厂主问监工：“‘某某人还没有回来吗？’——‘还没有。’——‘她生了多久了？’——‘一星期。’——‘那她早就该回来了。别人在家里只住了三天。’”① 在这种情况下，无论刚生育的女工怎样痛苦、怎样衰弱，对被解雇的恐惧还是会把她们驱赶到工厂来。在工厂主看来，工人是不允许生病的，女工也是不能生育后躺在家里的，否则工厂主的机器就被迫停止运转了，而且工厂主必须为考虑临时的应急办法而大伤脑筋，因此，为了高贵的工厂主的利益，这些妇女本就不应生育！以上因素很自然地导致了工厂女工的普遍衰弱。这些衰弱的工厂女工是无法生出健康的孩子来的。

---

① 恩格斯. 英国工人阶级状况//马克思恩格斯全集：第2卷. 北京：人民出版社，1957：447-448.

3. 童工的身体状况

童工的身体状况也是相当糟糕的。绝大多数童工身体畸形、发育不良。童工调查委员会的调查指出，大批童工成为畸形者，最普通的畸形是脊柱和两腿弯曲，导致这种畸形的最重要的原因是工作时间过长。里子城的一位医生注意到，里子城很多童工的股骨下端处于一种奇怪的弯曲状态，这些孩子都是进工厂工作后才出现这种病症。这位医生很肯定地指出，这些畸形病是由过度劳动所引起的，具体说来，是站得太久而导致的脊柱弯曲。这位医生指出，他碰到过不下 300 个患有脊柱弯曲病症的案例，所有病患者都是在工厂做工的孩子。在医院当了 18 年医生的海依博士也证明，脊柱弯曲在工厂工人尤其是童工中是很常见的，这种症状通常是过度劳动的结果，长时间劳动给营养不良、本来就虚弱的身体造成的后果则更严重，其脊柱弯曲也是最显著的。这些患病者通常膝盖向里弯曲，大腿上的长骨也弯曲了，关节上的韧带则因为松弛而缺少甚至失去了弹力，而长骨粗的一端则弯曲得特别厉害。这些畸形病无一例外都源自劳动时间。

此外，工厂劳动中还有几个部门的劳动会导致特殊的畸形。纺麻就是其中之一，它的常见后果是肩部的特殊畸形，这是由该工种的劳动性质所必然引起的。从事纺麻的大部分是年幼的女工，她们在接断头时必须用膝盖抵住锭子，使其停止转动，因为机器通常安装得离地面很低，所以她们做上述动作时必须时时弯腰，这就会使她们患上与膝盖骨相关的疾病，同时也容易引起身高发育不足的问题。恩格斯曾在曼彻斯特的一家棉纺织厂工作过，他看到，在该工厂的水力纺纱机车间里，纺纱的女童工几乎没有一个长得匀称高挑的，她们普遍长得矮小、发育不良，尤其是肩部和腿部出现了触目的畸形。

除了畸形，发育不良也是童工普遍存在的症状。工人的饮食一般都很粗糙，这对于孩子而言是完全不合适的，可是工人既没有时间也没有钱给孩子弄来比较有营养、容易消化的食物。除此以外，工人中还流行着一种恶习——给孩子喝烧酒，甚至吸食鸦片。由于这一切有害的生活条件，工人的孩子几乎从小就患上了终身性的各种消化器官疾病。同时由于消化不良，工人的孩子从童年起就普遍发育不良。比如，佝偻病是童工中极其常见的一种发育不良症。这种病症会导致整个骨头硬化，骨骼的成长变得十分迟缓，甚至整个受到阻碍。因此，童工普遍身材矮小。

以上我们分别剖析了各类工人的情况，但不管哪类工人，他们的体质都有一个共同特点，那就是抵抗力非常差。他们常常患有肺结核、伤寒等流行病。在伦敦大街上逛一圈，就可以碰到许多面容憔悴、色泽枯槁的人，这些人都或轻或重地患有肺结核。这些身形瘦削、脸色苍白、眼睛凹陷、胸部窄小的患病者，犹如幽灵一般，萎靡不振、虚弱无力、没精打采。为什么有那么多人患肺结核？除了伦敦恶劣的空气以外，最主要的原因就是工人的抵抗力差，这种病每年都要夺走不少工厂工人的性命。除了肺结核，伤寒是另一种让工人吃尽苦头的流行病，这种病让工人本来就虚弱的身体雪上加霜，很多人因此而丧命，这与工人虚弱的抵抗力息息相关，因为一个健康的身体是不会轻易感染伤寒的，即使感染了也能较快痊愈。

（三）罪恶的渊薮

什么原因导致了工人阶级身体普遍虚弱、寿命短暂？恩格斯概括的原因有如下七点：

第一，违反人性的劳动性质。这是工人身体虚弱和畸形的重要原因。在工厂劳动中，除了劳动需要使用的肌肉以外，工人全身没有一块肌肉是真正活动起来的。长此以往，他们就没有机会锻炼自己的身体，增进肌肉纤维的弹性，发展肌肉的力量，而且从小就被剥夺了呼吸新鲜空气的机会，这种状况自然会导致工厂工人的身体钝化和日益衰弱。调查了工厂状况的医生们在其出具的报告中几乎一致肯定，工厂劳动的性质导致了工厂工人对所有疾病的抵抗力都特别差，生活能力普遍减弱，整个体力和智力都在不断退化。此外，我们也很容易理解工厂劳动和畸形的联系。例如，工厂劳动在工厂主看来是一种很“轻易的”工作，但这些工作却常常要求工人长时间地站着并且弯腰。谁要是在凳子上或窗台上坐一会儿，他就要被罚款。这种长久地站立，长久地上身弯曲会造成什么样的畸形，是可想而知的。

第二，糟糕的生活环境。首先是恶劣的居住环境。工人生活的环境被剥夺了新鲜空气、干净的饮用水和一切用以保持环境卫生的东西。为何工人容易染上各种传染病？恶劣的空气是一个重要根源。工人生活在城市中最糟的区域，这里的空气污浊、闷热，这种糟糕的空气和工人其他的生活条件合在一起就成为百病丛生的根源。伦敦工人区的空气可以说是整个英国最差的，而这种空气最能助长肺结核的蔓延，因此我们就看到了前文提到的一幕，伦敦街头遍布着患肺结核的病恹恹的工人。

此外，根据官方报告，工人住宅条件很差，四周通风不良、潮湿，在这样的空气不流通的大杂院里，只要一个死胡同没有配备污水沟，就必然会引发热病，而这种热病又几乎在一切条件下都会恶化为明显的伤寒。这种疾病肆虐于一切大城市的工人区，其中传播得最广的当数贫民窟，它在这些区域里寻找到大批牺牲者。城市工人区不仅通风不良，而且一切腐烂的菜帮肉皮之类的东西所散发和弥漫的臭气又把空气搞得更糟。这些臭气是由城市工人区的脏东西和死水洼造成的，由于不能自由地散出去，它们势必会进一步制造出易于患病的毒气，从而引起最严重的公共卫生的后果。可怜的工人被引诱到大城市来，在这里，他们不得不呼吸比农村糟糕得多的空气。他们被驱赶到大城市来，被迫居住在建造得杂乱无章、通风无比糟糕的大杂院里，他们被剥夺了干净的水源，因为现在只有出钱才能安装自来水管，而河水已经被污染，根本不能用来洗衣做饭。他们被迫把所有垃圾和脏水，把一切废弃物，甚至把令人作呕的脏东西都倒在大街上，因为他们没有任何别的途径来处理所有这些东西。就这样，他们不得不弄脏自己的居住地。一句话，一切用来保持环境清洁的途径和东西都被剥夺了。

第三，恶劣的饮食条件。关于工人的饮食我们在前文已经做过说明了。贫穷让工人及其后代不得不接受粗糙的食物，这些食物会对工人及其后代的消化系统以及整个身体产生严重的后果。至于在商业停滞、商业危机和失业时期，工人将不得不采用怎样更恶劣的食物，这是可想而知的，而这种食物会带来怎样的影响，就更用不着说明了。

第四，工人面对疾病只能求助于骗人的江湖郎中和各式假药。在英国，正规医生的诊费很高，这是工人无力负担的。因此，工人只好要么根本不看病，要么就光顾收费低廉的江湖郎中和购买利少害多的假药。在一切大小城市里，这种江湖郎中都有很多，而且生意也都很好，他们用各种各样的虚假广告及诡计在工人中招揽生意。这些江湖郎中每天都会向工人兜售所谓的特效药，如帕尔氏生命丸、莫里逊氏丸以及其他成百上千种丸药、香膏和香精等，所有这些药品据说都有一种神奇的功效，那就是“包治百病”①。这些药品固然不会直接致命，但如果长期大剂量地服用，对身体的害处就会慢慢显现出来。所有广告每天都对工人狂轰滥炸，吹嘘这些药品有多神奇，服用愈多愈好，很多外行的工人信以为真，他们不管有没有必要，总是大量吞服这些药品。结果怎样，是可想而知的。这些药品戕害了工人的身体，同时却使药品制造者的钱袋鼓起来了。恩格斯指出，在这些所谓的特效药中，有一种是最有害的，那就是市场上销售的“高弗莱强身剂”，这是一种用鸦片酒精溶液提炼而成的药水。许多工人家庭的妇女常常给孩子服用这种药水，这样可以使小孩安睡，或者就如同她们中的很多人所想象的，使孩子强壮起来。由于身体的机能反应，在服用一段时间后，孩子的身体会对这种药水的感应愈来愈迟钝，这时妇女们就会加大服用量，当这种药水不再起作用时，她们就会给孩子吞服纯粹的鸦片酒精溶液。这种所谓的治疗会对孩子们的身体健康产生什么样的后果，是不难想象的。在大量食用这些有害的药剂之后，孩子们逐渐变得面色苍白、精神萎靡、身体衰弱，他们中的大部分不到两岁就死了。②

第五，妇女外出工作。恩格斯指出，妇女和男子一样外出工作是现代工业催生的一个特殊现象。由于妇女外出劳动（而且劳动时间又是那么长），所以家里的孩子就完全没人照料，这些孩子要么被反锁在家里，要么被交给保姆或钟点工。在这种情况下，每年都会出现成百上千孩子死亡的事件。在英国的大城市里，孩子被马踩死，被车辗死，或者被摔死、烧死或淹死时常发生，至于小孩被开水烫伤或烧伤而致死的事件就更多了。恩格斯说：“这些惨遭横死的不幸的孩子们完全是我们的社会混乱以及热中于保持这种混乱状况的有产阶级的牺牲品。”③ 但我们很难断定，这种可怕的死亡对于工人的孩子而言不是一件好事，因为过早死亡使这些不幸的孩子彻底摆脱了充满苦难与贫困、有痛苦而无欢乐的漫长人生。

第六，工人的酗酒与纵欲。关于这一点，我们在后文再详细剖析。

第七，资产阶级的贪婪。恩格斯指出，从未有过一个阶级像英国资

---

① 恩格斯. 英国工人阶级状况//马克思恩格斯全集：第 2 卷. 北京：人民出版社，1957：388.

② 同①389.

③ 同①394.

产阶级那样堕落，这一阶级已经自私自利到不可救药的地步，在资产阶级眼中，世界上没有任何东西不是为了金钱而存在的，甚至连他们自己也是如此，他们活着的唯一目的就是赚钱，赚更多的钱。除了赚钱发财，他们不知道有别的快乐，除了金钱的亏损，他们也不知道有别的痛苦。碰上这样自私自利的老板，工人阶级的不幸就是必然的了。

资产阶级的贪婪与冷酷，从资本家对待最弱势群体的态度可以看得最真切。首先，是他们对待孕妇的态度。就如前文提到的例子，在孕妇分娩后几天，工厂主就无情地把她们赶回工厂，否则就解雇她们。这些不得不在生育后马上回来上班的身体将承受什么样的痛苦，将在以后的岁月里留下怎样的后遗症，这是可想而知的，但这却不是高贵的工厂主所考虑的，在工厂主看来，孕妇也不过是普通的劳动力，工厂最不缺的就是劳动力，如若不能马上给工厂主带来利润，就该自行离职。其次，是他们对待童工的态度。长时间甚至是无休止的劳动，低矮的厂房，狭小的窗户，漫天飞舞的棉絮，让这些还处在身体发育期的孩子被迫远离了大自然和清新的空气，远离了一切能增进身心健康的户外活动。资产阶级留给这些童工的，是一个没有玩伴、没有欢乐，只留下身心劳累的不幸童年。最后，是他们对待受伤者的态度。工厂劳动每年都引发了无数不幸的致残、致死事件，工厂主是如何处理的？不幸的是，即使受伤者因工伤而失去劳动能力，成了残疾人，他们的工厂主最多也只是赔付医药费，在治疗期间就别指望工厂主支付工资了，至于失去劳动能力的工人以后的生活怎么办，工厂主更是漠不关心。面对资产阶级的贪婪与冷酷，恩格斯愤怒地批判道：“资产阶级的这种令人厌恶的贪婪造成了这样一大串疾病！妇女不能生育，孩子畸形发育，男人虚弱无力，四肢残缺不全，整代整代的人都毁灭了，他们疲惫而且衰弱，——而所有这些都不过是为了要填满资产阶级的钱袋！”① 恩格斯的批判力透纸背。

（四）结论

第一，私有制是导致工人阶级普遍衰弱的根源。正如恩格斯指出的，“工人阶级处境悲惨的原因不应当到这些小的弊病中去寻找，而应

① 恩格斯．英国工人阶级状况//马克思恩格斯全集：第2卷．北京：人民出版社，1957：453.

当到**资本主义制度本身**中去寻找”①。事实上，前文分析的具体原因最终都导向了资本主义私有制。私有制导致工人不得不承受恶劣的饮食条件，生病时不得不求助于骗人的江湖郎中和各式假药，妇女必须外出工作，导致工人具有一系列恶习，最后也催生了资产阶级贪婪与冷酷的人性。工人阶级糟糕的身体状况不过是资本主义私有制所结出的恶果之一。

第二，恩格斯论证了无产阶级进行阶级斗争的必然性与合理性。既然是资本主义私有制导致了工人阶级的悲惨处境，那么工人阶级为了摆脱这种非人处境就必须进行阶级斗争。正如列宁后来评价《英国工人阶级状况》时指出的：“恩格斯**第一个**指出，无产阶级**不只**是一个受苦的阶级，正是它所处的那种低贱的经济地位，无可遏止地推动它前进，迫使它去争取本身的最终解放。而战斗中的无产阶级是能够**自己帮助自己**的。”② 因此，无产阶级既是遭受苦难的不幸阶级，同时又是结束苦难、实现人类解放的希望。历史借助于苦难和无产阶级的斗争为自己开辟道路。

五、受教育状况

教育肩负着实现人类自由和全面发展的神圣使命，故应当成为人人得以享受的普遍权利，但在现实的资本主义社会，工人阶级的受教育状况是极其糟糕的。其具体表现是：教育经费投入少得可怜，教育设施极其差，教师素质低，没有一个地方实行义务教育，儿童因长时间的劳动而无法接受教育，宗教教育压倒了国民教育，受教育的孩子依然愚昧无知，资产阶级对受教育的工人灌输自己的价值观。这些现象背后的根源在于资本主义私有制，在于资本对人的蔑视。

（一）教育理念

在探讨工人阶级的受教育状况之前，我们需要先看看恩格斯对教育

① 恩格斯．英国工人阶级状况（1892 年德文第二版序言）//马克思恩格斯文集：第 1 卷．北京：人民出版社，2009：368.

② 列宁．弗里德里希・恩格斯（1895 年 9 月 7 日〔19 日〕以后）//列宁选集：第 1 卷．第 3 版修订版．北京：人民出版社，2012：91-92.

理念的理解。这种理解涉及教育的地位和作用、目的、受教育的权利以及受教育权的实现形式等内容。

第一，教育的地位和作用。马克思认为，教育具有非常重要的地位和作用。他说：“最先进的工人完全了解，他们阶级的未来，从而也是人类的未来，完全取决于正在成长的工人一代的教育”①。工人阶级的受教育状况关系着这个阶级的未来，这是因为，教育是人类发展的必要条件，它可以提升个体的素质和思想觉悟，可以使无产阶级站在人类最先进文化的基础上开拓未来。

第二，教育的目的。按照马克思恩格斯的理解，教育的目的不在于把无产阶级训练成熟练的工人，而在于促进人类的全面发展。教育肩负着全面发展人的素质和能力的使命。借助于教育，每个个体都能“以一种全面的方式，就是说，作为一个总体的人，占有自己的全面的本质”②。凭借教育的力量，个体在身体和精神方面得到全面发展，成为无愧于“人”的称号的个体。

第三，受教育的权利。公民受教育的权利是从教育的地位、作用和目的中引申出来的。恩格斯指出，受教育的权利是每一个公民都具有的权利，他说：“一切人，或至少是一个国家的一切公民，或一个社会的一切成员，都应当有平等的政治地位和社会地位。”③ 受教育的权利就是其中的重要内容，在恩格斯看来，是否捍卫公民受教育的权利，是衡量一个社会正当与否的重要标准。

第四，受教育权的实现形式。恩格斯指出，公共教育是实现公民受教育权的最重要的手段。他主张，“由国家出资对一切儿童毫无例外地实行**普遍教育**，这种教育对任何人都是一样，一直进行到能够作为社会的独立成员的年龄为止”④。恩格斯晚年更是不断地强调公共教育和免费教育的重要性。在他看来，唯有公共教育和免费教育才能实现无产阶

① 马克思. 临时中央委员会就若干问题给代表的指示//马克思恩格斯全集：第 16 卷. 北京：人民出版社，1964：217.

② 马克思. 1844 年经济学哲学手稿//马克思恩格斯全集：第 3 卷. 中文 2 版. 北京：人民出版社，2002：303.

③ 恩格斯. 反杜林论//马克思恩格斯全集：第 26 卷. 中文 2 版. 北京：人民出版社，2014：109.

④ 恩格斯. 在爱北斐特的演说（1845 年 2 月 8 日的演说）//马克思恩格斯全集：第 2 卷. 北京：人民出版社，1957：614.

级的受教育权，国家作为掌握财富和权力的实体，必须承担起自己的义务，是否实行公共教育和免费教育也是国家合法性的重要依据。

我们看到，在恩格斯眼中，教育肩负着实现人类自由全面发展的神圣使命，受教育权应当成为面向全体国民的普遍权利，而非有产阶级的特权。

（二）工人阶级的受教育状况

恩格斯指出，英国工人阶级的受教育状况是非常糟糕的。具体说来有如下八点：

第一，教育经费投入少得可怜。在 19 世纪 40 年代，英国政府每年的财政预算是 5 500 万英镑，投入国家教育的经费有多少？区区 4 万英镑，1‰都不到，如果不是宗教教派的狂热，这个数目也许还要小很多。①

第二，教育设施极其差。这与教育经费的投入比例是直接相关的。英国的教育设施和人口数目完全不成比例，学校少得可怜，无产阶级能够进入的只有不多的几所日校，这几所仅存的学校也是很差的，教学设备严重不足和落后。

第三，教师素质低。因为教育经费投入少，所以学校自然请不到像样的老师，这些日校聘请的教师都是些“已经失去了工作能力的工人或者是做什么工作都不适合的人”②，他们只是为了生存才到学校当老师，大多数人甚至都不具备最必要的知识，有些日校的老师是矿工或铁匠，他们认识的字都不多，甚至连自己的名字都写不全，至于师德师风就更谈不上了。这些人受不到公众的一点监督。

第四，没有一个地方实行义务教育。在 19 世纪 40 年代的英国，所谓的“义务教育”名存实亡，当 1843 年英国政府试图实施徒具虚名的义务教育时，工商业资产阶级就竭力反对，最终实施义务教育的事情就不了了之了。

第五，儿童因长时间的劳动而无法接受教育。恩格斯指出，大批儿童和年轻人几乎每天都承受着长时间和高强度的劳动，让这些已经累了

① 恩格斯．英国工人阶级状况//马克思恩格斯全集：第 2 卷．北京：人民出版社，1957：396.

② 同①395.

12 小时甚至更长时间的人去上学，这显然太过分了。这些人即使去了学校，也多半会在上课时睡着。童工调查委员会报告有许多证据都证实了这一点。

第六，宗教教育压倒了国民教育。在英国，大部分学校是国教教会成立的“国民学校”，这种学校自然是宣扬宗教教义。每个教派都成立了属于自己的学校。这些教派之间斗争严重，它们斗争的砝码就是受教育儿童的灵魂，每个教派都竭尽所能把本教教徒的孩子保留在自己的大本营里，如果可能的话，每个教派还会从别的教派那里抢夺孩子的灵魂。于是乎，宗教教育成了孩子们最主要的课程，这些孩子每天都得接受宗教教义的洗脑，他们的脑子里塞满了神学的奥义和各种不能理解的教条，从小就培养起了“教派的仇恨和狂热的偏执”①，而一切有关国民教育的内容都被过滤掉了。宗教所主办的主日学校根本就不教授学生读音写字，更谈不上给学生进行关于世俗世界的启蒙教育。

第七，受教育的孩子依然愚昧无知。这是恩格斯最为痛心和着力批判的。他援引了童工调查委员会报告中的例子来揭露英国国民教育的失败。这些接受了教育的孩子在世俗知识方面几乎是愚昧无知的。委员会委员霍恩指出：“在乌尔未汉普顿，我看到过这样一些例子：一个上过日校和主日学的十一岁的女孩子‘从来没有听说过另一个世界，也没有听说过天堂或阴间的生活’。一个十七岁的男孩子不知道 2×2 等于多少，说不出两个辨士合多少法寻（1/4 辨士），甚至当人们把这些钱放到他手里的时候还是说不出。有几个男孩子从来没有听说过伦敦，甚至连威伦霍尔也没有听说过，虽然这个地方离乌尔未汉普顿只有一点钟的路程，而且两地的交通还是很频繁的。他们当中有几个人从来没有听到过女王的名字或者像纳尔逊、威灵顿、拿破仑这样的人物的名字。”②这样的例子不胜枚举，一切有关世俗知识的教育就这样被英国的学校无耻地忽视了。

按照一般的理解，这些上了主日学校的孩子每天都在接受宗教教育，那对宗教知识应当很熟悉吧，但事实证明，这些孩子对宗教也是无知的。恩格斯依旧援引了童工调查委员会报告中的例子。有这么一个孩

① 恩格斯. 英国工人阶级状况//马克思恩格斯全集：第 2 卷. 北京：人民出版社，1957：396.

② 同①397.

子，他正规地在主日学校上了 5 年学，结果却“不知道耶稣基督是谁，虽然也听到过这个名字；他从来没有听说过十二使徒、参孙、摩西、亚伦等”①。另一个孩子正规地在主日学校上了 6 年学，“知道耶稣基督是谁，知道他死在十字架上，知道他‘为了替我们的救主赎罪’而流了血”，但“他从来没有听说过圣彼得或圣保罗”②。关于耶稣基督是谁的问题，委员会委员霍恩还得到过以下形形色色的回答：“他是亚当”“他是一个使徒”“他是救主的主的儿子”“他是很久很久以前的伦敦国王”③。这样的例子也是不胜枚举。从以上这些例子可以看出，资产阶级在工人阶级的教育问题上是一种什么样的态度。

第八，资产阶级对受教育的工人灌输自己的价值观。马克思恩格斯看到，资产阶级也会利用学校教育来奴役无产阶级的思想。面对少数有幸走进学校的工人，资产阶级会给他们灌输自己的阶级偏见，宣扬服从意识，使穷人在备受压榨的同时满足于自己的奴隶地位。马克思恩格斯一针见血地指出：“资产者唯恐失去的那种教育，对绝大多数人来说是把人训练成机器。”④ 例如，资产阶级就常常利用加尔文的“先定论”来为自身的富有辩护。先定论是这样一种观点：一个人之所以能发家致富，根本原因在于上帝的恩赐，在于他们是天选之人，而其他原因都是无关要紧的。因此，贫困之人不应由此而心生怨恨，而是应当接受现实，甘于贫困。资产阶级利用诸如此类的理论来为自己的强权和剥削辩护，妄图通过说教愚化无产阶级，使后者在残酷的资本奴役面前逆来顺受。

（三）资本对人的蔑视

无产阶级的受教育状况无疑是糟糕的，那么根源在哪里？根源就在于资本对人的蔑视。马克思恩格斯洞察到，在资本家眼中，重要的是资本增殖，其他的一切，包括无产阶级在内，都不过是实现这一目的的手段。“金钱贬低了人所崇奉的一切神，并把一切神都变成商品。金钱是

① 恩格斯．英国工人阶级状况//马克思恩格斯全集：第 2 卷．北京：人民出版社，1957：398．

② 同①．

③ 同①．

④ 马克思，恩格斯．共产党宣言//马克思恩格斯文集：第 2 卷．北京：人民出版社，2009：48．

一切事物的普遍的、独立自在的**价值**。因此它剥夺了整个世界——人的世界和自然界——固有的价值。”① 因此，在资本世界里，衡量一切事物是否有价值的根本标准就在于其能否实现资本增殖。自然、历史和“作为自我目的的人”统统被贬低为手段。这就是资本对人和人的世界的蔑视。

资产阶级作为资本的人格化，其使命就在于为实现资本增殖的目的而开辟道路。这一阶级的做法也浸透着资本自私和残忍的特性：

第一，无休止地延长劳动时间。资本家看到，雇用童工、延长劳动时间、增加劳动强度是资本剥削的有效手段。于是，就如前文指出的，无产者，包括大量的童工，都不得不忍受无限延长的劳动时间。他们成了“人格化了的劳动时间”，其结果是，“个人受教育的时间，发展智力的时间，履行社会职能的时间，进行社交活动的时间，自由运用体力和智力的时间，以至于星期日的休息时间（即使是在信守安息日的国家里），——这全都是废话！”② 童工连到室外呼吸新鲜空气和舒展筋骨的时间都被剥夺了，接受教育自然就更别想了。在资本家眼里，为了能实现资本增殖，牺牲个体和无产阶级的发展空间又算得了什么？

第二，反对义务教育。前文提到，当 1843 年英国政府试图实施义务教育时，工商业资产阶级的态度是竭力反对，原因在于，实施义务教育必定会限定和减少童工的工作时间，剩余劳动时间的减少无疑会使资本剥削受阻，这是资产阶级无论如何都接受不了的。在资产阶级的反对下，英国迟迟无法实施义务教育。

第三，法律与皮鞭。恩格斯指出，资产阶级不想建立公共教育，其对待工人阶级的方式就是法律与皮鞭。当工人不听话时，资产阶级就用法律的强权来对付他们，19 世纪的欧洲，资产阶级一次次地用法律和强权镇压了工人运动。资本家就像对待无理性的动物那样对待工人，皮鞭是他们唯一的教育工具。谁不拼命干活，或者谁有不满情绪，资产阶级的皮鞭随即抽打。在这种情况下，这些被当作牲口看待的工人，只能靠着对资产阶级烈火般的憎恨才能维持人类应有的情感和

---

① 马克思．论犹太人问题//马克思恩格斯文集：第 1 卷．北京：人民出版社，2009：52.

② 马克思．《资本论》第一卷第三篇第八章　工作日//马克思恩格斯全集：第 44 卷．中文 2 版．北京：人民出版社，2001：306.

意识。

第四，奴化教育。当不得不让工人接受教育时，资产阶级就推行奴化教育。恩格斯指出，资产阶级此举旨在为自己权利的正当性、为资本的剥削进行辩护，从而使无产阶级在思想上放弃反抗。恩格斯说：“现在比以往任何时候都更需要用精神手段去控制人民，而一切能影响群众的精神手段中第一个和最重要的手段依然是宗教。于是，学校董事会中就让牧师占据优势；于是，资产阶级日益增加自我捐税，以维持各种基督复活派，从崇礼派直到‘救世军’。”① 这也是资产阶级允许无产阶级接受教育的原因。事实上，这种奴化教育也确实导致了一部分工人的愚昧和麻木，延缓了无产阶级的觉醒。恩格斯指出，接受了奴化教育的青年和儿童“缺乏思考能力，连自己该说些什么都不知道，他们笨头笨脑，愚昧得无可救药，以致他们常说，他们的待遇很好，他们的生活好极了，而事实上他们一天要工作十二小时至十四小时，穿得破破烂烂，吃也吃不饱，还常常挨打，往往挨打后好几天还感到疼痛。他们一天到晚工作，直到发出下工信号为止，除此以外，他们就不知道还有什么别的生活方式”②。资产阶级奴化教育制造出来的“臣民”已经失去了对自由的自信心。“臣民”们已经不敢说自己希望成为一个人，一个自由而有尊严的人。这些人剩下的唯一希求只是动物的希求，即“生存和繁殖”。一句话，糟糕的教育延缓了无产阶级的觉醒。

综上所述，资产阶级作为资本的人格化，在无产阶级受教育问题上持反对兼利用的态度。因为无产阶级受教育不能实现资本剥削，所以资产阶级竭力反对；因为奴化教育能制造驯服的“臣民”，所以资产阶级竭力加以利用。法律、皮鞭外加奴化教育，这就是资产阶级在无产阶级受教育问题上所做的一切。

（四）结论

第一，教育理念与教育现实之间产生了巨大的背离和冲突。根据教

---

① 恩格斯．“社会主义从空想到科学的发展”英文版导言//马克思恩格斯全集：第22卷．北京：人民出版社，1965：359.

② 恩格斯．英国工人阶级状况//马克思恩格斯全集：第2卷．北京：人民出版社，1957：489.

育理念，教育应当以成就身心全面发展、具备深厚人文情怀的个体为目的，这种个体是建立“自由人联合体”的基础。因此之故，教育必须面向全体民众，而国家也必须自觉承担起发展公共教育的使命。但教育的现实却是，教育沦为奴化工人阶级的工具，沦为为资本剥削进行辩护的手段。不仅如此，资本主义国家的教育还带有极大的狭隘性，公共教育因无法给资本带来价值增值而被悬搁起来。面对教育理念与教育现实的冲突，我们一方面应当以理念批判现实，认清19世纪资本主义国家教育之糟糕的事实；另一方面也要在理念与现实的比较中看清前进的方向。

第二，教育现实表明资产阶级的美好允诺是虚假的。借助无产阶级的力量，资产阶级登上了国家权力的宝座，而作为国家的统治者，资产阶级允诺无产阶级“教育公正”，宣称这种公正在目标上指向无产阶级的利益和全面发展，而在形式上也具有公共性和义务教育的特征。这就是资产阶级所承诺的“普遍受教育权”。前文所描述的教育现实揭穿了这种允诺。与言论自由、集会权等权利一样，资产阶级所承诺的受教育权具有虚假性。

第三，无产阶级悲惨处境的根源要到资本主义制度中去寻找。关于无产阶级为何智力水平低下的问题，不同的人给出了不同的回答。有人认为，问题的根源在于无产阶级自身的能动性不够，因为这一阶级本来就先天不足，而且后天又不努力。有人认为，问题的根源在于教育没有被设计得符合受教育者的实际水平。也有人把问题归结为无产阶级的贫穷，认为一个人在贫困时是无法安心接受教育的。这些形形色色的观点都没有揭露问题的根源。恩格斯看到，无产阶级糟糕的受教育状况的根源就在于资本对人的蔑视。资本只看重自身的利益，而其他价值，包括自然、历史和“作为自我目的的人”，统统被贬低为手段，由此才引申出无休止地延长劳动时间、资产阶级反对义务教育、奴化教育等一系列问题。因此，教育状况的根源在于社会制度本身，正如恩格斯指出的，“工人阶级处境悲惨的原因不应当到这些小的弊病中去寻找，而应当到**资本主义制度本身**中去寻找”①。这也是恩格斯的深刻之处。教育的弊端说到底是“美杜莎的怪脸”的呈现。

① 恩格斯．英国工人阶级状况（1892年德文第二版序言）//马克思恩格斯文集：第1卷．北京：人民出版社，2009：368.

六、道德水平

工人阶级的道德状况是让人担忧的。他们具有酗酒、纵欲、忽视一切家庭义务、不关心将来、犯罪等一系列毛病。导致这种状况的具体原因有：生活无保障，强制性的过度劳动，消遣和社交的需要，大城市的诱惑，妇女外出劳动，贫穷，资产阶级的无情。这些具体原因背后的根源则是资本主义私有制。因此，资本主义私有制导致了无产阶级的道德堕落。

(一) 诸多恶习

工人阶级的道德水平如何？恩格斯指出，工人阶级的“整个状况”促使他们不可避免地道德堕落。具体说来，酗酒、纵欲、不关心未来和忽视家庭义务是工人阶级道德堕落的主要表现。

1. 酗酒

一名叫艾利生的郡长在其报告中指出，在格拉斯哥，每个星期六晚上至少会有约3万名工人喝得酩酊大醉。这个数字并非夸大，该城市在1830年平均每12幢屋子就有一家酒肆，到1840年增加到每10幢屋子就有一家。在苏格兰，1823年缴纳了消费税的烧酒有230万加仑，到1837年这一数据飙升至662万加仑。在英格兰，1823年的数据是197.6万加仑，到1837年升到了787.5万加仑。1830年颁布的啤酒法案更便利了所谓“下等啤酒店”的开设，在该法案下，酒店被许可销售零杯的啤酒。到19世纪40年代，在城市里，几乎每家每户门前都有酒肆；而在乡下，几乎每隔两三幢房子就会有一家“下等啤酒店”。此外，不少偏僻地方还有许多所谓的“私酒店”，这是一种没有获得营业许可的秘密酒店，这些“私酒店”也酿造了大批量的烧酒。据有关人士估计，仅在曼彻斯特一地，这种酿酒作坊就达到100多家，其年产量至少达到了15.6万加仑。在其他大城市，该数据也不相上下。这些“私酒店”地处偏远，警察很少会巡查到，大量“下等啤酒店”和“私酒店”的存在助长了酗酒的风气。①

① 恩格斯．英国工人阶级状况//马克思恩格斯全集：第2卷．北京：人民出版社，1957：412-413.

我们来看工人酗酒的情况。每到发薪的星期六晚上，工人下班比平时略早，下班后所有工人都从自己的“奥吉亚斯的牛圈”涌到大街上，这时，人们就可以目睹工人酗酒的全部粗野情景。恩格斯指出，自己在星期六晚上从曼彻斯特走出去时，几乎都会遇到“一大批东倒西歪的或躺在水沟里的醉汉”①，这些醉汉在酒醉之时都会大喊大叫，整条大街都是吵吵闹闹的。这一幕通常还要在星期天晚上重演一番，只不过少了些吵闹罢了。酗酒的工人把钱花光后，就会跑到最近的一家当铺（这类当铺每个城市都有许多，在曼彻斯特有近百家，光是“礼拜堂街”就有十多家）里把身上的一切都当掉。每到星期六晚上，这些当掉的东西（节日的衣服、家具、饮食用具等）就会被大批地从当铺里赎出来，然后在下个星期三以前几乎又都回到当铺里，这种情况循环往复，直到工人出了什么事情而无法赎回，结果这些物品一件件地落入高利贷者手中，或者这些高利贷者再也不愿意接受这些破烂不堪的东西，当物与赎回的闹剧才会结束。根据艾释黎勋爵的说法，英国工人每年在喝酒上花的钱将近 2 500 万英镑。对于每个星期才拿几便士的工人而言，这是一个天文数字。酗酒给工人的身体带来了严重的后果（这也是前文提到的工人阶级普遍虚弱的重要原因之一），许多工人也打算戒酒，因此当爱尔兰的戒酒使徒在英国各大城市里巡行并劝诫工人戒酒时，常常有 3 万～6 万的工人发誓不再喝酒，然而不出 1 个月，这些人大多都忘了当初的誓言，依然酗酒如故。②

2. 纵欲

纵欲也是工人阶级的普遍毛病之一。例如，一个工厂主证明，在他的工厂实施夜班制的两年内，非婚生子的数目增加了一倍，这种情况使他不得不停止夜班制。又比如，矿工中发生混乱男女关系也是很普遍的。由于矿井里的温度很高，男性和女性常常都是赤身裸体地工作，在多数场合几乎一丝不挂，这种情况在僻静而黑暗的矿井里会引起什么样的后果是每个人都可以想得到的。工人阶级中的私生子非常多，这就十分清楚地表明，在工人阶级中间究竟发生了什么事情。还比如，在前文提到的“夜店”里，同床的人除了有各式各样

① 恩格斯．英国工人阶级状况//马克思恩格斯全集：第 2 卷．北京：人民出版社，1957：413.

② 同①413-414.

的吵闹、争论和打架外，有时他们又会彼此很和睦，这种情况更糟糕，他们在商量共同去偷盗或者去干那种不能用人类的语言来形容的兽行。

这些严重后果使人们很担忧。莱斯特的一个道德质朴的人说，他情愿让他的女儿去乞讨，也绝不把她送进工厂，在他看来，工厂是“地狱的真正入口”①，城市中的大半娼妓都是工厂制造的。曼彻斯特的一位证人毫不犹豫地断定，工厂里年龄14～20岁的青年女工大约有3/4已经丧失童贞。调查工人状况的委员会委员考威尔认为，在性道德方面，工厂工人的道德水平比工人阶级的平均道德水平还要低。霍金斯博士则指出，工人的道德水平虽然不容易用数字来表示，但是通过他的亲身观察以及与他人的交流，他相信，一切现象和证言都表明，“工厂生活在道德上对青年妇女的影响是非常令人丧气的”②。

3. 忽视一切家庭义务

忽视一切家庭义务，尤其是忽视对孩子的义务，也是工人阶级被普遍诟病的一个方面。工人阶级的小孩就像“野草一样”，完全没人照料，父母们通常会每个星期花一两先令请人照料，这些拿那么一点钱的人会怎么看管小孩是可想而知的。这些人为了让小孩不吵闹，常常给小孩服用麻醉药。在工厂区，小孩因缺乏看管而造成的不幸事件数目惊人。根据曼彻斯特的有关记录，仅仅9个月，在工厂区发生的儿童不幸伤亡事件就达到了225起，而非工厂城市的利物浦，同期的不幸伤亡事件也就100起左右。几乎每一期《曼彻斯特卫报》都要报道几起严重的儿童烧伤、烫伤事件。对于工人的小孩而言，世界不是一个温暖的家。

4. 不关心将来

工人阶级丝毫没有储蓄观念，当他们幸运地拿到较高的工资时，他们不是选择存起来以备日后之需，而是“阔绰”和挥霍起来，拿这些钱酗酒或纵欲。他们越是试图借助烧酒和纵欲来摆脱生活的痛苦，他们就越来越深地陷入生活的漩涡，随之他们又更加沉湎于烧酒和纵欲，如此反复，日益沉沦。

---

① 恩格斯. 英国工人阶级状况//马克思恩格斯全集：第2卷. 北京：人民出版社，1957：435.

② 同①.

5. 犯罪

犯罪是工人阶级道德水平堕落的集中体现。恩格斯指出，伴随着无产阶级队伍的扩大，英国的犯罪数量剧增，到 19 世纪 40 年代，英国已经成为世界上罪犯最多的国家。我们来看看英国内务部每年公布的《犯罪统计表》。在英格兰和威尔士两地，当事人因犯刑事罪而被捕的事件逐年递增：

1805 年…………………………………………………… 4 605
1810 年…………………………………………………… 5 146
1815 年…………………………………………………… 7 898
1820 年 ………………………………………………… 13 710
1830 年 ………………………………………………… 18 107
1835 年 ………………………………………………… 20 731
1840 年 ………………………………………………… 27 187
1841 年 ………………………………………………… 27 760
1842 年 ………………………………………………… 31 309①

我们看到，在 37 年的时间里英格兰和威尔士两地刑事被捕事件的数量增加了约 6 倍。在 1842 年的数据中，仅郎卡郡和密多塞克斯区（包括伦敦在内）两地就有 8 591 件。这就是说，仅仅这两个地区的数量就占了全国犯罪数量的 1/4 以上，这两个地区的共同特点是无产阶级人数众多。据统计，在 1842 年统计的刑事罪犯中，有 32.35％的人完全不会读、不会写，有 58.32％的人不完全会读、会写，有 6.77％的人会读、会写，仅有 0.22％的人受过较高的教育，还有 2.34％的人教育程度不详。②《犯罪统计表》的这些数据清楚地表明，绝大多数刑事案的犯罪主体都是无产者。

在苏格兰，刑事犯罪的数量增加得更迅速。1819 年苏格兰因刑事犯罪而被捕的事件只有 89 件，1837 年增加到 3 176 件，1842 年更是猛增至 4 189 件。至于所犯罪行，绝大多数都是侵犯私有财产罪，即由于缺少某种东西而发生的犯罪，可见犯罪主体依然是无产者。犯此罪的人数和国家人口数的比例在荷兰是 1∶7 140，在法国是 1∶1 804，在英国

① 恩格斯．英国工人阶级状况//马克思恩格斯全集：第 2 卷．北京：人民出版社，1957：416.

② 同①417.

则是1∶799。1834年，在英国的农业地区，犯罪人数和全国人口数的比例是1∶1 043，而在工厂区则是1∶840，到1844年，这一比例已恶化至1∶660！所有这些统计数据都表明，绝大部分罪行都是无产者犯的。而且，在可预见的将来，无产者的犯罪状况将更加严重。恩格斯指出，只要随便翻出英国近日的报纸，就能看到无产者犯罪的例子。例如，1844年10月30日的《曼彻斯特卫报》报道了最近三天的新闻：在索尔福，几个男孩因偷窃被逮捕了；在斯托克波尔特，一位工人因对工资不满而与老板发生了纠纷，在这三天里斯托克波尔特还发生了一起偷窃案、一次斗殴、一起欺诈案；瓦灵顿发生了一起偷盗案和一次斗殴；威根发生了一起教堂抢劫案和一起偷窃案。① 以上是无产阶级道德堕落的表现，接下来探讨无产阶级道德堕落的根源。

(二)“引人堕落的力量”

恩格斯指出，无产阶级的道德堕落并非出于无产阶级的本性，而是出于一种“引人堕落的力量”。在他看来，就像无产阶级犯罪一样，“只要那些使工人道德堕落的原因起了比平常更强烈更集中的影响，工人就必然会成为罪犯，正像水在列氏80°时由液态变为气态一样”②。这话同样能解释无产阶级的酗酒、纵欲和忽视家庭义务的必然性。那么，导致无产阶级道德堕落的原因是什么？恩格斯认为有如下七个方面：

1. 生活无保障

恩格斯指出，英国无产阶级的生活是没有丝毫保障的，无产者过着攒一天钱吃一天饭的日子，至于明天是否有饭吃，那就得听天由命了。工人是否有工作、收入多少，受着各种偶然事件的支配，任何商业危机、工厂主的任何逞性行为都能使他们失去工作。无产阶级的生活已经被置于最折磨人身心的不确定之中，这个阶级没有任何办法保证自己获得最必要的生活必需品。古代的奴隶虽然失去了自由，但他们的生存至少会因为奴隶主的私利而得到保障。农奴生活艰辛，但他们至少还有一块土地来养活自己。因此，二者的生存还是有保障的。而工人阶级却没有那么幸运了，工人为了改善自己的生活境况付出了巨大的努力，勤奋

① 恩格斯．英国工人阶级状况//马克思恩格斯全集：第2卷．北京：人民出版社，1957：417.

② 同①416.

劳作就是证明。但是，在所有支配他们而他们丝毫不能改变的偶然事件面前，他们的努力仿如水滴进入大火之中，瞬间消失不见了。恩格斯指出，无产阶级犹如“没有自由意志的物件”①，在各种错综复杂的偶然情况面前沉沉浮浮。他们能够保住自己的工作，勉强生存下去，已是幸运。恩格斯借卡莱尔之口描述了工人阶级动荡的生活及其感受：“他们的生意永远像赌博一样，今天还很兴隆，明天就完蛋；他们的生活也很像赌徒，今天奢侈豪华，明天就忍饥挨饿。阴郁的反叛的不满情绪（一个人心中所能蕴藏的最痛苦的感情）吞没了他们。英国商业以它那殃及全世界的痉挛般的动荡，以它那无可比拟的普罗特斯——蒸气，把他们的一切生路都弄得很不可靠，使他们陷入走投无路的境地；冷静、沉着、长期的安静，人类这些最起码的幸福他们是没有的。”② 我们看到，资本主义私有制的一切产物——竞争、商业危机、资本家自私自利的人性等——都使无产阶级的生活变得如此无保障。

这种生活的无保障犹如达摩克利斯之剑时刻悬挂在工人头上，深刻地影响着他们的生活方式和性格。生活的无保障使工人的情绪剧烈地波动着，使他们忽而感到很恐慌，忽而又觉得有希望。这种剧烈的情绪就像追逐野兽一样地追逐着工人阶级，这个阶级一刻都不能安心，一刻都无法过平静的生活。在生活的无保障面前，储蓄对于工人们而言是没有一丁点用处的，因为即使将赚得的一点钱储存起来，顶多也只能维持几个星期的生存，而一旦失业降临，那就绝不仅仅是几个星期的事情了。因此，当工人赚到较多的工资时，他们为什么不好好享受一下？工人必须寻求一些享乐，而除了酗酒和纵欲，工人的一切享乐都被社会剥夺了，于是他们就愈加没有节制地沉湎于他们唯一能得到的这两种享乐中。

2. 强制性的过度劳动

恩格斯指出，这种劳动是使工人道德堕落的最重要的原因之一。如果说自由自觉的生产活动是人能追求到的最高享受，那么这种强制性劳动就是一种最残酷、最带侮辱性的痛苦。还有什么事情能比必须从早到晚地从事那种自己厌恶的工作更可怕呢！越是从事这种强制性的过度劳

① 恩格斯. 英国工人阶级状况//马克思恩格斯全集：第2卷. 北京：人民出版社，1957：401.

② 同①402-403.

动，工人就越痛恨自己生而为人。在这种劳动中，工人感到自己是被束缚的。这种劳动是出于工人的兴趣和创作吗？是出于自身的本能吗？绝对不是！工人只是为了钱，为了满足肉体的需要而从事这种劳动。工人劳动，那是因为他们不得不劳动，不得不从事这种单调得令人厌烦的劳动。如果工人还保留着人的感知和情感，那么仅仅几个星期的这种工作就足以让他们失去这种感知和情感。现代化的分工更把强制性劳动的单调性无限放大了，在几乎所有的劳动部门，工人的活动都固定在琐碎的、纯机械性的操作上，他们不断地重复着相同的动作，月月如此，年年如此。

恩格斯指出，如果一个人从童年开始就整天地从事这种琐碎的、纯机械性的操作，如锉齿轮、制针头等，那么等到 30 岁，这个人就被机器同化了，他已经很难保留多少人的情感和理智了。这种单调乏味而又夜以继日的强制性劳动完全剥夺了工人精神活动的空间，因为在劳动时必须集中精力才能应付这种工作，别的事情是不能想的。这种强制性的劳动完完全全地剥夺了工人自由活动的时间，工人成了“人格化”的劳动时间，他们没有一丁点空闲可以去室外呼吸清新空气、舒展一下身子或欣赏一下大自然，更别提从事精神活动了。从事这种工作的人怎么可能不沦为牲口？在这种情况下，酗酒和纵欲是必然的，一方面是为了暂时摆脱工作的苦闷，另一方面也表明他们日益沦为牲口，因为这两种享乐都是肉体性质的，而非属人性质的。

3. 消遣和社交的需要

恩格斯指出，当工人拖着疲惫不堪的身体回到家时，看到的家是“那么不舒适、不亲切、潮湿而且肮脏”，在这里，“家具很坏、往往一下雨就漏水、不生火、空气不流通而且又挤满了人”①，面对这种糟糕的环境，工人迫切地需要消遣，必须**“有点什么东西”**② 来刺激他们的肉体，使他们觉得未来的苦日子还能忍受。同时，社交的需要也驱使他们去会见朋友。在这两种需要的刺激下，工人都诉诸烧酒，唯有烧酒能让他们获得暂时的消遣，唯有酒馆能满足他们社交的需要，因为他们没有别的地方会见自己的朋友。在这种条件下，工人怎么可能抵挡住烧酒

---

① 恩格斯. 英国工人阶级状况//马克思恩格斯全集：第 2 卷. 北京：人民出版社，1957：415.

② 同①387.

的诱惑？绝大部分工人都不能不沉溺于酗酒。恩格斯指出，人们实在不能责备工人沉湎于烧酒。在这里，酗酒不应是一种遭受责备的恶习，因为它是“一种必然现象，成为一定条件作用于没有意志（至少在这方面没有意志）的对象时所必然产生的后果”①。因此，工人酗酒是一种必然原因的后果，是社会制度造成的。酗酒在短暂地满足了工人消遣和社交的需要之后会带来恶劣的后果：一方面，它严重损害了工人的身体，加重了胃病、肺部疾病和诸如此类的疾病，极大地助长了伤寒等传染病的发生和蔓延；另一方面，它又对工人的精神和性格产生了负面影响，使工人变得更加性情不定和暴烈，这种情况严重破坏了家庭的和谐。不难想象，当酗酒的工人回到家里，夫妻之间的任何小事都会引起“无休止的家庭纠纷和口角”②，这不仅破坏夫妻之间的感情，也给小孩的成长带来极其不良的影响。在这种“伤风败俗的环境”③ 里，孩子犹如野草一般地成长起来。社会竟然还希望他们成长为“道德高尚的人”④！这就是踌躇满志的资产者的天真期盼！

4. 大城市的诱惑

恩格斯指出，大城市的诱惑大大加剧了工人阶级的道德堕落，大城市创造了一切条件，使那些处于萌芽状态的或者早已存在的罪恶迅速滋长起来。恩格斯借艾利生之口指出：“正是在大城市里，恶习和不正当的享乐布下了诱人的天罗地网；正是在这里，犯罪因可望不受惩罚而得到鼓励，懒散因有屡见不鲜的坏榜样而得到助长。一切坏人和浪子避开了淳朴的乡村生活，投向这里，投向这些人类堕落的大中心；……美德在这里湮没无闻，罪恶由于不容易识破而繁荣滋长；放荡的生活因为可以给人以眼前的欢乐而为人所喜好。”⑤ 具体说来，大城市的诱惑在于所有坏榜样都极具传染性，因为在大城市里，人口高度集中，示范效应在这里发挥到了极致。年轻的工人每天在城市的任何地方都遇到犯罪、懒惰、腐化堕落等恶习，而且每天都受着这些恶习的引诱，在这种情况下，工人就很难抵挡住这种引诱。在大城市里，要使无产阶级的年轻一

① 恩格斯．英国工人阶级状况//马克思恩格斯全集：第 2 卷．北京：人民出版社，1957：387-388.

② 同①415.

③ 同①416.

④ 同①416.

⑤ 同①406.

代免受恶习的引诱几乎是不可能的。这一切并非由于穷人的天性中有什么特别堕落的要素，而是由于无产阶级所受的诱惑本身具有令人无法抵抗的力量。在人口高度集中的大城市，恶习的传播几乎“和人体的传染病一样”① 迅速且不可避免。当资产阶级为了自身利益而把工人塞到一个小地方时，罪恶的传染就是必然的。无产者，就其道德发展水平而言，人们很难责备他们屈服于城市的诱惑，正如很难责备他们**“成为伤寒的牺牲品**一样”②。

5. *妇女外出劳动*

关于这一点，前文已经有所涉及。妇女长时间地外出劳动，导致家里的孩子完全没人照料，孩子意外死亡事件频繁发生。不仅如此，妇女的劳动还破坏了家庭，使女性完全失去了履行母亲义务的可能性。恩格斯指出，如果一个母亲没时间与小孩相处，尤其是在小孩出生的头几年没有使小孩享受到“最普通的母爱”，那么她就很难称得上是孩子的母亲。根据心理学的分析，如果缺少母子互动，那么双方之间就无法建立爱的情感。妇女会对自己生的孩子没有爱、冷漠，没有丝毫爱护与关怀，仿佛孩子不是自己生的一样。而在这种没有母爱的环境中长大的孩子，日后必定是性情冷漠的，他们对自己的父母、对家庭没有丝毫眷恋之情，而且在他们自己建立的家庭里也不会感受到爱或给予爱，因为他们已经习惯了冷漠和孤独。我们看到，妇女外出劳动竟产生如此严重的不良后果。

6. *贫穷*

恩格斯指出，当无产阶级穷到饿肚子和全家去讨饭时，蔑视一切社会秩序的情绪就会如同野草一般地疯长，这一点资产阶级大多也是知道的。正如昔蒙兹指出的，“贫穷对精神所起的毁灭性的影响，正如酗酒之于身体一样”③。面对死亡，无产阶级只有如下选择：要么立刻自杀，要么慢慢饿死，要么见到能填饱肚子的东西就拿走，也就是偷或者抢。恩格斯指出，如果绝大多数穷人宁可因偷盗被关而不愿自杀或饿死，那是没什么奇怪的。当然，无产阶级中的许多人也是很讲道德的，他们即

① 恩格斯. 英国工人阶级状况//马克思恩格斯全集：第2卷. 北京：人民出版社，1957：407.

② 同①.

③ 同①400.

使到山穷水尽之时也不愿偷盗，而是宁愿选择饿死或自杀，这些人通过自杀来摆脱贫穷，摆脱命运多舛的一生。①

恩格斯指出，对于贫穷的工人阶级而言，生活已经没有任何乐趣，他们几乎得不到一点享受，因此，“他们为什么一定要克制自己的欲望，为什么一定要让富人去享受他们的财富，而自己不从里面拿一份呢？无产者凭什么理由不去偷呢？”② 工人阶级用自己的劳动创造了社会财富，但自己却生活在贫穷、受屈辱的困境之中。资产阶级凭借私有制从工人阶级手中把财富抢走，从而把后者变为了无产阶级，变成了“不再尊重这个人间上帝的神圣和威力”③（这里的“上帝”指金钱）的阶级，那就一点也不奇怪了！

7. 资产阶级的无情

恩格斯指出，资产阶级也认识到生活无保障、强制性的过度劳动和贫穷是无产阶级道德堕落的主要原因，那么作为社会财富的拥有者，作为国家的统治者，资产阶级是否愿意分给穷人财产以保障穷人的生活？是否愿意颁布法令以禁止过度劳动？资产阶级显然是不同意这样做的。因为资本家榨取最大利润的事业正是建立在穷人的上述痛苦之上的。

那么，资产阶级是怎样对待这些无助的穷人的？除了让他们饿死，就是送他们进习艺所。习艺所说白了就是“穷人的巴士底狱”。恩格斯讲述了一个穷人在习艺所里被折磨致死的例子。1843 年 11 月，莱斯特有一位名叫乔治·罗伯逊的人，他因为贫穷而被送进了习艺所，他的肩部受了伤，但习艺所不给他治疗，而且还要他压抽水机。罗伯逊的伤口由于得不到护理而导致身体虚弱，再加上习艺所给他吃的是难消化的食物，结果他一天天地虚弱下去，但他越诉苦，习艺所就越折磨他。罗伯逊的妻子也被关在习艺所里，她想把自己的一点啤酒让给丈夫喝，竟挨了女管理人员的一顿骂，并且被迫当面把啤酒喝光。罗伯逊病了，但此时习艺所对待他的做法没有丝毫改变。最后，应他的请求，罗伯逊夫妇被放出来了，离开习艺所时夫妇俩又挨了一顿骂。没过两天，罗伯逊就死掉了。据验尸医生的报告，他是因伤口得不到护理和身体虚弱无法消

① 恩格斯．英国工人阶级状况//马克思恩格斯全集：第 2 卷．北京：人民出版社，1957：401.

② 同①400.

③ 同①400.

化食物而死的。[①] 恩格斯指出，他听到过五件关于习艺所饿死人的事，穷人宁愿饿死也不愿到这种地方去，这有什么奇怪的？

恩格斯指出，新济贫法和习艺所的出现比执政党的任何其他措施都更加煽起了无产阶级对资产阶级的仇恨。从杜弗到新堡，工人一致地表达了愤怒的呼声。通过新济贫法和习艺所，资产阶级赤裸裸地表明了自己是怎样理解对工人的义务的。英国资产阶级是“作为一个整体”，“作为当权者出现的”[②]，清楚地表明了自己的真正愿望。新济贫法和习艺所赤裸裸地宣告了无产阶级是没有权利、不受国家保护的，公开蔑视无产阶级，不把无产阶级当人看。

面对资产阶级的冷漠与无情，面对法律的蔑视与侮辱，无产阶级会做何回应？一方面是愈加放纵和沉沦。恩格斯说：“这个阶级既然处于无人照管的情况下，又没有正当地享受他们的自由所必需的手段，那末，这种毛病的产生，就是无可避免的，就是铁的规律。资产阶级只留给他们这两种享乐，同时却把大量的沉重的劳动和苦痛加到他们身上。结果是，工人为了还想从生活中得到点什么，就把全部热情集中在这两种享乐上，过度地极端放纵地沉溺在里面。”[③] 另一方面则是极端的反抗。在激愤中，无产阶级反对资产阶级的复仇意图越来越浓烈。长此以往，复仇的飓风必将摧毁一切。

（三）结论

第一，无产阶级的道德堕落与资本主义私有制有着必然的联系。正如恩格斯借霍金斯之口指出的，“无节制、放荡、不关心将来，这就是工厂居民的主要恶习，这些毛病都很容易从今天的制度所产生的风气上得到解释，而且是**几乎不可避免地从这个制度里产生出来的**”[④]。前面分析的各种具体原因（生活无保障，强制性的过度劳动，等等）都根源于资本主义私有制。在资本主义私有制和资产阶级的摧残下，无产阶级就会变成“像水一样缺乏自己意志的东西”[⑤]，道德堕落是无产阶级所

---

① 恩格斯. 英国工人阶级状况//马克思恩格斯全集：第 2 卷. 北京：人民出版社，1957：577-578.

② 同①582.

③ 同①414.

④ 同①445.

⑤ 同①416.

遭受的非人待遇的必然结果。

第二，无产阶级的反抗是必然的、合理的。恩格斯指出，逐年增加的犯罪行为就是无产阶级反抗资产阶级的必然性表现，整个资本主义社会日益分裂为无产阶级和资产阶级两大对立阵营。一切人反对一切人，无产阶级反对资产阶级的战争在英国社会已经成为无法回避的现实。恩格斯进一步指出，按照当时的形势发展下去，那么终究有一天，个别的犯罪行为会演变为资产阶级梦想不到的结果——社会革命。不管个别的犯罪还是社会革命，都是无产阶级对资本主义私有制的社会压迫的反抗，都是夺回自己权利、求得自身解放的努力，因此无产阶级的反抗是合理的。

七、灰色的人生体验

从最深层的意义上说，社会制度的异化最后都要体现在人的心理体验上。在资本主义私有制条件下，无产阶级还能否体会到爱？还能否心怀梦想？还能否体验到欢乐？恩格斯的回答都是否定的。当爱、期盼和欢乐都被碾碎，留给无产阶级的就是彻底灰色的人生体验。

（一）没有爱的人生

爱与温情是衡量人生体验的一个重要尺度。爱与被爱的情感体验使人生具有了本应有的温度，人也才成为真正的人。正如马克思在致燕妮的信中指出的："然而爱情，不是对费尔巴哈的'人'的爱，不是对摩莱肖特的'物质的交换'的爱，不是对无产阶级的爱，而是对亲爱的即对你的爱，使一个人成为真正意义上的人。"① 这里虽然指的是爱情，但其他类型的爱也具有同样的功能。那么，在资本主义私有制条件下，无产阶级是否体验到被爱的情感？恩格斯的回答是否定的。他从两个方面做出了分析：其一，无产阶级并不能在社会中体验到温情。在现代资本主义社会里，与无产阶级并肩存在的就是资产阶级了。后者是如何对

---

① 马克思. 马克思致燕妮·马克思（1856年6月21日）//马克思恩格斯全集：第29卷. 北京：人民出版社，1972：515.

待前者的？在前文已经详尽剖析了。在资产阶级眼中，无产阶级不过是卑贱的一群人，只是能给他们带来金钱利益的“手”，至于工人及其家人是否在遭受贫困和痛苦则与他们无关。因此，无产阶级自然不可能在资本主义社会中体验到爱与温情。

其二，无产阶级甚至不能在家庭中感受到爱！在黑格尔看来，家庭作为一种伦理实体，其本质或者联系的纽带就是爱，这是家的本来面目。可是，无产阶级在家庭里感受到的依然是一片冰冷。恩格斯从童工的角度阐释这一点，他指出，为了生存，无产阶级女工不得不长时间在工厂工作，其结果就是“不可避免地要把家庭整个地拆散”①，女性没有时间照顾小孩，这种现象导致的更恶劣的结果是母亲对孩子情感上的冷漠。恩格斯指出，一位母亲如果没有时间照顾、陪伴自己的孩子，尤其是在孩子刚出生那几年缺席他们的成长，那她就不能成其为孩子的母亲，没有亲子间的互动，母亲对孩子必然是冷漠的，没有丝毫的爱与关怀。可见，就是在其生命成长的初期，儿童也没有获得应有的关爱，如同植物的生长没有雨露、阳光一般。

夫妻双方的情况是否好些？答案依然是否定的。恩格斯指出，在许多情况下，由于女性大部分时间在工厂工作，导致了整个家庭关系蜕变为利益关系。如果说过去在家庭中男人统治女人的现象是不合理的话，那么由于工厂制度造成的女人统治男人的现象也是不近人情的。在过去，男人统治女人建立在他挣得家庭的全部或大部分财产的事实上，而现在，由于工厂制度和竞争的事实，挣得财产的女人反过来统治男人了。恩格斯得出结论：“现代社会里的家庭正日益解体这一事实，只不过证明了维系家庭的纽带并不是家庭的爱，而是隐藏在财产共有这一外衣下的私人利益。”② 夫妻双方都没有在家庭中获得爱的体验，因为伦理关系已经蜕变为利益关系。家庭变得跟市场一样冰冷无情。

如果体验不到被爱的情感，无产阶级会回报他人和社会以爱和温情吗？当然不会。恩格斯做了如下分析：

其一，无产阶级对家庭是冷漠的。夫妻双方没有获得彼此的爱，自

---

① 恩格斯．英国工人阶级状况//马克思恩格斯全集：第 2 卷．北京：人民出版社，1957：430.

② 同①433.

然不会给对方回馈温情。在儿童眼中，家只是一个“旅馆”，父母也不过是与自己漠不相关的外人。在没有爱的家庭中长大的孩子对家庭、对母亲是没有丝毫眷恋的。这种孩子从小习惯于孤独的生活，等到他们能够打工赚钱时，他们就开始把一部分工钱作为食宿费用交给父母，其余的钱就自己花掉了，这些孩子从来不会用自己赚来的钱为父母买点礼物。在他们看来，父母的家不过是小旅馆，一个只需花钱就可以居住的地方，不满意还可以另换一家。好多儿童在自立之后就与父母老死不相往来。

其二，无产阶级对资产阶级更是充满愤怒。这种怒火体现在情感和行动两个方面。恩格斯指出，当无产阶级看到自己的孩子光着身体被监工从床上拖起来，在拳打脚踢之下被赶进了工厂，这是一种什么样的愤怒？当看到自己的孩子累得在羊毛堆里睡着了又被监工用皮鞭粗暴地赶出工厂时，这是一种什么样的愤怒？当看到自己的孩子每天晚上回家时疲倦不堪而完全吃不下晚饭时，这又是一种什么样的悲哀和愤怒？面对种种残酷的阶级剥削和压迫，无产阶级怎么可能不愤怒？“对这个以慈悲心肠和自我牺牲自诩而实际上却不惜以任何代价来装满自己的钱袋为唯一目的的阶级，难道能不感到愤怒，能不感到憎恨吗？”① 愤怒的情感产生愤怒的行动。关于这一部分的内容，我们将在下一章详细论述。无产阶级通过偷窃、抢劫、杀人、砸碎机器、工会斗争、宪章运动等不同的形式表达着对资产阶级的愤怒和抗争。无产阶级只有保持着对压迫阶级的愤怒，只有在反抗资产阶级的斗争中，才能确证自己作为人的尊严。

我们看到，生于现代资本主义社会的无产阶级是不幸的，在其生命中，爱始终是缺位的，在资本主义私有制乌云的笼罩下，爱的阳光始终未能降临人间。

（二）没有期盼的人生

期盼之于人的意义是什么？电影《肖申克的救赎》这样说：“期盼是件好东西，没准儿是件最好的东西，美好的东西永不消逝！”② 正是

① 恩格斯．英国工人阶级状况//马克思恩格斯全集：第2卷．北京：人民出版社，1957：453.

② 张秋丽．曹曼．影视文化教程．武汉：华中科技大学出版社，2005：204．引文有改动。

对美好生活的期盼与追求，人类才超越现实的处境而变得更富德性和更幸福。那么，现代无产阶级是否还能心怀梦想，是否还有“诗和远方”？恩格斯的回答是否定的。

在资本主义私有制条件下，工人所能期盼的仅仅是“生活的苟且”。恩格斯借牧师威岑卜尼斯之口指出：“冬天里，在伦敦一切船坞的大门口，每天早晨还在破晓以前，就已经有成百的穷人等着开门，希望找到一点零活，而当最年轻力壮的、和船坞的行政人员最熟识的人们都已经被雇用的时候，其余的成百的人在失望之余便垂头丧气地各自回到自己的破屋子去。”① 穷人的梦想仅仅是找到一点让自己活下去的零工，能找到的已是万幸。对于那些找不到工作的穷人，他们还能期盼什么？只能沿街乞讨了。恩格斯曾经描述过这些“多余的人”全家乞讨的场景，他们或者在街上来回地走，或者停在这里或那里，说一段诉苦的话或唱一段凄苦的歌以唤起过路人的同情。有时干脆全家人站在街上，沉默无言，用自己那种凄苦无靠的样子来感动人，以求得能使自己暂时苟活的施舍。如果以上情况还不是最糟糕的，那么某些穷人的所谓期盼则更让人感到痛心。大城市中有很多所谓的“夜店”，它们是很多穷人的藏身之所。一到晚上，夜店里就挤满了各式各样的人群，他们经常打架，但如果睡同一张床的人彼此很和睦，那事情就更糟了，因为他们会商量着共同去盗窃或者去干那种无法用人类的语言来形容的兽行，这就是某些穷人的期盼。黑夜给了他们黑色的眼睛，而他们则用自己的眼睛让世界变得更黑暗。

面对无产阶级的道德堕落，资产阶级的态度是蔑视和指责。对此，恩格斯语气坚定地回应，在恶劣环境中长大的孩子，在没有爱与温情的环境中长大的孩子，“在这种伤风败俗的环境中——他们的父母往往就是这环境的一部分——像野草一样成长起来的孩子，还能希望他们以后成为道德高尚的人！踌躇满志的资产者对工人的要求真是太天真了！”② 资本主义私有制根本没有给工人期盼好的生活创造条件，相反，正是这种制度将工人作为一个人所能期盼的美好生活和道德追求通通碾碎了。

---

① 恩格斯．英国工人阶级状况//马克思恩格斯全集：第2卷．北京：人民出版社，1957：370－371.

② 同①416.

（三）没有欢乐的人生

这是恩格斯着墨较多的部分。为了突出现代无产阶级没有欢乐的人生体验，恩格斯先描述了前现代工人的生活和感受：尽管也有生活的艰辛和不如意，但这些工人更多是感受到生活的舒适和欢乐；他们无须过度劳动，能自主选择劳动的时长；他们有时间从事农活，这种工作本身就是一种很好的休息；他们有大量时间开展有益于身心健康的各种游戏活动，如打球、滚木球等，孩子们生长在空气清新的农村，能自由地发展自己的体力；他们过着一种德性的生活，敬畏上帝，服从父母；婚姻也使年轻人在相互信赖、相互爱慕的生活中成长。一句话，前现代工人生活在一种能舒展身心的环境中，生活宁静而愉悦。①

所有这些欢乐对于现代无产阶级而言则成为一种奢望。我们可以把恩格斯关于现代无产阶级生命体验的论述概括为如下十个方面：

第一，现代无产阶级产生在竞争的重压下。关于现代无产阶级的产生，我们已经在前文详细论述过了。工人没有欢乐的人生从该阶级的产生就可见一斑。首先，无产阶级是作为资本逐利的工具而出现的，是现代资本逻辑的产物。从这一点来看，无产阶级自产生起就被界定为手段的角色，其作为人的高贵性荡然无存。其次，无产阶级是在竞争的重压下产生的，这是该阶级的无奈。就人的情感选择而言，前现代工人过着一种较为安宁、舒适的生活，他们并不愿意转变成雇佣制度下的产业工人，只是竞争的巨轮滚滚向前，他们无力抵抗，最终被改造成现代工人。因此，现代无产阶级的产生所铭刻的胎记——工具性和无奈性——就已经预示着该阶级没有欢乐的命运。

第二，现代工人不能在家庭生活中得到欢乐。对于工人而言，其住宅并不是“一个所谓的家”，而不过是一间地下室，不过是一个空间概念，本应作为家庭伦理精神的爱已经不复存在。夫妻双方、孩子们都无法在其中感受到爱和欢乐。爱和欢乐的缺失使得现代工人的人生体验更具悲剧色彩。

第三，现代工人也不能在共同体中获得欢乐。共同体（社会、国家）本应是一个大家庭，成员之间本应互助互爱、相互尊重，但我们看

① 恩格斯．英国工人阶级状况//马克思恩格斯全集：第2卷．北京：人民出版社，1957：282.

到，有产阶级从骨子里蔑视无产阶级，前者只把后者视为逐利的工具，一旦没有利用价值了就无情地予以抛弃。在这种冷漠的共同体中，工人感受不到一点人情味，更别提在其中获得自尊，在共同体成员的互助互爱、相互尊重中体验到欢乐了。有产阶级视工人为工具，而工人则回应以犯罪，犯罪是工人对共同体彻底失望的表现。

第四，现代工人无法体会到感官享受所带来的欢乐。资产阶级凭借财富可以充分体验感官享受所带来的快乐。比如，在饮食方面，资产阶级吃的都是品质最好的食物，喝的是美味的红葡萄酒；在娱乐方面，资产阶级听高雅音乐，让耳朵充分感受音乐的美妙。与之对比，贫穷已经把无产阶级的感官体验限制在一个可悲的限度里了。以饮食为例，工人为了用很少的钱买到很多的食物，他们就无法注重质量。早市里最好的和较好的食物都被资产阶级挑走了，工人有能力购买的都是质量最差的东西。蔬菜和土豆都是不新鲜的，质量很差，肉是又老又硬的老畜的肉，猪板油已经发臭。这些都是难以下咽的食物，但却常常成为工人餐桌上的食物。工人所能体验到的味道丝毫不能给人带来愉悦。也正因为工人没有机会锻炼自己的味觉，结果他们的味觉都退化了，以至于辨别不出哪些是掺假的甚至有毒的食物。

第五，现代工人没法体会到体力和智力发展所带来的欢乐。现代竞争带给工人的是高强度、长时间的劳动。工人每天都被关在工厂里工作，他们没有机会锻炼身体，被剥夺了到户外呼吸新鲜空气、舒展筋骨的机会。而且，由于高度的分工，工人除了需要紧张起来的肌肉以外，全身其他肌肉都松弛了，身体处于不断衰弱的状态。关于工人的受教育状况，前文已经论述过，资产阶级给无产阶级准备的知识充满了阶级偏见，接受教育的孩子依然愚昧无知，工人丝毫没有感受到自身智力的发展，更谈不上享受这种发展所带来的欢乐。

第六，现代工人没法体会到精神安宁的欢乐。哲学家伊壁鸠鲁将幸福定义为“身体的无痛苦和灵魂的无困扰”，并将后者视为一种比前者高级的欢乐。现代无产阶级是否有享受精神安宁的福分？恩格斯指出，资本主义私有制和日益激烈的竞争使无产阶级的生活处于剧烈的波动之中。经济繁荣时，工人每天都处于高度紧张的工作状态，有些工人还因劳动过度而猝死。经济萧条时，工人又处于极度松弛或者惊慌的状态。工人忽而感到有希望，忽而又感到十分恐慌，一段时间在工厂里拼命工作，一段时间又不得不在家里过着百无聊赖、忍饥挨饿的日子。工人精神的安宁已经被这种剧烈波动的生存状态给剥夺了。[①]

第七，现代工人不可能在德性的实践中得到欢乐。恩格斯借艾利生之口说：“正是在大城市里，恶习和不正当的享乐布下了诱人的天罗地网；正是在这里，犯罪因可望不受惩罚而得到鼓励，懒散因有屡见不鲜的坏榜样而得到助长。……美德在这里湮没无闻，罪恶由于不容易识破而繁荣滋长；放荡的生活因为可以给人以眼前的欢乐而为人所喜好。”[②]工人在大城市污浊的氛围下不可避免地走向堕落，他们已经和践行德性所带来的快乐无缘了。

第八，现代工人不能在自我实现中获得欢乐。按照心理学家马斯洛的需要理论，人的最高层次的需要是自我实现的需要，在创造性的活动中，人产生一种所谓“高峰体验”的情感，这时人处于最欢乐、最幸福的时刻。工人能得到这种欢乐吗？答案是否定的。要达到自我实现，起码要满足两个条件：充足的时间和创造性的活动。这两个条件都被现代工厂制度扼杀了，资本主义的强制性劳动剥夺了工人的一切自由时间，工人沦为“人格化的劳动时间”[③]。此外，工人的劳动不是创造性的活动，而是一种绝对的“无聊”，这是一种周而复始的简单重复，折磨工人的身心。恩格斯用质朴的笔墨淋漓尽致地刻画出工人在劳动中的痛苦和无奈：“工厂工人被判决在这种无聊中毁掉他的全部体力和智力；他的天职就是从八岁起整天整天地受无聊的折磨。此外，他没有一分钟的空闲时间：蒸汽机整天地转动着，轮子、传动皮带和锭子整天在他耳边轰隆轰隆、轧拉轧拉地响着，只要他喘一口气，拿着罚款簿的监工就会立刻在他背后出现。这样被判决活埋在工厂里，不停地注视着永不疲劳的机器，对工人说来是一种最残酷的苦刑。”[④] 工人不能在工作中体验到丝毫快乐，工人就如神话里的西西弗斯，在命运的捉弄下，每天过着折磨身心的生活。

第九，现代工人能得到的只是“牲口”的欢乐。关于这一点，我们

① 恩格斯．英国工人阶级状况//马克思恩格斯全集：第 2 卷．北京：人民出版社，1957：463.

② 同①406.

③ 马克思．资本论：第 1 卷//马克思恩格斯全集：第 44 卷．中文 2 版．北京：人民出版社，2001：281.

④ 同①.

在前文已经详细论述过。酗酒和纵欲是工人仅能得到的两种快乐，恩格斯指出，工人在追逐这两种快乐时，与“牲口”并无两样。工人所能追求的快乐是衡量社会文明的一个重要尺度。伴随着这两种“牲口”的欢乐而来的是工人更大的痛苦。一方面，酗酒和纵欲在短暂满足工人的社交与消遣的需要后带来的是他们身体状况的恶化，酗酒和纵欲加重了胃病、肾病诸如此类的疾病；另一方面，它们又使工人的性情变得更加不稳定，更容易产生狂躁和悲观的情绪，结果工人越来越依赖酒精而陷入恶性循环。可见，这种所谓的快乐在本质上就是痛苦，它只是短暂满足了人的动物性欲望，伴随而来的是更强烈和更持久的痛苦。可悲的是，工人别无选择，不可避免地沦为动物性欲望的奴隶。

第十，死亡被视为一种解脱。工人的死亡是其人生体验的缩影。工人是在什么样的状态下离开人世的？其后事是如何料理的？工人又是如何看待死亡的？恩格斯指出，在商业繁荣时期，工人每天工作14～16个小时，有些工人因为劳累过度而死掉了；而在经济萧条时期，大批工人成了“多余的人”，他们中的很多人因为得不到生活资料而饿死。恩格斯住在英国期间，看到真正饿死的工人至少有二三十个，他把这一现象叫作“社会的谋杀”；还有大批工人是死于因恶劣的工作环境和生存条件所引起的各种疾病，关于这一点我们在前文已经详细剖析了，在此就不再赘述了。

关于穷人后事料理的情况，恩格斯有过描述：穷人死了就像牲畜一样，被草草地埋了。例如，在伦敦，埋葬穷人的公墓是一块光秃秃的泥泞地，上面没有任何装饰，到处都是一堆堆的白骨。每逢星期三，一个星期内去世的穷人都被抛到一个14英尺深的坑里，神父匆匆祈祷完便离开了，人们为这个坑盖上薄薄的一层土，以便下个星期重新挖开，再往里面扔新的尸体，这个坑会被填到不能再填为止。每当天气炎热时，尸体腐烂的气味就会把附近的整个地区都熏臭。我们看到，工人的死没有丝毫尊严，连死都没有尊严，其人生又有什么欢乐可言！①

那无产阶级是如何对待死亡的？穷人更多把死亡当作一种解脱而非不幸。前文提到，工人阶级的孩子死亡率非常高，很多是死于意外。如

① 恩格斯．英国工人阶级状况//马克思恩格斯全集：第2卷．北京：人民出版社，1957：580.

何看待这些不幸的死亡？恩格斯说：“这些惨遭横死的不幸的孩子们完全是我们的社会混乱以及热中于保持这种混乱状况的有产阶级的牺牲品。但是也很难断定，甚至这种可怕的痛苦的死亡对这些孩子来说是否不是一件好事，因为这种死亡使他们摆脱了充满贫穷和苦难的、痛苦多而欢乐少的、漫长的一生。”① 这个态度也代表了无产阶级看待死亡的态度。死亡意味着现实无尽痛苦的结束，意味着“充满贫穷和苦难的、痛苦多而欢乐少的”② 人生的结束。在电影《北方与南方》中，工会领袖希金斯在其女儿贝茜因疾病和饥饿而死去时说：“可怜的贝茜，她像狗一样生存，辛苦劳作、病魔缠身，从没有过欢乐的时刻。”在这些不幸的穷人眼中，死亡更多是一种解脱。

综上所述可知，无产阶级的人生体验无疑是非常灰暗的。幸福的人生可以是物质上不充裕，但它一定是充满爱、期盼和欢乐的。当这些生命中的阳光不复存在时，人生就是彻底异化的人生，它为冷漠、愤怒、绝望和痛苦所笼罩。无产阶级的内心犹如有一个暴烈的怪物，撕咬自己也摧毁社会。

（四）结论

资本主义私有制和竞争导致了人生最深刻的异化。幸福是什么？正如前文提到的，幸福的根本尺度并不在于物质上的充盈，它的核心内涵应当是爱、期盼和欢乐，人生如果被抽走了这些内容，就难言幸福。在这里，我们看到了幸福与社会制度的最深刻的关联。

我们知道，伊壁鸠鲁学派和斯多亚学派对幸福问题做过重要的探讨。前者认为“快乐即幸福”，后者则主张“有德即幸福”，两派都不约而同地将幸福状态归结为心灵的宁静、无纷扰。在两派看来，幸福与外界并无多大关联，影响幸福的因素在人自身。为了获得心灵的宁静，前者醉心于哲学的静观，认为人在哲学研究中可以获得幸福；后者则走向禁欲主义，认为人只有克服自身的欲望才能获得幸福。这种幸福观对后世的影响非常大。恩格斯对幸福问题的讨论表明，社会制度深刻地影响着人类幸福的实现，资本主义私有制和残酷的竞争关系催生的是一个

---

① 恩格斯．英国工人阶级状况//马克思恩格斯全集：第 2 卷．北京：人民出版社，1957：394.

② 同①.

彻底冰冷、充满压迫与对抗的世界。在资本逻辑发生作用的世界里，人类的幸福、人本身已经沦为资本逐利的工具，人生还有何爱、期盼和欢乐可言。在电影《北方与南方》中，女主人公玛格丽特在目睹了资本主义世界的种种冷漠、压迫和对抗后发出这样的感慨：“这里是多么的冷漠残酷！走到哪里，哪里都有矛盾和刻薄，我想神抛弃了这里。我想我看到了地狱。它是白色的，雪一般的……白色。”这里的白色指棉花的颜色，意指现代资本主义工厂。在资本主义私有制和竞争关系所营造的冰冷与充满对抗的世界里，个人和人类事实上被剥夺了实现幸福的基本条件。这也是恩格斯揭露私有制“美杜莎的怪脸”所蕴含的深刻启示。

我们已经用两章的篇幅详细剖析了资本主义私有制和竞争所带来的弊病。私有制和竞争既带来了社会总体的异化，又使无产阶级生活在一个充满不公的世界里，承受着无尽的贫困、匮乏、卑微、蔑视、压迫以及没有丝毫温情、期盼和欢乐的人生。私有制既已露出狰狞的“美杜莎的怪脸”，那么就必须将其消灭，这便是被恩格斯称为“寻求斯芬克斯谜语的谜底”的事业。

第五章　探寻“斯芬克斯谜语的谜底”

恩格斯将消灭私有制，寻求“真正的自由和真正的平等”的事业称为探寻“斯芬克斯谜语的谜底”。他从主体力量、精神因素、根本动力和现实途径四个方面揭示了这一谜语的谜底。无产阶级是消灭私有制的主体力量。这一阶级既饱受着私有制所带来的苦难，同时又具备了消灭私有制所必需的觉悟、决心、力量和素质，并且进行了不屈服的斗争，故成为人类解放事业的现实承担者。德国哲学是消灭私有制的精神因素。思想的闪电一经与人的力量相结合，自由的曙光就会降临人间。工业革命是消灭私有制的根本动力。它不仅催生了消灭资本主义私有制的主体力量——现代无产阶级，而且为其从事伟大的人类解放事业创造了一系列必要条件。共产主义是消灭私有制的现实途径。它是建立在财产共有基础上的对社会关系所进行的全面变革。共产主义能够彻底消灭资本与劳动的对立和分离、竞争和无政府状态、周期性的经济危机、无产阶级的贫困以及资本主义的一切罪恶，到那时，一个合乎自由理性原则的世界就会到来。

一、消灭私有制的主体力量——无产阶级

在恩格斯看来，无产阶级是消灭私有制的主体力量，因为这一阶级既饱受着私有制所带来的苦难，同时又具备了消灭私有制所必需的觉悟、决心、力量和素质，并且进行了不屈服的斗争。无产阶级是“真正

值得尊敬的人”，有力量从事伟大的民族解放事业和人类解放事业。

（一）无产阶级的愤怒

在前面的章节里我们已经详尽剖析了无产阶级所遭受的深重苦难，这一阶级遭受着“美杜莎的怪脸”所带来的深重灾难。这是无产阶级从事伟大的民族解放事业和人类解放事业的前提。当然，仅有苦难并不足以成就无产阶级的事业，无产阶级面对苦难的态度和反应也是其中的必要条件。那么，无产阶级是如何面对这些苦难的？恩格斯借爱德华·波·米德所写的一首诗来表达工人阶级对待工厂制度乃至整个资本主义制度的普遍情绪和态度：

世界上有这么一个国王，——
不像故事里的那样和善，
他是个专杀白奴的魔王，
大家叫他蒸气，非常凶残。

虽然暴君的手只有一只，
但他气力大，谁都比不上，
像是一只烧红了的铁手，
他能使人民成群地灭亡。

他像他祖先摩洛赫一样，
宰割人民，制造无穷灾殃，
他的心里有烈火在燃烧，
他拿儿童当果腹的食粮。

他的祭司像他一样凶狠，
用铁腕操纵人们的命运，
贪得无厌地给他找牺牲，
用人们的鲜血铸造金银。

这些奸贼是无耻的恶魔，
把人权的基础践踏净尽，

耻笑父亲们痛哭的眼泪，
取笑母亲们垂死的呻吟。

饥啼寒号欣慰他们心窍，
悲叹哭泣是悦耳的音乐，
老人儿童的尸骨堆成山，
堆满了他们宫殿的地窖。

没有心肝的凶恶的国王，
在邪恶的王国布满死亡，
他用劳动折磨人的肉体，
他把人们活的灵魂杀光。

快打倒国王，刽子手国王！
千百万的工人，起来，前进！
我们把他的手紧紧捆绑，
趁他还没吞灭全国人民。

你们的愤怒就快要觉醒，
你们就要张口高声呼喊。
那伙镀金的寄生虫一定
会和暴君一起跌入深渊！①

我们看到，面对资本主义私有制带给自己的苦难，工人阶级并没有选择默默忍受，甘为奴隶，而是保持了高贵的愤怒。之所以说高贵，因为这种愤怒就是无产阶级从事伟大的民族解放事业和人类解放事业所必需的觉悟和决心。

（二）无产阶级的力量

从事伟大的民族解放事业和人类解放事业不仅需要决心，而且需要力量。作为现代大工业的产儿，无产阶级的力量正日益壮大。这种力量

① 恩格斯．英国工人阶级状况//马克思恩格斯全集：第 2 卷．北京：人民出版社，1957：472-473.

的壮大体现在两个方面：第一个方面是无产阶级队伍人数的增加。无产阶级队伍的壮大是与现代社会的竞争、新机器的发明和现代的分工密切相关的。激烈的竞争导致的是财产的集中。较大、较强的资本家、工人和土地所有者将其较弱、较小的同类从市场中排挤出去。结果就是大鱼吃小鱼，财富越来越集中在富有者手中，而中间阶级人群则越来越多地消失，他们绝大部分是竞争的失败者，降落为无产阶级。正如马克思恩格斯指出的，“以前的中间等级的下层，即小工业家、小商人和小食利者，手工业者和农民——所有这些阶级都降落到无产阶级的队伍里来了，有的是因为他们的小资本不足以经营大工业，经不起较大的资本家的竞争；有的是因为他们的手艺已经被新的生产方法弄得不值钱了。无产阶级就是这样从居民的所有阶级中得到补充的”①。只要大工业和竞争存在一天，无产阶级的队伍就会日益壮大。

新机器的发明也是无产阶级人数不断增加的重要原因。恩格斯指出，在 1776 年以前，英国和其他西欧国家并无两样，它的工业不发达，城市规模小，人口则多半是农业人口。但伴随着工业革命的产生和不断推进，新机器的发明如雨后春笋般涌现出来，这些发明大大刺激了城市对工业人口的需求。经过了六七十年的发展，英国首都的人口已达 250 万，而且新增了许多巨大的工业城市，这些新兴城市的人口中有 2/3 从事工业生产，是因新机器的发明而产生的无产阶级。

此外，工业革命所带来的无限分工也极大地刺激了工业人口的增长。我们知道，无限分工是现代工业的一个重要特点，由于分工，越来越多的新部门、新行业从原来的产业中分离出来，这些新部门、新行业需要大量的劳动力，无产阶级人数自然就不断地增加。

无产阶级力量壮大的第一个表现是无产阶级的联合。无产阶级觉察到，自身的联合比单兵作战更能给予压迫者致命的打击。借助于现代交通工具，无产阶级日益团结为一个联合体。关于这一点，我们在后文详细论述。

（三）无产阶级的品质

无产阶级不仅有从事伟大事业的决心和力量，而且具备从事伟大事

① 马克思，恩格斯．共产党宣言//马克思恩格斯文集：第 2 卷．北京：人民出版社，2009：39.

业的优秀品质。这些优秀品质包括：

第一，仁慈的品质。恩格斯指出，在日常生活中，工人阶级的表现要比资产者仁慈得多。细心观察的人们会发现，乞丐通常只向工人乞讨，这是因为工人阶级在救济穷人方面远比资产阶级做的多。正如一位诚实的先生帕金逊证实的，“穷人给穷人的要比富人给穷人的多。……每年穷人们互相给予的总数超过了同时期内富人给予穷人的数目”①。工人阶级为什么会具有仁慈的品质？因为他们命运多舛，自然能同情处境糟糕的人。恩格斯认为，正是生活的历练，使得无产阶级具备了“人的意识”，无产阶级是“意识到自己的利益和全人类的利益相一致的人，是一个伟大的大家庭中的成员”②。这种品质与思想高度是无产阶级从事伟大的民族解放事业和人类解放事业所必需的。

第二，超越了金钱拜物教。恩格斯指出，工人阶级虽然比有产阶级更缺钱，但却并不贪财。在工人阶级眼中，金钱的价值只在于购买生活必需品，而不像对资产阶级而言，金钱具有一种“偶像崇拜”的价值。这样，工人阶级就超越了“财迷”的价值观，从而不像资产阶级那样把赚钱视为人生的根本目的。相反，工人阶级认识到，自己的历史使命恰恰在于结束金钱的统治，创造一个属人的世界。

第三，重视教育。恩格斯指出，宪章主义者和社会主义者十分重视教育无产阶级的事业，他们通过出钱创办学校、阅览室以提升工人阶级的知识水平和阶级觉悟。总的说来，他们做了以下两个方面的工作：（1）纯正的无产阶级教育。在无产阶级创办的学校、阅览室里摆放的大多是无产阶级的书刊，在这里，孩子们接受最纯正的无产阶级教育，消除了资产阶级价值观的一切影响。同时，宪章主义者和社会主义者也时常举办宣讲会，这些宣讲会抨击资产阶级的贪婪和虚伪，宣扬无产阶级的政治主张和价值观。通过这一系列努力，无产阶级愈加认清自己的阶级敌人、社会地位和历史使命，从而为人类解放事业准备了思想条件。（2）努力普及一切人类文明的先进成果。宪章主义者和社会主义者认识到，要从事全人类的解放事业，就必须吸收人类文明的先进成果。为此，他们翻译了众多近代思想家的著作，例如法国唯物主义者狄德罗、

① 恩格斯．英国工人阶级状况//马克思恩格斯全集：第2卷．北京：人民出版社，1957：410-411.

② 同①277.

霍尔巴赫和爱尔维修等人的作品，启蒙思想家卢梭和伏尔泰的作品，英国优秀作家的著作，德国思想家施特劳斯的《耶稣传》，法国思想家蒲鲁东的《什么是财产?》，这些作品连同英国功利主义哲学家葛德文和边沁的著作，滋养了无产阶级的思想，提升了其阶级意识。恩格斯指出，人们会惊异地发现，“阅读最新的哲学、政治和诗歌方面划时代的著作的几乎完全是工人，这一事实特别表明了英国无产阶级在获得自主的教育方面已经取得多么大的成就”①。不仅如此，宪章主义者和社会主义者还经常举办有关政治经济学、美学、自然科学的讲演会，以普及人类文明成果。人们常常看到，穿着粗布夹克的蓝领工人在天文学、地理学及其他学科方面的知识比某些“有教养的德国资产者”② 还要丰富。通过这些努力，无产阶级无论在知识水平方面还是在阶级觉悟方面，都得到了大大的提升。

第四，富有牺牲精神。恩格斯指出，人们可以在信奉社会主义的工人身上看到坚强的毅力，这些社会主义者“为了社会改造，他们愿意献出一切：妻子和儿女，财产和鲜血”③。因此，唯有工人阶级，即“英国的贱民”④，才是真正值得尊敬和富有前途的人，是人类解放事业的希望。

(四) 不屈服的抗争

以上所有品质、力量和努力最终都升华为无产阶级不屈服的抗争。这种抗争也正是无产阶级之所以能成为消灭私有制的主体力量的根本原因。恩格斯指出，工人阶级对资产阶级的反抗在其诞生之初就已表现出来，这种抗争也历经各种不同的形式，越到后期，这种抗争就越有力和深刻。具体说来，我们可以对无产阶级的抗争形式做如下梳理：

---

① 恩格斯. 英国工人阶级状况//马克思恩格斯选集：第1卷. 3版. 北京：人民出版社，2012：131.

② 恩格斯. 英国工人阶级状况//马克思恩格斯全集：第2卷. 北京：人民出版社，1957：528.

③ 恩格斯. 伦敦通信三//马克思恩格斯全集：第3卷. 中文2版. 北京：人民出版社，2002：437.

④ 恩格斯. 英国状况 评托马斯·卡莱尔的《过去和现在》1843年伦敦版//马克思恩格斯全集：第3卷. 中文2版. 北京：人民出版社，2002：497.

1. 犯罪——偷窃

恩格斯指出，犯罪是工人反抗资本家的“最早、最原始和最没有效果的形式”①。工人每天勤奋劳动，为社会创造了巨大的财富，但他们却过着贫苦无告的生活。资产阶级并没有为社会付出多少劳动，却占有着巨大的财富。劳作者受苦，而懒惰者却享乐。这使工人想不通，于是，在贫困和不满情绪的驱使下，一部分工人偷窃了，他们以这种方式暂时地战胜贫穷，也表达着对资产阶级的不满。随着工业的深入发展，无产阶级的犯罪数量逐年递增。但是，这种最直接的抗争方式也是最无效的抗争方式。恩格斯指出，盗窃只是个体试图给予现存社会制度打击的行为，其力量是渺小的；社会却能以其全部力量给予回击，这种回击足以让犯罪者万劫不复。此外，盗窃毕竟不符合道义，它只是一种不自觉的抗争方式，并不能上升为工人阶级的普遍意志。工人也很快发现这种抗争方式并没有什么好处。

2. 砸碎机器和捣毁工厂

在度过了盗窃的反抗阶段后，工人阶级开始把斗争矛头指向资本主义现存制度的某些方面，其斗争方式就是用暴力砸碎机器。相传，第一个为反抗工厂主的剥削而捣毁机器的工人名叫卢德，他捣毁的是一台织袜机。这种行为纷纷被其他各地的工人效法，有些还发展为起义。工人砸碎机器、捣毁工厂，以表达对工厂主残酷剥削的愤怒。但是，正如恩格斯指出的，和盗窃一样，捣毁机器的反抗运动是孤立的，它只是“针对着现存制度的一个方面”②，而且这种运动所取得的胜利是转瞬即逝的。运动过后，资产阶级作为一个整体就会以其全部权力来镇压和惩罚这些手无寸铁的反抗者，而且机器最终还是以不可阻挡的方式开动起来了。事实证明，工人阶级必须采用一种更有力、更自觉的斗争形式。

3. 成立工会，通过工人集体的力量和资本家做斗争

工会的成立在工人阶级反抗资产阶级的运动中具有辉煌的意义。它意味着工人阶级的反抗运动采取了集体的形式。1824 年，经过竭力争取，英国工人阶级终于获得了自由结社的权利。从这时起，大大小小的工会如雨后春笋般出现在英国的各个城市。几乎所有劳动部门都成立了

---

① 恩格斯. 英国工人阶级状况//马克思恩格斯全集：第 2 卷. 北京：人民出版社，1957：501.

② 同①502.

自己的工会。工会公开宣称自己的目标在于保护工人免遭工厂主的残酷剥削和蛮横霸道，其具体手段是：规定工资。工会作为一种联合的力量与工厂主进行博弈。首先，它按照工厂主所获利润的多少来规定工资。如果工厂主所获利润增加，那么工会规定的工资就会相应增加。如果工厂主拒绝接受工会提出的工资标准，那么后者就会发起罢工直到前者妥协。其次，工会还通过调节工人的数量以维持工人阶级的工资水平。具体做法是，通过限制招收学徒的方式以维持工厂主对工人的需求，从而保证工人的工资水平。工会还会尽可能地反对和阻止工厂主的各种降低工资的行为。最后，工会还会给予失业工人各种援助。比如，在某个工人失业时，工会就会利用自身掌握的信息告诉他哪里容易找到工作或者给予推荐。又如，在进行罢工时，工会就会给予有困难的工人金钱援助，帮助其渡过难关。为了更好地做这件事，工会给每一位会员做了关于身份、家庭处境的调查并发放会员卡。较大的工会还设立职工联络处，以及时了解和帮扶有困难的职工。个别地区的工会在可能的时候还会合并为一个更大的工会联合会，这种联合会以更大的力量保护工人，对抗资本家。

恩格斯指出，罢工是工会为达到自身目的而采用的最普遍的手段。如前文提到的，工会会根据工厂主的利润来确定工人的基本工资，如果某些工厂主拒绝接受该工资水平，工会就会派代表团与工厂主谈判，或者向工厂主递交请愿书。如果这些努力没有结果，工会就会下令停工，这时所有工人都会停工回家。当只有一个或少数几个工厂主拒绝承认工会规定的工资时，罢工还是局部的；如果某一劳动部门的全体工厂主都和工人对着干，罢工就升级为总罢工。这种罢工带来了哪些积极影响？它的意义就在于把资本家的蛮横霸道和无限贪欲限制在一定的范围内，使无产阶级对抗资产阶级的斗争不至于消沉下去。更重要的是，工会组织的罢工是“工人想**消灭竞争**的第一次尝试”①，这个意义是辉煌的。在不断进行的罢工中，工人阶级日益认识到，资产阶级的统治基础就是工人间的彼此竞争，即工人间的不团结和对立。工会的努力就在于呼唤工人团结。正因为如此，资产阶级和整个现存制度才把工会视为极其危险的存在。恩格斯指出，当工人之间彼此停止竞争，当全体工人都下定

---

① 恩格斯．英国工人阶级状况//马克思恩格斯全集：第 2 卷．北京：人民出版社，1957：506-507.

决心再也不让资产阶级剥削他们了，“私有制王国的末日就来临了”①。

当然，恩格斯并不认为仅仅靠工会和罢工就能彻底粉碎资产阶级的势力，就能铲除现存的社会制度，要达此目的，还必须具备更多条件。工人阶级反抗资产阶级的斗争形式必须提升到更高层次。

4. 宪章运动——争取普选权

宪章运动把无产阶级的斗争提高到一个新的层次。它的出现意味着，无产阶级开始以整个阶级的力量与资产阶级做斗争。在以往工会组织的罢工活动中，斗争毕竟还是分散的，它是个别的或部分的工人同资产阶级的斗争。这种斗争有时即使能够普遍化，也大多出于工人的不自觉。与罢工运动不同，宪章运动追求的是全体无产阶级的政治普选权，因而它的参与者是整个无产阶级。工人阶级举行了三次群众性的游行，其规模都达到百万人以上。在宪章主义旗帜下，工人阶级是以整个阶级的力量来反对资产阶级的。

同时，宪章运动表明无产阶级的斗争形式也深入到了国家政权层面。在此以前，工人的斗争形式还未与政治权利相结合。宪章运动意味着无产阶级认识到了争取普选权和实现工人的物质利益之间的深刻关联，这种关联就是宪章派的斯提芬斯所指出的，“朋友们，宪章主义并不是为你们争得选举权等等的政治问题，宪章主义是**饭碗问题**；宪章的意思就是住得好，吃得好，工资高，工作日短”②。通过争取普选权，然后利用国家政权在议会推行对无产阶级有利的经济政策，这是工人斗争的一种新思路。恩格斯指出，《人民宪章》是宪章运动的基础，这一纲领性文件在形式上是纯政治性质的，它要求“按照民主的原则改组下院”③。

关于宪章运动的产生、过程和诉求，我们在第二章已经做了介绍，在此不再赘述。这里需要补充的是，除了《人民宪章》的六项要求（核心是无产阶级的普选权），宪章派的政治诉求还包括工人阶级提出的一系列要求——十小时工作制法案、工资要合理、地位要有保障、保护工人不受资本家的迫害、废除新的济贫法等。工人阶级饱受自由竞争之苦，他们的这些要求就是直接反对自由竞争和自由贸易的。工人根本就

① 恩格斯．英国工人阶级状况//马克思恩格斯全集：第2卷．北京：人民出版社，1957：507.

② 同①518.

③ 同①516.

不拥护自由竞争和自由贸易，对废除谷物法也漠不关心，但他们对拥护自由竞争的资产者却是极端痛恨的。在这里，宪章主义与资产阶级激进主义的分歧已清楚地显露出来。

宪章运动先后组织了三次大规模的示威请愿，最后都被资产阶级镇压了。恩格斯指出，宪章主义较过去的斗争形式而言是深刻的，因为它深入到国家政治层面，但其局限性在于它囿于政治层面，因此，宪章主义“比较落后，比较不开展”①，宪章主义必须要提升到更高水平。

5. 宪章主义与社会主义的“合流”

恩格斯首先对宪章主义和社会主义的利弊进行了分析。宪章主义的主体是“真正的道地的无产者”②，宪章运动是真正属于无产阶级的运动。其问题在于，宪章主义还囿于政治层面，仅仅试图从“政治方面”寻求摆脱阶级贫困的出路。在恩格斯看来，宪章主义尚未找到真正的出路，因为无产阶级的贫困根源于更深刻的原因。

社会主义的情况则与之相反。恩格斯以英国社会主义者欧文为例加以分析。欧文作为一位思想家，他看到了资本主义制度的罪恶，并以辛辣的笔墨对之加以批判。在出路方面，欧文提出了财产共有的主张。欧文努力把自己的主张付诸实践，他在英国和美国建立了“国内移民区”与“新和谐”公社，在公社里，成员们都从事农业和工业，并且享有同等的权利，接受同样的教育。英国社会主义者还提出了以下要求：建立理性的政府，以保证个人的言论自由权利；取消残酷的刑罚，给予罪犯人性的待遇；等等。恩格斯指出，社会主义者的方向是正确的，他们已经开始从“社会方面”去寻找摆脱无产阶级贫困的出路，他们的主张反映了人民群众的利益诉求（尤其是财产平等的要求）。但是，恩格斯同时也指出，社会主义者还存在诸多弊端，最根本的就是他们“来自资产阶级”③，其思想主张带有极大的局限性：（1）对待资产阶级和资本主义制度极为宽容。以欧文为代表的社会主义者虽然在目的上要超越无产阶级与资产阶级之间的对立，但在形式上对待资产阶级和资本主义制度却是宽容的。不管现存的资本主义制度如何糟糕，社会主义者依然承认

---

① 恩格斯. 英国工人阶级状况//马克思恩格斯全集：第 2 卷. 北京：人民出版社，1957：526.

② 同①.

③ 同①527.

它。他们宣扬慈善和博爱，但不主张社会斗争；（2）对待无产阶级极为苛刻。社会主义者常常批判无产阶级道德堕落，宣称无产阶级是落后阶级，他们没有看到无产阶级身上的进步因素，也看不到追求私利、贪得无厌的资产阶级更为严重的道德堕落。

既然宪章主义和社会主义都有自己的优点与片面性，那么二者的“合流”就是未来工人阶级运动的出路。恩格斯预言，宪章主义和社会主义的“合流”将会在未来一段时期尤其可能是在下一次经济危机爆发时（最晚在1847年）出现。未来的这次经济危机将比过去任何一次危机都更加尖锐和剧烈，到那时，无产阶级将被迫更多“从社会方面而不是从政治方面”[①] 去寻求摆脱困境的出路，这就意味着无产阶级和社会主义的合流。

综上所述，无产阶级不屈服的斗争呈现为一个不断上升的趋势。从偷窃、捣毁机器、工会斗争、宪章运动到未来即将出现的无产阶级的社会主义，这个斗争过程其实就是无产阶级成长壮大的过程。一方面，无产阶级在不断的失败中逐渐认识到团结的重要性，这为全世界无产者的联合提供了思想条件；另一方面，无产阶级在不断的失败中逐渐找到了更为有力的斗争形式，这种不停止的探索最终导向了社会主义和共产主义。因此，正是这种不屈服的斗争，不断壮大了无产阶级的队伍，积累了无产阶级的斗争经验，提升了无产阶级的觉悟水平，这些都为无产阶级和全人类的解放奠定了坚实的基础。

（五）结论

第一，恩格斯极端重视人在历史进程中的作用。在恩格斯看来，人类的历史就是人遭受苦难，不断抗争，最后求得解放的进程。没有无产阶级所遭受的苦难和由此而生发的结束苦难的决心、意志、力量、品质和行动，资本主义私有制就不会消亡。人类的解放不是神的恩赐，而是奋力抗争的成果。从这里我们也可以看到恩格斯哲学的底色，一种敢于直面惨淡的人生、永不屈服的品质。这种品质成就了他与马克思一生的合作。因此，各种形形色色的人学空场论是站不住脚的（关于这一点，我们在后文还会详细讨论）。

---

① 恩格斯．英国工人阶级状况//马克思恩格斯全集：第2卷．北京：人民出版社，1957：524.

第二，恩格斯对无产阶级作用的分析蕴含着唯物史观动力论的思想萌芽。此时的恩格斯虽然还没有和马克思一起创立历史唯物主义，没有明确提出阶级斗争是推动阶级社会发展的直接动力的观点，但他对无产阶级斗争的分析已经揭示了这一规律。在资本主义私有制的统治下，无产阶级饱受苦难，因而产生了对私有制的强烈愤怒，这种愤怒化为阶级斗争的行动，这种斗争旨在消灭私有制、摧毁资本主义社会的整个上层建筑。随着无产阶级力量的日益增强和阶级斗争的深入，资本主义私有制及资产阶级政权的统治就会被终结，无产阶级和全人类的解放就会到来。因此，恩格斯对无产阶级斗争的分析已经揭示了唯物史观动力论的规律，这种分析在日后被提升到了理论的高度。

二、消灭私有制的精神因素——德国哲学

实现伟大的人类解放事业不仅需要人的因素，而且需要思想的力量，这一力量便是伟大的德国哲学。德国哲学教导无产阶级：宗教在本质上是虚幻的东西，人不可能凭借神而得救；斯芬克斯谜语的“谜底”是人本身，无产阶级要依据人的尺度即自由、平等和博爱的尺度构建新世界；要打倒“一切天上的和地上的神”，无产阶级必须进行不屈服的斗争。思想的闪电一经与人的力量相结合，自由的曙光就会降临人间。

（一）“彻底的理论”

马克思在《〈黑格尔法哲学批判〉导言》一文中提出了一个实现宗教解放、政治解放和人的解放的总方案，即哲学和无产阶级、头脑和心脏的联姻。哲学把无产阶级视为自己的物质武器，无产阶级则把哲学视为自己的精神武器，思想的闪电一经与人的力量相结合，自由的曙光就会降临人间。因此，消灭私有制的伟大事业不仅需要人的因素，而且需要精神因素。遵循这一思路，恩格斯必须寻求人类解放的精神因素，他给出的回答是：德国哲学。这里说的德国哲学是肇始于康德完成于黑格尔的德国古典哲学以及青年黑格尔派的哲学思想，后者是对前者的扬弃。关于德国古典哲学，我们在第一章分析恩格斯哲学的思想背景时已

做了详细剖析，此处不再赘述。德国古典哲学秉持的是自由理性原则，这种原则在青年黑格尔派的思想中有着深刻的继承和精彩的发挥，因此我们在此着重分析青年黑格尔派的哲学思想，恩格斯所说的“德国哲学”侧重指的也是这种哲学思想。

1. 青年黑格尔派的产生

恩格斯指出，当法国爆发政治革命时，德国正悄悄地掀起了一场哲学革命。康德是德国古典哲学的开创者，黑格尔则是集大成者。黑格尔以气吞山河般的气势把全部哲学种类，包括形而上学、逻辑学、精神哲学、自然哲学、法哲学、历史哲学、宗教哲学等融入绝对精神的哲学体系之中，这个哲学体系被视为德国古典哲学乃至整个理性主义的顶峰。但它本身存在着体系与辩证法的对立。黑格尔把哲学终结于自己的体系，这与辩证法不断扬弃的原则相冲突。在黑格尔去世后，围绕着如何把握体系与辩证法的关系问题，黑格尔学派分裂为保守的老年黑格尔派和激进的青年黑格尔派。前者把黑格尔哲学视为哲学的终结，竭力维护体系；而后者则立足于发展黑格尔的辩证法原则，从而创建了自己的激进哲学。1835 年施特劳斯出版的《耶稣传》一书标志着青年黑格尔运动的兴起，青年黑格尔派运用辩证法批判了黑格尔哲学体系中的保守倾向，从中导出了革命的和无神论的结论。

2. 青年黑格尔派的组成及批判活动

青年黑格尔派的主要成员有施特劳斯、布鲁诺·鲍威尔、埃德加·鲍威尔、卢格、赫斯、梅因、施蒂纳、费尔巴哈等人，马克思、恩格斯也曾参与了青年黑格尔派的活动。

青年黑格尔派早期的批判集中于宗教和神学的批判。施特劳斯的《耶稣传》（1835 年），布鲁诺·鲍威尔的《普鲁士福音派教会与科学》（1840 年）、《对约翰福音史的批判》（1840 年）、《福音的批判及福音起源史》（1841 年），以及费尔巴哈的《论哲学和基督教》（1839 年）、《基督教的本质》（1841 年），对宗教和神学展开了猛烈的批判，指出宗教和神学在本质上是虚幻的东西，必须把人从宗教的精神奴役下解放出来。

从 1842 年起，青年黑格尔派将批判的锋芒指向了政治领域。他们创办了《德国年鉴》等一系列报刊，公开批判德国旧制度，宣扬共和主义。经过青年黑格尔派的努力，几乎所有自由派报刊都成了宣扬共和主义的喉舌，各种传播共和主义的小册子在德国迅速涌现，共和主义一时风头无二。青年黑格尔派主办的《莱茵报》则介绍并宣传更为激进的共产主义思想，代表作有赫斯的《法国的共产主义者》《共产主义原则的统治形式》等文章。虽然没有收到预期效果，但是作为一种代表历史前进方向的理想、原则和道路，共产主义不仅没有被扼杀和消沉下去，反而吸引了越来越多的共和主义者加入，卢格、海尔维格、马克思、恩格斯先后都加入了共产主义的行列。

（二）德国哲学的启示

作为无产阶级的“精神武器”，德国哲学给予了无产阶级什么样的启示？根据恩格斯和青年黑格尔派的著述中，我们可以梳理如下：

1. 宗教在本质上是虚幻的存在，人不可能凭借神而得救

青年黑格尔派尤其是费尔巴哈的人本学为无产阶级揭露了宗教神学的秘密和本质。费尔巴哈指出，“神学的秘密”在于人本学。宗教产生的基础是“人的依赖感”。人类有一种天然的本性，即想寻找一种绝对本质加以崇拜，这就是人对绝对本质的依赖感。但是，现实世界的任何东西都是有限的、相对的，这让人深感苦恼。人类发现，世上唯一绝对的东西就是人的类本质即“最高本质”。在费尔巴哈那里，人的最高本质是理性、意志和心。于是，人就把自身的类本质对象化，然后将其作为偶像加以崇拜，这就是宗教的起源和本质。费尔巴哈说：“宗教——至少是基督教——就是人对自身的关系，或者，说得更确切一些，就是人对自己的本质的关系，不过他是把自己的本质当作一个另外的本质来对待的。属神的本质不是别的，正就是属人的本质，或者，说得更好一些，正就是人的本质，而这个本质，突破了个体的、现实的、属肉体的人的局限，被对象化为一个另外的、不同于它的、独自的本质，并作为这样的本质而受到仰望和敬拜。因而，属神的本质之一切规定，都是属人的本质之规定。”① 因此，从词语的性质来讲，人的类本质（存在）是主词，而神（思维）不过是宾词。不是神依据自己的形象创造了人，而是人依据自己的形象创造了神。

那么，这种源自人的类本质的神明与宗教，给人类带来了什么样的

① 费尔巴哈．费尔巴哈哲学著作选集：下集．北京：三联书店，1962：39.

影响？青年黑格尔派的回答如下：（1）宗教贬低了人的本质。既然神是人的类本质的对象化，那么宗教就应是对人自身的肯定，但在现实的实践中，这种外化出去的类本质却成了一种与人本身相对立的存在。上帝越是高贵，人类越是卑微；上帝越是有力，人类越是无力。正如费尔巴哈说的，“上帝是最有能力的或全能的实体——也就是说，上帝能做人所不能做的事，能做无限地越出人力以外的事，因此将一种认为自己有限、无力、一无所有的自卑感注入了人心”①。因此，本应展现人的本质的神与宗教在现实中起着相反的作用。人被贬低为卑微、无力和有罪的存在。（2）宗教奴役了人类。在青年黑格尔派看来，包括基督教在内的宗教是奴役人类的精神力量。正如布鲁诺·鲍威尔指出的，基督教“否定特权，却又在唯一者的统治以及随意选定的人的优先权中再次把特权生产出来；它否定罪恶，却又把一切都归在罪恶之下；它解救了罪人，却又把一切人都变成罪人；它想要提供自由和平等，却又拒绝这样做，反倒造成了不平等和不自由的经济”②。因此，宗教不仅没有给人类带来自由，反倒给人类套上了精神枷锁。德国哲学告诉世人，指望依靠神和宗教的力量求得人类解放是缘木求鱼，人类不可能依靠外来力量获得自身的解放。

2. 斯芬克斯谜语的“谜底”是人本身，无产阶级要依据人的尺度来构建新世界

恩格斯指出，能否解答斯芬克斯之谜决定着人类能否获得幸福，谁能正确解答，谁就幸福，否则，谁就将被“半身具有粗暴兽性的斯芬克斯”③ 所害。那些不幸的民族在解答这一问题时，“把假象当成真理”④，包括卡莱尔在内的英国人也正是这样做的。那么，谜底到底是什么？德国哲学与恩格斯的共同回答是：“谜底是人”⑤。历史之谜和人类之谜的答案就深藏在人之中。恩格斯解释说，要想消灭私有制，人类就必须“认识自身，使自己成为衡量一切生活关系的尺度，按照自己的本质去

---

① 费尔巴哈．宗教的本质．北京：人民出版社，1999：78.

② 聂锦芳，李彬彬．马克思思想发展历程中的“犹太人问题”．北京：中国人民大学出版社，2017：131-132.

③ 恩格斯．英国状况　评托马斯·卡莱尔的《过去和现在》1843年伦敦版///马克思恩格斯全集：第3卷．中文2版．北京：人民出版社，2002：502.

④ 同③.

⑤ 同③.

评价这些关系，根据人的本性的要求，真正依照人的方式来安排世界，这样，他就会解开现代的谜语了”①。那么，什么是人类“自己的本质”？什么是“人的本性的要求”？说白了就是自近代启蒙运动以来被哲学家所珍视的价值：

一曰自由。正如布鲁诺·鲍威尔指出的，“人的本质不是割礼，也不是洗礼，而是自由。当这一点被普遍承认时，才可能有解放的成果，即解放本身、一般的解放成果，同时解放才肯定会得到贯彻”②。另一位重要人物费尔巴哈也认为，自由是人的类本质之一。因此，“人的本性的要求”首先就要构建一个自由的世界。

关于这一点，青年马克思身上也有鲜明的体现。在其博士论文中，马克思借助原子论探讨了人的本质和世界应当如何的问题。在马克思看来，原子偏斜运动真正揭露了世界的真相。这种运动形式是对直线下降运动即必然性的否定，偏斜运动就是人的自由意志，是“原子真正的质”、“原子的脉动”和“原子的规律”，因此，人在本质上就是自由，这种自由具有“最高的神性”，一个符合理性的世界就是一个能实现人的自由的世界。③ 因此，要打倒“一切天上的和地上的神”，因为这些神不承认人的自由的最高价值。马克思的博士论文以激情澎湃的语言讴歌自由的可贵并表达了捍卫自由的决心。

对自由的追求在恩格斯身上自然也有鲜明的体现。1839 年 4 月恩格斯在信中深情地写道：“所有这些本世纪的观念使我夜不能寐，当我站在邮政局旁，望着普鲁士国徽时，我浑身都充满了自由的精神；每当我拿起一份杂志阅读时，我都感受到自由的进步。这些观念正在渗入我的诗篇，并且嘲弄那些头戴僧帽、身穿银鼠皮裘的蒙昧主义者。”④ 可见，在恩格斯看来，自由是最珍贵之物，也是最让他牵挂的字眼。在 1842—1845 年的一系列著作中，恩格斯更是不断地复述青年黑格尔派

---

①　恩格斯．英国状况　评托马斯·卡莱尔的《过去和现在》1843 年伦敦版///马克思恩格斯全集：第 3 卷．中文 2 版．北京：人民出版社，2002：521.

②　聂锦芳，李彬彬．马克思思想发展历程中的“犹太人问题”．北京：中国人民大学出版社，2017：121.

③　马克思．德谟克利特的自然哲学和伊壁鸠鲁的自然哲学的差别//马克思恩格斯全集：第 1 卷．中文 2 版．北京：人民出版社，1995：30-38.

④　恩格斯．恩格斯致弗里德里希·格雷培（1839 年 4 月 8—9 日）//马克思恩格斯全集：第 41 卷．北京：人民出版社，1982：459.

的历史观，即把历史分为人类史前史和人类史，其分界线就是人的自由状态。他认为，人类史前史充满了农奴制、初夜权以及宗教的、政治的和资本的奴役，只有未来的人类史才是人类“自由的自主联合”，而自由的世界并不会自己到来，因此需要为争取自由做不懈的努力。

二曰平等。整个青年黑格尔派都把平等视为一个合乎理性的世界所应具有的尺度。布鲁诺·鲍威尔指出：“自我意识既不是农民、市民，也不是贵族；在它面前，犹太人和异教徒是相同的；它既不只是德国人的自我意识，也不只是法国人的自我意识；……确实，如果它完善自己、发展成为真正的自我意识，它就会战胜专制、特权以及一切排他的东西。”① 可见，成熟理性为自己创建的理想世界拒斥专制与特权，贯彻的是平等原则。基于这样一个原则，青年黑格尔派展开了对基督教和专制政权的无情批判。基督教宣称世人是平等的，但事实上却在制造新的特权；专制政权则赤裸裸地宣称，唯有君主是主人，其他人都是奴隶。

青年马克思也旗帜鲜明地宣扬平等原则，批判特权。他说：“王权就不应由出生设定，而应由其他环节设定；就是说，王权不是世袭的，而是流动的，也就是说，王权是一种国家规定，这种规定是按其他环节的内在制度轮流指派给国家单个公民的。在理性的机体中，不可能头是铁的，而身体却是肉的。各个部分为了保存自身必须**同出一源**，必须具有同样的血和肉。”② 所谓“理性的机体”，就是符合人性要求的世界，这种世界贯彻的是平等原则；“同样的血和肉”，指的是众生平等。因此，世袭王权就是该受批判的背离理性原则的存在。

恩格斯对平等的追求也有鲜明的表现。这一点在他批判现代君主立宪制的人权时体现得最为鲜明。君主立宪制国家在理论上宣扬天赋人权、人民意志等，但在实践中，一切所谓“天生的权利”对于穷人而言都不过是空洞的名称。在其现实性上，君主立宪制国家不过是资产阶级进行阶级压迫的工具，法律压榨穷人，富人则支配法律。因此，恩格斯对这种虚假的民主和平等给予了无情的批判，他追求的是事实上的真正

---

① 聂锦芳，李彬彬．马克思思想发展历程中的“犹太人问题”．北京：中国人民大学出版社，2017：131．

② 马克思．黑格尔法哲学批判//马克思恩格斯全集：第3卷．中文2版．北京：人民出版社，2002：48-49．

平等。

三曰博爱。青年黑格尔派认为，一个合乎人性的世界不仅是一个自由、平等的世界，而且是一个充满爱的世界。费尔巴哈就主张，在抛弃了对神的爱之后，“就必须拿对人的爱当作唯一的真正的宗教，来代替对神的爱，必须拿人对自己的信仰及自己力量的信仰，来代替对神的信仰”①。这便是费尔巴哈著名的“爱的宗教”。他认为，只有这个新的宗教才是唯一符合人性要求的宗教，真正合乎人性的世界是以人之爱为纽带的。

马克思恩格斯虽然对费尔巴哈关于“爱的宗教”的思想进行了批判，但对他主张的人之爱却无疑是认同的。早在中学时期的宗教论文里，马克思就讴歌了人与人之间的博爱情怀。他说：“同基督结合为一体，就是同基督实现最密切和最生动的精神交融，我们眼睛看到他，心中想着他，而且由于我们对他满怀最崇高的爱，我们同时也就把自己的心向着我们的弟兄们，因为基督将他们和我们紧密联结在一起，并且他也为他们而牺牲自己。”② 从这段话可以看出，博爱情怀早已在马克思心中扎根生长。在其成熟时期的著作中，马克思对资本主义自私自利本性的批判以及关于“自由人的联合体”的主张，正是这种博爱情怀的具体化和进一步提升。

博爱情怀在恩格斯身上同样有生动的体现。19 世纪 40 年代，恩格斯穿梭于英国伦敦街头，一方面感叹于伦敦的繁华，另一方面又深知这种繁华背后包含着某种违反人性的丑恶的东西，这种东西就是私有制的“美杜莎的怪脸”给广大人民群众所带来的痛苦。有鉴于此，恩格斯发出了这样的质问：“难道这些群集在街头的、代表着各个阶级和各个等级的成千上万的人，不都是具有同样的属性和能力、同样渴求幸福的人吗？难道他们不应当通过同样的方法和途径去寻求自己的幸福吗？”③ 从这段话中我们看到了恩格斯对人类命运的深情关切。每个人都渴望幸福，因此一个合乎理性的世界必定会为每个人幸福的实现创造足够的条

---

① 费尔巴哈．费尔巴哈哲学著作选集：下卷．北京：商务印书馆，1984：755.

② 马克思．根据《约翰福音》论信徒同基督结合为一体//马克思恩格斯全集：第 1 卷．中文 2 版．北京：人民出版社，1995：452.

③ 恩格斯．英国工人阶级状况//马克思恩格斯全集：第 2 卷．北京：人民出版社，1957：304.

件，而非剥夺其获得幸福的一切可能性。这种观点上升为恩格斯对真正的“人”的理解。在他看来，真正符合“人”这个字的含义的人，是“意识到自己的利益和全人类的利益相一致的**人**，是一个伟大的大家庭中的成员”①。可见，恩格斯心中合乎人性的世界就是以爱为纽带而联结在一起的世界。人与人之间不应当是孤立、对立的原子关系，而应当是骨肉之亲的关系。

综上所述，在青年黑格尔派、马克思恩格斯看来，一个合乎人的本性要求的世界就是一个贯彻自由、平等和博爱原则的世界，依据人的尺度构建新世界就是依据自由、平等和博爱原则构建新世界。这就是恩格斯所说的向人本身的“真诚地复归”，这也是“历史的目的”。当获得“自由的、人的自我意识”之后，人类就可以“自由地独立地创造以纯人类道德生活关系为基础的新世界”②。这个新世界就是自由、平等和博爱的世界。

3. 要打倒“一切天上的和地上的神”，无产阶级必须进行不屈服的斗争

既然人只能依靠自身的力量创建一个自由、平等和博爱的世界，而世界又充斥着压制自由的“神”，那怎么办？当然是要进行不屈服的斗争。

青年黑格尔派的哲学把历史视为一部“自我意识”的成长史，即自我意识突破一切客观的束缚而成为自由精神的历史，其现实的形式就是哲学家对现有一切宗教关系和政治关系所展开的无情批判，正如布鲁诺·鲍威尔说的：“哲学也应该在政治方面起作用，如果现存关系同自我意识对立，就应该向现存关系进攻并动摇它们。奴役和监护同自由精神是不相容的。”③ 去除“自我意识”哲学的外壳，青年黑格尔派哲学讲的就是人类为了实现自由、平等和博爱而进行的不屈服的斗争。这样一种精神气质在马克思哲学那里上升为一个经典的绝对命令：“对宗教的批判最后归结为**人是人的最高本质**这样一个学说，从而也归结为这样

---

① 恩格斯．英国工人阶级状况//马克思恩格斯全集：第 2 卷．北京：人民出版社，1957：277.

② 恩格斯．英国状况　评托马斯·卡莱尔的《过去和现在》1843 年伦敦版//马克思恩格斯全集：第 3 卷．中文 2 版．北京：人民出版社，2002：520.

③ 兹维·罗森．布鲁诺·鲍威尔和卡尔·马克思．北京：中国人民大学出版社，1984：142.

的**绝对命令：必须推翻**使人成为被侮辱、被奴役、被遗弃和被蔑视的东西的**一切关系**”[1]。那么，“一切关系”包含哪些关系？首先，它指宗教对人的精神压迫。青年黑格尔派认为，宗教是最大的奴役力量，因此必须砸碎宗教给人们的心灵套上的枷锁。其次，它指国家制度（尤其是君主专制制度）对人的蔑视和奴役。只要还存在国家制度对人的压迫，人就不可能成为有尊严的存在。最后，它还指自私自利的私有制对人的侮辱、蔑视和贬低，只要资本主义私有制和剥削制度存在一天，“美杜莎的怪脸”就会给现实的人带来无尽的屈辱和痛苦。

以上就是德国哲学的启示，概括起来就是：世上没有救世主，要创造一个自由、平等和博爱的世界全靠人类自己。只要一切受苦受难的劳动群众团结起来，拿起武器反抗旧世界，美好的新世界就一定会到来！巴黎公社的领导人之一欧仁·鲍狄埃在 1871 年公社失败后创作的《国际歌》淋漓尽致地表达了德国哲学的启示：

> 起来，饥寒交迫的奴隶！
> 起来，全世界受苦的人！
> …………
> 从来就没有什么救世主，
> 也不靠神仙皇帝！
> 要创造人类的幸福，
> 全靠我们自己！
> 我们要夺回劳动果实，
> 让思想冲破牢笼！
> 快把那炉火烧得通红，
> 趁热打铁才会成功！
> 这是最后的斗争，团结起来到明天，
> 英特纳雄耐尔就一定要实现！
> 这是最后的斗争，团结起来到明天，
> 英特纳雄耐尔就一定要实现！
> …………

---

① 马克思.《黑格尔法哲学批判》导言//马克思恩格斯文集：第 1 卷. 北京：人民出版社，2009：11.

是谁创造了人类世界？
是我们劳动群众！
一切归劳动者所有，
哪能容得寄生虫?!
最可恨那些毒蛇猛兽，
吃尽了我们的血肉！
一旦把它们消灭干净，
鲜红的太阳照遍全球！
这是最后的斗争，团结起来到明天，
英特纳雄耐尔就一定要实现！
这是最后的斗争，团结起来到明天，
英特纳雄耐尔就一定要实现！

（三）结论

德国哲学的历史观和自由观无疑具有深刻的启示。在历史观方面，不同于过去宗教把历史视为“神”的启示的观点，德国哲学把历史视为人的启示的进程。历史说到底是人类的成长进程，在这一进程中，人类逐渐克服宗教的影响，认识到自身的美好本质和力量。人类从原来拜倒在神和世俗王权脚下的姿态转为独自站立的姿态，在历经磨难之后，人类最终获得了“自由的、人的自我意识”，这种获得“人的意识”的无产阶级是一个真正的起点，一个消灭私有制、求得人类解放的起点。

与此相联系，德国哲学的自由观告诉无产阶级，人类的解放事业归根到底是“为了人”并“依靠人”的事业。无产阶级不可能指望神或资产阶级的恩赐而获得自身和人类的解放，前者是虚幻的，后者更是维护资本主义私有制的现实力量。斯芬克斯谜语的“谜底”是人本身。无产阶级必须依靠自身的力量，依靠自身的团结和不屈服的斗争。当全世界觉醒的无产阶级联合起来时，资本主义制度和资产阶级的统治就会被终结。消灭资本主义私有制的斗争也是“为了人”的，它指向一个贯彻自由理性原则的、属人的世界。只有消灭资本主义私有制以及建立在其上的上层建筑，无产阶级才能争得自己作为人的尊严。德国哲学因其属人的性质而被无产阶级视为精神武器。

三、消灭私有制的根本动力——工业革命

工业革命是消灭私有制的“根本动力”。它虽然使中间阶级上升为统治者，但同时却催生了消灭资本主义私有制的主体力量——现代无产阶级，并且为无产阶级从事伟大的人类解放事业创造了一系列必要条件：它促进了无产阶级的壮大，锻造了无产阶级运动的坚强核心，催生了“世界的文学”，为无产阶级宣扬思想主张提供了传播媒介，为无产阶级的联合提供了物质基础。英国工业革命是“现代英国各种关系的基础”，是整个社会运动的根本动力。

（一）工业革命的产生、进程与成就

恩格斯指出，18 世纪的英国正经历着一场人类历史上最重要的变革，这场变革越是悄无声息，它的影响就越深远和巨大。与法国的政治革命和德国的哲学革命不同，英国的这场革命是社会革命。社会革命才是“真正的革命”①，它也是政治革命和哲学革命的归属。这场社会革命在现代英国已进行了七八十年，有关人类生活关系的一切领域，哪怕是“最生僻的领域”②，都无不在这场革命的影响下发生了巨大的变化。这场革命是“现代英国各种关系的基础，是整个社会的运动的动力”③。它不仅为消灭私有制准备了物质条件，而且催生了消灭私有制的主体力量——现代无产阶级。一句话，这场社会革命是消灭私有制的“根本动力”。它就是肇始于 18 世纪中叶的现代工业革命。

这场革命是如何产生的？经历了什么样的进程？有什么样的成就？恩格斯指出，工业革命是 18 世纪各门科学和实践相互结合的产物。到了 18 世纪，各门学科才形成自己的“科学形式”，例如，牛顿由于发现了万有引力定律而创立了系统科学的天文学，由于创立了无限理论和二项式定理而创立了系统科学的数学，由于对光的分解而创立了系统科学

① 恩格斯. 英国状况　十八世纪//马克思恩格斯全集：第 3 卷. 中文 2 版. 北京：人民出版社，2002：526.

② 同①.

③ 同①544.

的光学，由于认识了力的本性而创立了系统科学的力学。其他各门学科的情况同样如此。这些学科因为上述发现而具有内在的因果联系，“知识变成科学”① 从而获得了科学的形式，这些知识成果一方面与哲学相结合，另一方面则与实践相结合。后一方面结合的成果就是工业革命。

下面我们梳理一下工业革命的进程与成就。1764 年，工程师詹姆斯·哈格里沃斯发明了珍妮纺纱机。这一发明开启了工业革命的进程。珍妮纺纱机的效率比旧式纺车整整高了 15 倍。1768 年，理查·阿克莱发明了水力纺纱机。这种纺纱机又大大提升了纺纱的效率，而且纺出来的纱质量更好。1776 年，工程师詹姆斯·瓦特博士成功制造了万能蒸汽机。这一发明是工业革命最重要的成果，它解决了工业革命的动力问题。1776 年，博尔顿的赛米尔·克朗普顿在综合珍妮纺纱机和水力纺纱机优点的基础上发明了走锭精纺机。它和珍妮纺纱机、水力纺纱机一道用以棉花加工。1787 年，卡特赖特发明了动力织机，这种机器经多次改进而广泛运用于纺织业。②

这些发明使英国的工业整个地兴旺起来。棉纺织业是最早活跃起来的。詹姆斯·瓦特于 1785 年在诺丁汉郡创建了第一个蒸汽纺纱厂，随后这类纺纱厂就如雨后春笋般出现了。蒸汽纺纱厂由于采用了最新的蒸汽动力而迅速地改变了棉纺织业的面貌。以子棉的输入量为例，1770 年英国一年的输入量还不到 500 万磅，在建立了蒸汽纺纱厂后，英国对子棉的需求量迅速增加到 1800 年的 5 400 万磅，1836 年又增加到 36 000 万磅。蒸汽织机和其他的机器发明在经过不断改进之后，使得全部棉纺织业部门都“革命化了”③。棉纺织业所采用的机器发明迅速地传到了毛纺织业、麻纺织业和丝纺织业。结果这四个主要的纺织工业部门都发生了革命性的变化。人们不再待在家里生产，而是在大型工厂里共同工作。机器作业和蒸汽动力迅速取代了手工劳动。劳动生产率得到了飞速提高。一个 8 岁的童工在机器的帮助下，其劳动效率比一个成年手工男工竟然高出 20 倍。因此，工厂大量招募童工和女工，这些童工

---

① 恩格斯．英国状况　十八世纪//马克思恩格斯全集：第 3 卷．中文 2 版．北京：人民出版社，2002：527.

② 同①537-538.

③ 同①538.

和女工迅速成为工厂的劳动力主体。①

除了纺织业，英国其他主要的工业部门也得到了长足发展。以金属加工业为例，1760 年亨茨曼发明了新式铸钢法，同时，整个制铁、制铜部门都采用了大批新式的锻造机器，这些机器迅速取代了手工生产，工厂制度在金属加工部门快速建立起来。②

金属加工业的迅猛发展直接带动了采矿业的发展。1788 年人们开始用焦炭代替木炭来开采矿产，在随后短短的 6 年间，铁矿的年开采量激增 5 倍。1770 年以来，铜矿和锡矿的开采量也由于采用了新技术、新能源而增加了两倍。至于煤矿开采量的增加，则是难以计算的。到 19 世纪 40 年代，工厂、锻工炉、矿山采矿、铸造场、冶炼炉、无数蒸汽机和居民的取暖设备所耗费的煤炭数量已经远远超出 80 年前的水平。③

采矿业的发展又带来了交通运输业的进步。为了满足交通运输的需要，1755 年，英国兰开夏郡开凿了第一条“值得一提的”运河；1759 年，布里奇沃特公爵开始挖凿一条从沃斯利到曼彻斯特的人工运河。1807 年，蒸汽力开始运用于船舶运输。1811 年，英国建造了第一艘轮船，随后又建造了 600 多艘轮船。1801 年，英国修建了第一条公共铁路，从那时起，整个英国迅速地构建起铁路网络，其中，工业城市曼彻斯特是五条铁路的枢纽站，而首都伦敦更是九条铁路的枢纽站。从 1818 年到 1829 年，英格兰和威尔士总共修建了 1 000 英里的公路新干线，这些新干线都是运用新技术修建的。④

以上我们大致梳理了工业革命的产生、进程与成就，短短七八十年的工业革命彻底改变了英国的整体面貌。通过上面的描述，我们看到，工业革命本质上是一种强大的生产力。那么，这种强大的生产力是如何推进人类社会历史的发展的？它又是如何消灭私有制的？恩格斯指出，要回答这一问题，必须先弄清人类历史发展的总图景。

（二）人类历史发展的总图景

按照恩格斯的理解，人类历史大体经历了三个大的阶段：古代世

① 恩格斯．英国状况 十八世纪//马克思恩格斯全集：第 3 卷．中文 2 版．北京：人民出版社，2002：540.

② 同①542.

③ 同①543.

④ 同①543-544.

界、基督教日耳曼世界和“人的世界”。① 这三个阶段依次更替。这些阶段都有什么本质特征？

古代世界的本质特征在于它“根本不懂主体权利”②，它奉行的是普遍的和实体性的原则，因此，古代世界离开奴隶制就不可能存在。

基督教日耳曼世界则以主体性为自身的原则，从而以“任意、内在性、唯灵论”③ 作为基本原则同古代世界相对立。基督教日耳曼世界本身可以分为两个阶段：人的统治阶段和金钱的统治阶段。恩格斯指出，第一个阶段奉行的主体性原则是“抽象的、片面的”，因此在实践中它会立即“变成自己的对立物”，“抽象的内在性”变成了“抽象的外在性”④。换句话说，这一阶段给人带来的不是主体的自由，而是“主体的奴役”⑤，其外在表现形式就是农奴制。农奴制虽然在形式上不像奴隶制那样让人痛恨，但它却“更虚伪和不合乎人性”⑥。这一阶段说白了就是封建社会，在这一阶段，人是政治统治的奴隶。

经过法国大革命等一系列政治改革，人类废除了封建制度，从而进入了基督教日耳曼世界的第二个阶段。这个阶段奉行的主体性原则体现为“利益”至上，这个“利益”指的是主体的、利己的和单个的利益。利益被提升为原则。政治改革第一次宣布：“人类今后不应该再通过强制即**政治的**手段，而应该通过利益即**社会的**手段联合起来。”⑦ 利益从此被升格为“人类的纽带”⑧。恩格斯指出，只要作为社会最高原则的“利益”仍是主体的和纯粹利己的，那么人类社会就是一个彼此隔绝、彼此对抗的世界。人与人之间的关系是孤立的、单子的关系，或者是狼与狼的关系。利益统治的现实化形式就是“财产的统治”⑨，恩格斯说：“财产，同人的、精神的要素相对立的自然的、无精神内容的要素被捧上宝座，最后，为了完成这种外在化，金钱、财产的外在化了的空洞抽

① 恩格斯. 英国状况　十八世纪//马克思恩格斯全集：第3卷. 中文2版. 北京：人民出版社，2002：532-534.

② 同①532.

③ 同①533.

④ 同①533.

⑤ 同①533.

⑥ 同①533.

⑦ 同①533.

⑧ 同①533.

⑨ 同①533.

象物，就成了世界的统治者。”① 换言之，在基督教日耳曼世界的第二个阶段，谁拥有财产，谁就拥有统治权。人已经不再是政治统治的奴隶，而变成了财产即物的奴隶。金钱统治的时代比封建时代更不合乎人性，更残暴，更不道德，一句话，其异化程度更深。

恩格斯指出，基督教世界秩序在金钱的统治中达到了自己的顶点，它已经不能再向前发展了，它必然会内部崩溃并让位给“合乎人性、合乎理性的制度”②，这一制度就是“人的世界”。金钱统治的阶段是人类走向“自由的自主联合以前必经的最后阶段”③。人要重新“回到自身”，就必须经历这种“金钱的统治”的痛苦阶段。经过这种异化及其扬弃之后，人类社会终将从孤立的、互相排斥的原子状态走向普遍联合与利益融合的状态。

以上就是恩格斯所描绘的人类历史发展的总图景，从其描述来看，古代世界相当于奴隶社会阶段，基督教日耳曼世界的第一阶段相当于封建社会，而第二阶段相当于恩格斯正经历的资本主义社会。虽然封建社会被划入人类历史发展的第二大阶段，但从实质上看，封建社会奉行的是古代世界的普遍的和实体性的原则，个人在事实上隶属于政治统治和国家，因此，就实质内容而言，封建社会与奴隶社会一样，当属于古代世界，而资本主义社会属于基督教日耳曼世界，未来的社会属于第三阶段。

（三）工业革命在人类社会历史进程中的作用

1. 工业革命使中间阶级上升为统治者

工业革命为中间阶级上升为统治者准备了哪些条件？

第一，工业革命催生了工业资产阶级和新兴的工业城市。直到 18 世纪中期，英国依然是一个以农业为主导的国家，绝大多数人口是农业人口，国家财政收入的主要来源是土地税收，其次是贸易和金融，而此时的工业只是农业的附属部分。这时根本谈不上工业资产阶级和新兴的工业城市。伴随着 18 世纪中叶工业革命的起步和发展，现代工厂如雨

---

① 恩格斯. 英国状况　十八世纪//马克思恩格斯全集：第 3 卷. 中文 2 版. 北京：人民出版社，2002：534.

② 同①.

③ 同①.

后春笋般迅速地建立起来，一批新兴的工厂主冒头了，这些人通常出身低微，靠工厂生产迅速积累了巨大的财富，这一集团就是人们常说的工业资产阶级。新兴的工业城市也伴随着工业革命的加速而出现。据统计，1760 年，英国只有一个城市的人口超过 5 万，到了 1851 年，人口超过 10 万的大城市就有 7 个，这几个大城市几乎都是新兴的工业城市，如曼彻斯特、格拉斯哥等。工业资产阶级和新兴的工业城市就在工业革命的母体中被催生出来了。

第二，工业革命极大地增强了资产阶级的力量。恩格斯指出，工业革命的“第一个结果”就是利益被提升为世界的统治者。如前文所描述的，工业革命创造了巨大的社会生产力，这种生产力本质上就是力量。按照法理，这些财富本应属于全人类，但由于私有制的存在和作用，工业资本家独占了这些工业财富和力量而成为无所不能的存在。到了 19 世纪 30 年代（此时工业革命已经发展了六七十年），工业资产家在国家经济生活中已经占据绝对的统治地位，掌握了全国财富的 4/5。

第三，工业革命间接刺激了资产阶级夺取政权的野心。工业资产阶级凭借工业革命积攒了巨大财富。巨财在手，工业资产阶级自然渴望获得与自身财富相匹配的政治地位，于是就越来越不满于政治上的无权地位。经济实力的强大必然刺激资产阶级对政治权力的渴望和野心。新阶级渴望通过政治权力来维护自己的经济利益。

那么，新兴资产阶级是如何争取政治权力的？其具体做法是议会改革。我们来看肇始于 1832 年的议会改革是如何将资产阶级捧上王位宝座的。1688 年光荣革命以后，议会成为英国的最高权力机关，但土地贵族（其政党代表是托利党）长期把控着议会，绝大多数议员席位都落入托利党人手中。工业革命以后，英国新兴的工业城市如曼彻斯特、利物浦等迅速崛起，其人口数量大大增加。但这些新兴城市并没有议会代表权。凭借工业革命而迅速壮大的资产阶级面对政治上无权的地位，内心自然极度不满。为了维护自身的阶级利益，新兴工业资产阶级强烈要求参与国家管理。为达此目的，1829 年，英国资产阶级创立了“伯明翰政治同盟”。该同盟明确要求工商业资产阶级的代表人选议会，宣称如此才能最大限度地保障工商业资产阶级的利益。1830 年 3 月，工业资产阶级在伦敦组建了“首都政治联盟”。这些联盟开展了一波又一波示威请愿运动。伴随着运动的日益高涨，托利党的顽固代表惠灵顿内阁倒台，辉格党人上台组阁。1831 年，辉格党党魁格雷向国会提出了议会选举改革方案，但方案被贵族把持的上院否决了。有鉴于此，辉格党人纷纷在伦敦、利物浦、曼彻斯特等城市组织群众进行大规模的示威游行活动，要求国会通过改革方案。同时，人们纷纷到银行提款，一度造成了金融风波。在这些强大的压力下，1832 年 6 月，议会通过了改革方案，由此开启了英国的第一次议会改革。

这次议会改革的核心内容有两项：（1）重新分配下院的席位。议会改革取消了许多所谓的“衰败选区”、“袖珍选区”（这些选区是托利党的自留地），减少了某些选区的议席，这些空余的议席分配给了人口增加的郡和新兴的工业城市如曼彻斯特等。经过这一系列调整，新兴的工业城市获得了 65 个席位，占下院席位的 1/5。（2）修改选举资格的要求。这次改革降低了有关选民财产的要求，在城市中，年付 10 镑以上房产税的市民即可参加选举，这无疑为工业资产阶级打开了议会大门。议会改革的当年，符合选举要求的选民人数由 50 万增至 81 万，增加的选民几乎都来自工业资产阶级。可以说，1832 年的英国议会改革是资产阶级登上政治舞台的开端。随后英国进行了多次议会改革，资产阶级获得越来越多的席位，到 19 世纪 40 年代，该阶级在下院所获的席位已经超过了土地贵族，成为英国真正的统治阶级。

从上面的描述我们可以看到，资产阶级政治上的成功离不开工业革命。后者极大地增强了前者的力量，这种力量又刺激了资产阶级夺取政权的野心。资产阶级之所以敢跟土地贵族叫板，之所以能组织强大的政治同盟和大规模的示威游行活动并最后取得政权，归根到底源自资产阶级在工业革命中积攒起来的实力。就这样，工业革命使新兴资产阶级打败土地贵族，人类社会从人的统治阶段过渡到金钱的统治阶段，从封建社会过渡到资本主义社会。

2. 工业革命催生了无产阶级

恩格斯指出，工业革命不仅产生了打败“门阀世族”的工业资产阶级，它更深远的影响在于催生了无产阶级。1780 年以前，英国还是一个农业国，无产者还很少，无产阶级更谈不上。工业革命的出现彻底改变了这一状况，这场革命催生了无数新工业和新劳动部门，这些新工业和新劳动部门需要的工人前所未有之多，结果城市工人数量迅猛增加，这支庞大的工人队伍组成了无产阶级。无产阶级的特点就是人身自由，一无所有，完全依靠自己的工资生存。恩格斯认为，这一阶级是战胜资产阶级的新生力量，它将带领人类走向新的未来。为什么无产阶级将是开辟新时代的力量？工业革命为无产阶级的事业做了什么准备？关于前一问题，我们在前文已经做了详细剖析；关于后一问题，恩格斯并未做系统分析，结合他在各个时期对这一问题的论述，我们可以做如下梳理：

第一，工业革命促进了无产阶级的壮大。正如马克思恩格斯指出的，工业革命以竞争作为强有力的纽带，使社会各阶层的地位都发生了剧烈的变动。小商人、小工业家、小食利者、农民和手工业者等封建社会的中下层在残酷的竞争中落败，这些人手中的小资本、落后的生产方法根本禁不起大资本及其先进技术的竞争，于是纷纷破产，结果这些人统统降落到无产阶级的队伍中来了。就这样，无产阶级的队伍由于社会中下层阶级的加入而日渐庞大。

第二，工业革命锻造了无产阶级运动的坚强核心。恩格斯指出，这个坚强的核心就是工业革命的初生子——工厂工人。这批工人是工业革命最早孕育的力量。他们最早和蒸汽机、棉花的机器生产、工厂制度等相结合，他们是英国工人中“资格最老、人数最多、智慧最高、力量最大、因而也最不安分而且是资产阶级最恨的”①。这批工人最早也是最深地遭受到竞争、经济危机和资本剥削的痛苦，因而具有最坚强的抗争意识，自然也就成为工人运动的引领者。

第三，工业革命催生了“世界的文学”。马克思恩格斯指出，工业革命彻底打破了过去那种“地方的和民族的自给自足和闭关自守状态”②，任何民族，如果不想被世界淘汰，就必须按照工业革命的方式去生产，必须融入世界性的各种相互交往之中。物质生产的情况是这样，精神生产的情况同样如此。各民族的精神产品既是民族的，更是全世界的“公共的财产”③。在世界各国人民的文化交流和激荡中，民族的局限性和片面性日益被消除，一种由“许多种民族的和地方的文学”

---

① 恩格斯．英国工人阶级状况//马克思恩格斯全集：第2卷．北京：人民出版社，1957：420.

② 马克思，恩格斯．共产党宣言//马克思恩格斯文集：第2卷．北京：人民出版社，2009：35.

③ 同②.

激荡交融而成的“世界的文学”① 产生了，无产阶级正好可以利用它来发展自身。一个阶级的成长需要汲取一切人类文明的优秀成果，这种“世界的文学”正是人类文明的精华。

第四，工业革命为无产阶级宣传思想主张提供了传播媒介。工业革命的一个重要影响就是带来了报纸行业的革命性变革。18 世纪末 19 世纪初，一种能高速转轮的印刷机产生了，它能极大地提高印刷效率，从而大大降低了印刷成本，结果使本来面向少众的报刊成为人民群众的生活必需品。在这种背景下，无产阶级开始采用报刊来宣传自己的政治主张和经济主张。英国最早的一批无产阶级报刊有《贫民导报》《北极星报》《纺织》等。这些报刊的主要内容是呼吁改善工人的劳动条件和提高工人的生活水平，同时也宣传了无产阶级的政治主张和空想社会主义的思想主张。这些报刊在批判错误思潮、揭露资本家的剥削本质、传播革命理论等方面起着不可替代的作用。正如马克思指出的，“报刊是历史的人民精神的英勇喉舌和它的公开形式”②。借助于报刊宣传，无产阶级得以使自己的思想主张在整个社会传播开来，从而达到唤醒阶级意识和提高阶级觉悟的目的。

第五，工业革命为无产阶级的联合提供了物质基础。恩格斯指出，在与资本家的斗争中，工人虽然有时也取得胜利，但这种胜利只是暂时的。无产阶级真正的力量在于“工人的越来越扩大的联合”③。工人阶级只有在联合起来作为一个整体时，才能在与资产阶级的斗争中取得根本性的胜利。无产阶级的联合是如此重要，但这种联合在过去闭塞的条件下显然是无法实现的。工业革命所创造的日益发达的交通工具则为联合提供了条件。凭借现代化的交通工具，各地的工人斗争终于汇集成了全国性的斗争，汇合成了阶级斗争。这种无产阶级的联合就是打败资产阶级的希望之所在。

综上所述，工业革命就是推动人类历史发展、消灭私有制的根本动力。一方面，它使工业资产阶级壮大起来并战胜封建贵族势力，人类社

---

① 马克思，恩格斯．共产党宣言//马克思恩格斯文集：第 2 卷．北京：人民出版社，2009：35.

② 马克思．关于新闻出版自由和公布省等级会议辩论情况的辩论//马克思恩格斯全集：第 1 卷．中文 2 版．北京：人民出版社，1995：155.

③ 同①40.

会从人的统治阶段过渡到金钱的统治阶段，从封建社会过渡到资本主义社会；另一方面，它又锻造了资本主义社会的掘墓人。当日益觉醒并壮大的无产阶级联合为一个整体与资本主义制度和资产阶级做不妥协的斗争时，一个新的合乎人性的社会形态即“人的世界”就会来临。恩格斯满怀信心地指出：“18 世纪是人类从基督教它投入的那种分裂涣散的状态中联合起来、聚集起来的世纪；这是人类在走上自我认识和自我解放道路之前所走的一步”①。工业革命正是推动这一历史进程的根本动力。

（四）结论

恩格斯关于工业革命作为历史发展的根本动力的学说是理论上的创新。历史发展的根本动力问题是西方思想家关注的一个重要问题，对此问题不同的思想家有不同的回答，影响广泛的大致有如下四种：

其一，自然史观。古希腊时期的思想家信奉“神”，这个神并非宗教的人格神，而是自然化的神。这种自然神是历史发展的推动力。古希腊诗人赫西奥德把人类诞生后的历史分为五个时代：黄金时代、白银时代、黄铜时代、英雄时代和黑铁时代。在潘多拉打开包含着一切罪恶的盒子之时，黄金时代就结束了，人类社会一步步堕落。到诗人所处的黑铁时代，简直就是礼崩乐坏的世界末日。诗人相信，神明将会插手改造这黑暗时代并使其重返最初的黄金时代。赫西奥德的历史观突出的是自然的意志，认为自然是历史发展的根本动力。

其二，神学史观。这是中世纪神学家的历史观。神学家不满于古希腊的自然史观，他们认为，历史不过是“神的启示”，历史的目的是神的目的。神学家奥古斯丁将人类历史分为两大时期：基督诞生前的时期和诞生后的时期。前者为福音的降临做准备，后者则是基督传播福音和取得胜利的时期。因此，在中世纪神学家看来，历史就是神的自我纪事和荣光的展现。上帝是社会历史的起点、推动力和终极目的。

其三，英雄史观。顾名思义，这种观点主张少数英雄是推动人类历史发展的根本动力。天不生英雄，万古如长夜。英国思想家托马斯·卡莱尔就指出，人类历史不过是“在世界上活动的伟人的历史”，这些伟

① 恩格斯．英国状况　十八世纪//马克思恩格斯全集：第 3 卷．中文 2 版．北京：人民出版社，2002：526-527.

大人物真正构成了“整个世界历史的精华”①。古往今来，英雄史观都有巨大的影响。

其四，精神史观。黑格尔和青年黑格尔派是这种观点的代表。黑格尔认为，客观的理性精神即绝对精神是人类历史的起点、推动力和终极目的，历史不过是精神从“绝对”（潜在的精神）成长为“绝对精神”（现实的精神）的过程，人类的活动不过是绝对精神自我成长和实现的手段。他说：“上帝放任人们纵其特殊情欲，谋其个别利益，但所达到的结果，不是完成他们的意图，而是完成他的目的，而上帝的目的与他所利用的人们原来想努力追寻的目的，是大不相同的。”② 这里的“上帝”指的就是绝对精神。因此，绝对精神是历史舞台的剧中人也是剧作者，是历史发展的根本动力。青年黑格尔派则用自我意识取代绝对精神，认为历史是自我意识展现自身的舞台，历史的前进运动体现为自我意识异化为外在的对象（宗教、政治国家等形式）又扬弃这些对象而成为无限的自我意识。自我意识运动的现实形式是哲学家所展开的无情批判，因此，青年黑格尔派认为自己是自我意识的化身，是历史发展的推动力。

恩格斯对前人的突破在于，他是到社会历史的深处去寻求推动人类历史发展的根本动力。在他看来，工业革命所代表的人类社会生产力才是社会发展的根本动力。工业革命催生了工业资产阶级、工业无产阶级，为两个阶级力量的不断壮大提供物质条件和精神条件。强大起来的工业资产阶级将人类带入资本主义时代，而日益强大的工业无产阶级则将结束资本主义社会，带领人类进入新的、真正自由与平等的时代。因此，恩格斯的历史动力观较前人的理论而言体现出新的思路和新的观点。

四、消灭私有制的现实途径——共产主义

共产主义是消灭私有制的现实途径。它是建立在财产共有基础上的对社会关系所进行的全面变革。这种变革就内容而言包括：废除私有

① 卡莱尔. 论历史上的英雄、英雄崇拜和英雄业绩. 北京：商务印书馆，2010：1.

② 黑格尔. 小逻辑. 北京：商务印书馆，2009：396.

制，实现财产共有；消灭竞争；消灭宗教；政治革命。共产主义能够彻底消除资本与劳动的对立和分离、竞争和无政府状态、周期性的经济危机、无产阶级的贫困以及资本主义的一切罪恶，故它是“真正的自由和真正的平等”的实现，也是人类社会的必然选择。

（一）批判泛神论的劳动崇拜与英雄崇拜

在探讨了关于消灭私有制的主体力量、精神因素和根本动力等问题后，恩格斯开始回答关于消灭私有制的现实途径的问题，这也是消灭私有制的落脚点。针对这一问题，当时的思想家提出了各式各样的方案，恩格斯首先是做了一个“破”的工作，他以托马斯·卡莱尔的思想主张为靶子展开批判。

托马斯·卡莱尔（1795—1881），英国哲学家、评论家、历史学家及讽刺作家，主要作品有《论英雄与英雄崇拜》、《法国革命史》和《腓特烈大帝传》等，恩格斯的同时代人，一位关心人类命运的思想家。与恩格斯一样，卡莱尔看到了资本主义私有制带来的种种弊端，概括起来有这么几个方面：“劳动的贵族沉溺于玛门主义，他们与其说是一群劳动的领导者和‘工业司令官’，不如说只是一伙工业海盗；议会是靠贿赂被选出来的；单纯旁观、无所事事和 *Laissez-faire* 等等的人生哲学；宗教被破坏并日益瓦解，所有普遍的人类利益彻底崩溃，对真理和人类普遍失望，因此，人们普遍孤立，具有各自‘粗陋的个体性’，一切生活关系混乱不堪、杂乱无序，一切人反对一切人的战争，普遍的精神沦丧，缺乏‘灵魂’即缺乏真正的人的意识；人数众多的工人阶级忍受着难以忍受的压迫和贫困，异常不满并反抗旧的社会制度，因此，具有威胁性的民主主义不可阻挡地向前推进；到处是混乱，没有秩序，无政府状态，旧的社会联系瓦解，到处是精神空虚，思想贫乏和意志衰退。——这就是英国状况。”① 相比于整日无所事事或者时刻想着盘剥人民的上层阶级而言，卡莱尔对社会弊病的深刻洞见以及对下层民众的深切关注确实是难能可贵的，为此，恩格斯赞扬卡莱尔是整个上层阶级中仅有的一个“正确地理解了眼前的现状”的英国人，“的确

① 恩格斯. 英国状况 评托马斯·卡莱尔的《过去和现在》1843 年伦敦版//马克思恩格斯全集：第 3 卷. 中文 2 版. 北京：人民出版社，2002：510-511.

是很了不起的”①。

问题既已明白，那么出路在哪里？卡莱尔认为，希望就寄托在劳动和英雄身上。首先是劳动崇拜。卡莱尔指出，劳动是治愈时代弊病的良药，因为劳动内在地具有一种“永恒的高尚性，甚至神圣性”②，不管一个人如何消沉，不管他是否忘记了自己作为人的崇高使命，如果能用心地从事劳动，他的生命还是有希望的，在这个世界里，唯有寄生虫是不可救药的。劳动具有一种难以估量的意义，借助于劳动，腐臭的沼泽化身为“美丽的田野和繁华的城市”；借助于劳动，人性得以涤荡，不再是“腐臭的沼泽和传播病源的荒漠”③，它不断走向完满。当然，卡莱尔所说的劳动指的是广义的劳作，它既包括体力劳动，也包括脑力劳动，牛顿的沉思、开普勒的计算，一切科学研究，还包括英雄事迹和一切殉教行为，甚至一切被人们称为“汗滴如血珠的极度伤痛”④。

对于劳动的神奇作用，卡莱尔用如诗一般的语言写道：“当人投身于劳动，他的整个灵魂——即使在从事最低贱的劳动时——将置于一定的和谐之中！怀疑、渴望、悲伤、不安、愤懑，以至绝望，这一切就像一群地狱守门犬一样，包围了可怜的短工和其他一切人的灵魂；但他以大无畏的精神从事自己每日的工作，于是这群恶犬只好全都咕哝着退到它们遥远的窠穴里去，人现在已经是人了；劳动的神圣热情在他身上像涤罪之火一样，一切有害的东西，甚至恶臭的烟雾，都在明亮的神圣火焰中烧光。谁能找到自己的工作，谁就幸福；他并不企盼别的幸福。他有了工作，有了生活的目的；他找到这个目的，他追求这个目的，于是他的生活就像是从人类生存的污浊的贫困沼泽中开挖出来的一条自由涌流的运河，奔腾而去，运河从芦苇丛的最深处把污浊的水引走，把发臭的沼泽变成肥沃的绿原。”⑤ 在卡莱尔看来，劳动真的有一种救赎的力量，劳作者必定会在这种活动中寻找到慰藉。在劳动中，人找到生活的目的和意义；在劳动中，社会扬弃了自身的弊病。一句话，劳动就是人

---

① 恩格斯. 英国状况 评托马斯·卡莱尔的《过去和现在》1843年伦敦版//马克思恩格斯全集：第3卷. 中文2版. 北京：人民出版社，2002：511.

② 同①513.

③ 同①514.

④ 同①514.

⑤ 同①514.

类“永恒的福音”①。

除劳动崇拜以外，卡莱尔还主张英雄崇拜。他指出，人类社会面临着一个重大而紧急的任务，那便是把劳动组织起来。千百万人的工人阶级大军正要奋起反抗，这些人不满于一天“赚六个便士”和“按供求的原则”替资本家卖命，他们不想遭受剥削而且有权如此。因此，必须把劳动组织起来，一方面，劳动组织必须兼顾工人阶级的利益；另一方面，劳动组织能把工人团结起来从而创造更多的社会财富。卡莱尔说：“一切人类利益，一切公共事业，在其一定的发展阶段上必将组织起来，而作为一切人类利益中间最大利益的劳动，现在要求的就是组织。”②问题是谁能扮演组织者、领袖的角色？土地贵族肯定不行。卡莱尔指出，当我们瞧瞧那些每年能收入四五千英镑的公爵、寺院公爵和牧师们时，我们充满希望的心就凉了半截。但是，我们在英国还是可以找到希望，那便是工厂老板。在这些百折不挠的工厂主身上寄托着组织劳动的希望，虽然到目前为止这批人更像“海盗”，但这批人有百折不挠的决心和切切实实的行动，因此，在他们身上蕴含着胜利的可能性。卡莱尔指出，在工厂老板这批“真正的贵族”的带领下，工人阶级将不再作为一支社会的破坏力量，而是作为一支团结的力量创造更大的社会财富，在工厂老板这批“最卓越的人物”的领导下，“必然的民主主义和必要的主权”③就会结合起来，在未来的劳动组织里，工人阶级可以要求自己的权利并得到满足，而工厂老板则成为社会的掌舵者，他们将引领英国这艘巨船披荆斩棘，成就辉煌。

恩格斯指出，卡莱尔的观点相当具有代表性，因此对之展开了详尽的批判。首先，恩格斯批判了卡莱尔观点的内在的即宗教的方面。卡莱尔寄希望于创立一种新的宗教，即“泛神论的英雄崇拜、劳动崇拜”④，在恩格斯看来，这注定是要失败的。费尔巴哈等人的哲学已经告诉人们，宗教的秘密是人类学，不是神造人，而是人造神，神的本质不过是人的类本质的对象化，因此人应当崇拜自身，而非神。基督教是人到达

① 恩格斯．英国状况　评托马斯·卡莱尔的《过去和现在》1843年伦敦版//马克思恩格斯全集：第3卷．中文2版．北京：人民出版社，2002：514.

② 同①515.

③ 同①516.

④ 同①518.

启蒙前的“最后一个预备阶段”①。人类一旦识破基督教的本质，就不会再迷信宗教。卡莱尔推崇的“崇拜对象”即劳动仍然是纯粹的人的活动。最后的宗教形式即基督教的本质被揭露后，任何其他宗教，不管天主教、新教还是泛神论（英雄崇拜、劳动崇拜就是泛神论的具体形式）都不可避免地要走向灭亡。一旦人认识了宗教的本质，泛神论就是不可能存在的！这样，恩格斯就借助德国哲学摧毁了劳动崇拜、英雄崇拜的可能性。

其次，恩格斯批判了卡莱尔外在的即政治社会的方面。在恩格斯看来，卡莱尔主张的劳动崇拜实际是一种泛神论，这种观点在政治社会层面必定导向比人本身更高的存在即“英雄”或者“真正的贵族”，这些“英雄”在任何方面都能高人一等。这样，卡莱尔实际上把人类分成了统治者和被统治者，“英雄”因为天赋异禀而天然地成为大众的统治者。这样，从劳动崇拜的泛神论出发，卡莱尔就得出“英雄”即资产阶级的统治是天经地义的结论。结果，民主制成了一个“中转点”，它转向的不过是“新的改良的贵族制”②。在恩格斯看来，这显然走错路了，人类实行民主制并不是为了退回到贵族制，而是为了前进到实现“真正的、人的自由”③ 阶段。卡莱尔的英雄崇拜是开历史的倒车。

在“破”的工作完成后，恩格斯就着手进行“立”的工作。消灭私有制的现实途径是什么？他的回答是：共产主义（社会主义）。在这里需要捎带指出的是，在1842—1845年的思想阶段里，共产主义与社会主义的内涵是一致的，恩格斯经常将这两个概念交换使用。

（二）关于共产主义（社会主义）的思想史

据英国学者科尔的考证，最早使用“社会主义者”一词的是英国人，最早使用“社会主义”一词的是法国人。科尔在《社会主义思想史》中指出：“直到1827年欧文社会主义者的《合作杂志》才使用‘社会主义者’一词来称呼合作学说的信徒。至于‘社会主义’一词，则是

---

① 恩格斯．英国状况　评托马斯·卡莱尔的《过去和现在》1843年伦敦版//马克思恩格斯全集：第3卷．中文2版．北京：人民出版社，2002：522.

② 同①.

③ 同①523.

1832年在法文期刊《地球报》上初次出现的。”① “社会主义者”和“社会主义”两个词的词根是“社会的”，与这个词根相对的是“个人的”。以欧文为代表的社会主义者使用“社会主义”概念，意在通过否定和批判资本主义社会中盛行的个人主义倾向来实现社会的整体利益。“共产主义”概念比“社会主义”概念出现得略晚一些，这一概念源自19世纪30年代的巴黎秘密革命团体。该概念的词根具有“共同体”“共有”的含义。法国人使用“共产主义”一词意在实现财产共有制度。到了19世纪40年代，伴随着德国魏特林共产主义和法国卡贝共产主义的传播，共产主义开始风靡欧洲。从对“社会主义”和“共产主义”这两个概念的考察可以看出，这两个概念的核心内涵（即消灭私有制，实现财产共有制度）是相同的，这也是恩格斯交换使用这两个概念的原因。

我们来考察一下在恩格斯以前欧洲比较有影响力的共产主义（社会主义）者及其学说。欧文、圣西门和傅立叶是三位负有盛名的共产主义（社会主义）者，其中，恩格斯分析得最多的是傅立叶及其学说，因此，我们主要也以傅立叶的学说来剖析早期的共产主义理论。

恩格斯对傅立叶的观点既有肯定也有批判。肯定的是如下两个观点：第一，傅立叶关于人类的精神本质的理解。在傅立叶看来，人类的精神本质就是劳动。每个人生来就有爱好劳动的天性，因此绝对懒惰是不能成立的。人类的精神本质就在于肉体与精神的自由自觉的活动。只要社会对这种活动提供正确的指引，那么后者就会创造出巨大的物质财富和精神财富，人类身上的精神本质也得以实现。但在现行的资本主义社会里，私有制强行把劳动和享受分裂开来，劳动变成了做苦力，享受变成了绝大多数劳动者无法获得的东西，结果人们像“逃避鼠疫”一般地逃避劳动，而劳动也只有在强制下才能开展。对此，傅立叶主张建立一种合理的制度，在这种制度下，每个人都能依据自身的爱好来从事劳动，劳动成为一种享受，成为一种自由自觉的活动，成为实现人类精神本质的活动。第二，傅立叶关于协作制度的主张。傅立叶指出，协作有利于提高生产，同时也能有效协调社会关系；并且还指出，为了有计划地发展生产，就必须建立一种能与大规模生产匹配的协作制度，傅立叶把这种协作制度称为“和谐公社”。恩格斯指出，以上两个观点是傅立

① 恩格斯．英国状况　评托马斯·卡莱尔的《过去和现在》1843年伦敦版//马克思恩格斯全集：第3卷．中文2版．北京：人民出版社，2002：523.

叶的贡献。[①]

恩格斯对傅立叶观点的批判主要集中在傅立叶对待私有制和资本家的态度上。傅立叶并不主张废除资本主义私有制。这一点集中体现在傅立叶的理想国“法伦斯泰尔即协作社”的建制方面。在“法伦斯泰尔即协作社”，每个人都必须参加劳动，但资本主义的生产资料私有制却被保留下来，包括资本家在内的全体民众都可以入股，资本家和工人并行不悖，全体社员都把自己的家产投入协作社的联合基金，协作社经营着农业、制造业和商业，所得的收益在全体社员中进行分配：工人获得工资，技术人员获得脑力劳动的报酬，而资本家则获得利润。恩格斯指出，“在关于协作和自由劳动的一切漂亮理论后面，在许多慷慨激昂地反对经商、反对自私和反对竞争的言论后面，实际上还是经过改良的旧竞争制度”[②]。说到底，傅立叶不愿也不敢主张废除私有制。此外，傅立叶还主张阶级间的调和，削弱阶级斗争。早期共产主义者都不希望看到无产阶级与资产阶级之间的流血冲突。而且，他们都认为，无论法伦斯泰尔还是国内移民区，其创立都离不开资产阶级的慷慨解囊。因此，傅立叶反对激烈的工人运动，主张通过阶级融合、阶级援助来解决无产阶级的问题。在恩格斯看来，傅立叶对待私有制和资本家的态度表明他还心存幻想。最后，恩格斯还批判了傅立叶在宗教问题上的立场。傅立叶认为，人类只有认识上帝的意志，然后将这种意志制定成社会的法典，人类社会才能得到良好的治理。这种宗教观几乎是早期共产主义者的共同主张。例如，法国伊加利亚派共产主义者就明确地宣称：“基督教**就是**共产主义”[③]。这批人竭力想用《圣经》来证明这个观点。恩格斯指出，宗教教义的根本精神同共产主义在原则上是“截然对立的”[④]，因而傅立叶及早期共产主义者的宗教观是错误的。

（三）“在财产共有的基础上进行社会制度的彻底革命”[⑤]

在批判和继承早期共产主义思想的基础上，恩格斯提出了自己的共

---

① 恩格斯．大陆上社会改革的进展//马克思恩格斯全集：第3卷．中文2版．北京：人民出版社，2002：478.

② 同①479.

③ 同①483.

④ 同①483.

⑤ 同①474.

产主义主张：“在财产共有的基础上进行社会制度的彻底革命”。这便是消灭私有制的现实途径。这一主张包含着如下要点：

第一，废除私有制，实现财产共有。这是共产主义的第一要义，也是恩格斯对早期共产主义的重要突破。早期共产主义者和卡莱尔等人看到了私有制是社会罪恶的根源，但他们不敢否定私有制本身，而是寄希望于社会制度的改良，最终他们的努力都付之东流。恩格斯旗帜鲜明地指出，既然私有制是一切社会弊病的根源，那么唯一正确的拯救途径就是采取强有力的措施废除私有制，同时宣布“利益的一致是人类惟一应有的状况”①，所谓人类“利益的一致”，指的就是实现财产共有制度。恩格斯指出，一旦消灭了私有制，建立在这种制度上的剥削关系和压迫关系就失去了存在的基础，因此，废除私有制、实现财产共有是追求公平正义的题中之义。

第二，消灭竞争。在恩格斯看来，竞争关系是私有制与生俱来的根本属性。只要私有制存在一天，一切社会关系就会是残酷的竞争关系，社会充满了不同阶级和同一阶级内部之间的激烈竞争，人与人之间是狼与狼的关系。适者生存，弱者淘汰。胜利者伤痕累累，失败者万劫不复。人类社会因竞争原则而变成一个充满对抗、冲突和堕落的世界，变成一个没有丝毫人情味的世界。恩格斯指出，“人类的极端堕落”正是依存于“竞争关系”，竞争制度每天都在“屠杀着千百万人”②。每念及此，我们就应毫不迟疑地变革社会关系，即通过消灭竞争关系来消除人类的堕落。

第三，消灭宗教。正如恩格斯所指出的，包括基督教在内的全部宗教的根本精神同共产主义是截然对立的。恩格斯接受了费尔巴哈、鲍威尔等人的观点，认为只要还崇拜上帝或者别的神，人类就失去了对自己的信心，从而在自己的内心注入了一种无力感、自卑感。神越完美和有力量，人类就越卑微和无力。若人类都不相信自己的力量并背负罪恶感，那自由和人性的完美从何说起？因此，也正如鲍威尔所指出的，包括基督教在内的宗教就是人类自由的最大阻碍，人类要想求得解放和自

① 恩格斯．英国状况　评托马斯·卡莱尔的《过去和现在》1843年伦敦版//马克思恩格斯全集：第3卷．中文2版．北京：人民出版社，2002：523.

② 恩格斯．国民经济学批判大纲//马克思恩格斯全集：第3卷．中文2版．北京：人民出版社，2002：468.

由，那么消灭宗教的精神枷锁就是必要的一步。

恩格斯说：“我们要把人因宗教而失去的内容归还给人；这内容不是神的内容，而是人的内容，整个归还过程就是唤起自我意识”①。共产主义是建立在财产共有基础上的对社会关系所进行的全面变革，宗教作为一种精神枷锁是必须被废除的社会关系之一。按照恩格斯的设想，在未来的共产主义阶段，宗教将被废除，人类不再围绕着虚幻的太阳（上帝或诸如此类的神明）转动，而是围绕着现实的太阳即人和人的现实幸福转动。摆脱了精神枷锁的人类将依靠自身的力量实现现世的幸福。

第四，政治革命。这也是共产主义的题中之义。恩格斯认为，与经济的剥削关系、思想的奴役关系一样，政治上的压迫是一种不合理的社会关系。共产主义运动正是要扫荡所有这些不合理的社会关系。在第三章，我们已经详尽展现了恩格斯对英国君主立宪制的批判。在他看来，即使是宣扬天赋人权、人民意志的君主立宪制国家，其在实践中也不过是私有制和资产阶级进行阶级压迫的工具，法律压榨穷人，富人则支配法律。因此，社会革命就应当摧毁君主立宪制。那么，是否存在一种能实现自由与平等的国家制度？恩格斯认为是不存在的，他在《英国宪法》一文中明确指出：“人们没有一直向前走，没有从一切国家形式都不完善，或者不如说都不合乎人性这一点得出结论：国家本身是所有这些不合乎人性的起因而且国家本身就不合乎人性”②。既然国家本身就是不符合人性的，那么指望借助国家的力量来实现人的自由就是缘木求鱼了。因此，共产主义在政治革命问题上的彻底性就不止于消灭君主立宪制，而是消灭国家本身。这也让我们看到了恩格斯在政治革命问题上的彻底性。

需要特别指出的是，在恩格斯看来，共产主义虽然包含着政治革命的面向，但它本身是一场超越阶级对立的运动，具有仁爱的性质。恩格斯指出，革命虽然是不可避免的（因为革命是由现实的形势决定的），但它可以进行得温和些，可以少些“流血、报复和残酷性”③，而要想

① 恩格斯．英国状况　评托马斯·卡莱尔的《过去和现在》1843年伦敦版//马克思恩格斯全集：第3卷．中文2版．北京：人民出版社，2002：519.

② 恩格斯．英国状况　英国宪法//马克思恩格斯全集：第3卷．中文2版．北京：人民出版社，2002：561.

③ 恩格斯．英国工人阶级状况//马克思恩格斯全集：第2卷．北京：人民出版社，1957：586.

做到这一点，前提就是无产阶级接受社会主义思想和共产主义思想。这是因为，“在原则上，共产主义是超越资产阶级和无产阶级之间的敌对的；共产主义只承认这种敌对在目前的历史意义，而不承认它在将来还有存在的必要；共产主义正是要消除这种敌对”①。共产主义从本质上讲并不仅仅是工人阶级的事业，而更是“全人类的事业”，它的目的并不在于复仇，而在于全人类的解放。因此，英国工人阶级如果越多地接受共产主义思想和社会主义思想，那么在反抗资产阶级的运动中就会更少地诉诸粗暴行为和野蛮行为。倘若能够在开展政治革命以前就使全体工人阶级接受共产主义，那么斗争就会很和平地进行。在这里，我们看到了共产主义与暴力革命之间的复杂关系。从手段和过程上讲，共产主义虽然在特定情况下不得不依靠暴力革命为自己开辟道路，但共产主义绝不是嗜血的，绝不会滥用暴力手段，而且它会引导无产阶级慎用和尽可能少用暴力；从原则和目的上讲，共产主义与为革命而革命、为暴力而暴力的价值观是不相容的，它意在超越阶级对立，解放全人类。

以上就是共产主义作为消灭私有制的现实途径所具有的内涵。那么，这场运动将实现什么样的目标？恩格斯的回答是：“真正的自由和真正的平等”。如何理解自由与平等的内涵？恩格斯的自由一方面指无产阶级摆脱阶级奴役关系而获得的一种解放状态，另一方面则指人获得了自由全面的发展。恩格斯在批判资本主义社会时指出，在私有制的统治下，人不得不牺牲“人类本性的优良品质”，潜藏在人类身上的“几百种力量”②都因为资本剥削的关系而被压制着，无产阶级失去了所有发展空间，沦为了“人格化的劳动时间”。在共产主义社会，这种状况将被彻底消除，每个人都能自由、充分地发展自己内在的力量，并且能够和他人的力量相结合，这便是恩格斯所说的“自由的自主联合”③。恩格斯的平等意指真正的权利平等。恩格斯看到，资本主义社会的权利平等具有虚假性，资产阶级打着权利平等的旗号进行着残酷的阶级压迫。因此，在共产主义社会，平等强调的是每个人事实上的权利平等，每个人都获得了

---

① 恩格斯．英国工人阶级状况//马克思恩格斯文集：第1卷．北京：人民出版社，2009：497.

② 恩格斯．大陆上社会改革的进展//马克思恩格斯全集：第3卷．中文2版．北京：人民出版社，2002：476.

③ 恩格斯．英国状况 十八世纪//马克思恩格斯全集：第3卷．中文2版．北京：人民出版社，2002：534.

发展自身、追求自身与共同体幸福的平等权利。

（四）共产主义的必然性

在阐明共产主义的内涵之后，恩格斯探讨了共产主义实现的必然性问题。他选择了欧洲三个最具代表性的国家——英国、法国和德国来考察这一问题。恩格斯指出，这三个国家分别从不同的道路走向了共产主义：英国是通过“实践”，法国是通过“政治革命”，德国则是通过“哲学革命”。

1. 英国人通往共产主义

恩格斯指出，英国人得出这个结论是通过“实践”，即由于“国内贫穷、道德败坏和赤贫现象迅速加剧”①。英国社会主义运动的创始人欧文看到了这一切都是私有制带来的恶果，他说：“婚姻、宗教和财产是自有世以来就存在的一切不幸的惟一原因。”② 但在欧文那里，社会的出路并不在于消灭私有制，他将希望寄托于社会改良，即在资本主义社会创建“新和谐村”。19 世纪的英国社会主义者比其前辈更进了一步，这批社会主义者更真切地感受到私有制带给他们的贫穷和痛苦，因此在痛定思痛后，接受了共产主义，认识到唯有建立在财产共有基础上的彻底的社会变革才能消灭资本主义私有制所带来的一切罪恶。

2. 法国人通往共产主义

恩格斯指出，法国人得出这个结论是通过“政治”。法兰西民族是欧洲唯一注重政治的民族，这个民族的前进就是通过政治运动这一车轮而实现的。具体说来，法国大革命建立了民主制。这种制度的本质是什么？恩格斯指出，政治自由在本质上是一种“假自由”，是“自由的假象”，这种伪善是无法持久的，因此，建立了民主制之后的法国必定要直面其最后的选择：要么是“真正的奴隶制”，即“赤裸裸的专制制度”，这种制度的建立者就是称帝的拿破仑·波拿巴，国家权力蜕变为专制统治的工具，人民沦为皇帝眼中泥潭里的“癞蛤蟆”；要么是“真

① 恩格斯．大陆上社会改革的进展//马克思恩格斯全集：第 3 卷．中文 2 版．北京：人民出版社，2002：474.

② 恩格斯．伦敦来信三//马克思恩格斯全集：第 3 卷．中文 2 版．北京：人民出版社，2002：434.

正的自由和真正的平等”，也就是共产主义。① 我们接下来梳理一下法国出现的共产主义流派。

最早出现的是巴贝夫的共产主义。格拉古·巴贝夫（1760—1797），法国政治家、革命家。在热月政变后，巴贝夫组织了一个密谋夺取政权的团体——“平等会”，由于叛徒告密，巴贝夫与其他起义领导人一起被当局逮捕，1797 年 5 月 27 日巴贝夫被高等法院判处死刑。巴贝夫共产主义的基本主张是消灭财产私有制度，建立一个财产共有、共同劳动和人人平等的“普遍幸福的”社会。在具体方案上，这种共产主义设想建立一个以农业生产为中心、具有禁欲主义和平均主义特点的“共产主义公社”。这种共产主义理论虽然还“相当粗糙和肤浅”，但作为法国共产主义的开端还是具有很重要的意义，马克思就称赞巴贝夫是第一个“真正能动的共产主义政党”② 的奠基人。

1830 年的革命产生了一种更为强大的共产主义，它便是“法国现代共产主义”。恩格斯指出，1830 年的工人阶级与资产阶级结成联盟，赶跑了地主阶级，但事成后，工人阶级却被打发走了，资产阶级独吞了革命果实，垄断了国家权力。为了废除资产阶级的政治垄断，工人阶级进行过几次起义，但都失败了。在这种背景下，“法国现代共产主义”开始在工人阶级中流行起来。无产阶级意识到，民主制并不能使无产阶级获得解放，即使工人在民主制国家取得了权力，他们还是会被“更有才能和更有教养的领袖们所欺骗”③，他们的社会状况并不会有什么改善，因此，必须实现共产主义。“法国现代共产主义”最重要的流派是“平均主义工人社和人道社”④，这一派别主张废除私有制，实行平均主义的财产共有制度，这种主张反映了无产阶级和时代的要求。当然，该派思想主张也有局限性，它主张把人类文明中“一切精致的东西”，如艺术、科学等，都视为无益且危险的“贵族式的奢侈品”⑤ 而加以消灭，这是因不懂历史而产生的偏见。

---

① 恩格斯．大陆上社会改革的进展//马克思恩格斯全集：第 3 卷．中文 2 版．北京：人民出版社，2002：475-476.

② 马克思．道德化的批判和批判化的道德//马克思恩格斯选集：第 1 卷．北京：人民出版社，1972：173.

③ 同①480.

④ 同①480.

⑤ 同①480.

流行于19世纪40年代的法国共产主义是“伊加利亚共产主义”。这种共产主义的创始人是埃蒂耶纳·卡贝（1788—1856），卡贝在其主要著作《伊加利亚旅行记》中提出，人类天性本善，但是现存的资本主义制度却充满了罪恶、苦难、冲突和金钱崇拜、损人利己等弊病，这些弊病都根源于不平等、私有财产和货币。因此，要消除社会一切不合理的现象，就必须消灭资本主义私有制度，代之以一个实现了财产共有和社会平等的制度，它便是“伊加利亚共和国”。在这个国度，一切罪恶都被涤荡干净，人民的幸福成为政府唯一关心之事，自由、平等和博爱等理念得以实现。卡贝还提出要合理地组织劳动、给予劳动者合理的工资、对全体社会成员进行普及教育等过渡步骤。在肯定这种共产主义基本原则的同时，恩格斯也指出了其局限性，那便是这种共产主义信奉基督教。伊加利亚共产主义者最喜欢的一个公式是：基督教就是共产主义。他们竭力想用《圣经》来论证共产主义。在恩格斯看来，这从根本上走错了路，因为，“圣经教义的整个精神是同共产主义、同一切合乎理性的措施截然对立的”①。这几乎是法国共产主义者共有的毛病。在19世纪40年代，法国的伊加利亚派共产主义已经具有相当规模，卡贝的信奉者将近50万，还不包括妇女和儿童。

恩格斯总结指出，法国是借助政治通向共产主义的。法国人看到了“民主制不能实现真正平等”②，于是便走向公社制度。这种公社制度并不会将人类置于“铁的专制制度”③ 之下；恰恰相反，共产主义是正义所要求的，唯有它才能实现“真正的自由和真正的平等”。

3. 德国人通往共产主义

恩格斯指出，德国人得出这个结论是通过“哲学”。德国共产主义是从“近五十年来德国引以自豪的哲学中”④ 产生的党派。恩格斯的具体分析如下：

在法国发生政治革命的时候，德国发生了伟大的哲学革命。康德便是这一革命的开端，他推翻了陈旧的莱布尼茨形而上学体系。费希特和

---

① 恩格斯. 大陆上社会改革的进展//马克思恩格斯全集：第3卷. 中文2版. 北京：人民出版社，2002：483.

② 同①481.

③ 同①482.

④ 同①489.

谢林改造了哲学的体系，黑格尔则是新体系的完成者。新哲学体系以绝对精神的自我展开和实现为统一的线索，涵盖了逻辑学、形而上学、自然哲学、精神哲学、法哲学、历史哲学、宗教哲学等内容，是一个包罗万象的体系。黑格尔虽然完成了德国哲学体系，但却没有使自己摆脱“旧的政治制度和宗教制度复辟的时代”① 的偏见，以至于在政治和宗教问题上趋于保守。因此，就必须有人打破这种偏见，以推动哲学体系的进一步发展，这便是青年黑格尔派思想家。1835 年青年黑格尔派思想家施特劳斯的《耶稣传》横空出世。这部著作否定了上帝的存在，因为上帝不是人，并且还宣称福音书的历史不过是“神话”。青年黑格尔派哲学和黑格尔哲学的分歧已初现端倪。1842 年，《德国年鉴》《莱茵报》创刊，青年黑格尔派公开宣扬共和主义观点。就这样，青年黑格尔派在宗教观和政治观方面突破了黑格尔体系的藩篱。

这个运动“来势突然，迅猛异常，锐不可当”②，无论公众还是政府都被拖着走了一段时间。各邦政府一清醒过来，马上就采取了最专横的手段加以压制，共和主义被镇压下去了。但是，就在各邦政府自以为将共和主义永远镇压下去从而可以高枕无忧时，一种新的原则——共产主义——却“从政治宣传鼓动的灰烬中升起了”③。恩格斯指出，共产主义是德国哲学发展的必然结论。还在 1842 年秋天，主张共和主义的青年黑格尔派的某些人就已经认识到政治变革的局限，他们突破了这种局限，将自己的哲学原则推进到共产主义。他们宣称：“以共有财产为基础的**社会**革命，是惟一符合他们抽象原则的人类状态。”④ 德意志民族是一个“哲学民族”，而共产主义是德国哲学的必然结论，是整个德国古典哲学的归宿。因此，德国人是绝不可能也不愿意抛弃共产主义的。事实上，共和主义者正一个接一个地加入共产主义行列，如赫斯博士、诗人格奥尔格·海尔维格、卢格博士、马克思博士等，都受到德国哲学的感召而纷纷加入进来。恩格斯指出，“哲学共产主义在德国可以说已经永久确立了”⑤。尽管德国各邦政府横加迫害，如查封宣扬共产

---

① 恩格斯. 大陆上社会改革的进展//马克思恩格斯全集：第 3 卷. 中文 2 版. 北京：人民出版社，2002：490.

② 同①491.

③ 同①491.

④ 同①491.

⑤ 同①492.

主义的期刊，逮捕和驱逐宣扬共产主义的人士，炮制一种新的罪行——书写“共产主义通讯”的罪行，等等，但共产主义作为一个新生事物，必定会如涅槃的凤凰一样，冲破一切阻碍而实现自身，到那时，真正的自由和真正的平等就会到来。

完成了上述分析之后，恩格斯得出结论：“共产主义不是英国或任何其他国家的特殊状况造成的结果，而是从现代文明社会的一般实际情况所具有的前提中不可避免地得出的必然结论”①。各国的历史殊途同归，共产主义是历史的必然选择。

（五）结论

第一，共产主义是德国哲学原则的具体化、现实化。前文我们分析了作为实现人类解放的精神要素的德国哲学，它的基本原则是：世上没有救世主，人类解放归根到底是“为了人”并“依靠人”的事业，人要想创建自由、平等和博爱的“属人的世界”，就只能依靠自身的力量，即必须进行不屈服的斗争，以打倒“一切天上的和地上的神”。共产主义作为一种建立在财产共有基础上的对社会关系所进行的全面变革，便是德国哲学原则的具体化。它依靠的是无产阶级自身的力量，它要消灭的是资本主义私有制度和建立在其上的整个上层建筑，它旨在建立一个合乎人性的、真正自由和真正平等的社会。共产主义真正贯彻了“为了人”并“依靠人”的原则。

第二，共产主义体现为寻求人类解放的一种新思路。在马克思恩格斯以前，思想家们也思考过如何实现人的自由的问题，他们要么寄希望于少数英雄的力量，要么寄希望于政治制度的变革，要么寄希望于绝对精神的自我成熟，要么寄希望于绝对批判的力量。马克思恩格斯主张的共产主义，实际上是从社会历史的深处寻求自由之谜的答案。他们看到，处于社会结构深层的所有制是一种足以左右国家政治制度和人类观念及其选择的强大力量，这种力量才是导致人类自由丧失和一切罪恶的根源，因此，“斯芬克斯谜语的谜底”就藏在社会历史的深处，那便是消灭产生社会异化的根源即私有制。因此，共产主义体现为一种往下归因的思路，它是一种到社会历史的深处为自由寻求出路的新思路。正是

---

① 恩格斯．大陆上社会改革的进展//马克思恩格斯全集：第3卷．中文2版．北京：人民出版社，2002：474.

沿着这一思路不断开辟，马克思恩格斯最终才创立了历史唯物主义。

我们已经沿着为何批判私有制（物质利益对人的支配）——批判私有制的具体图景（揭露“美杜莎的怪脸”）——如何消灭私有制（主体力量、精神因素、根本动力和现实途径）的线索详尽剖析了恩格斯的1842—1845年文献思想。在这里，我们真切地感受到了恩格斯的伟大情怀——为人类寻求“真正的自由和真正的平等”。恩格斯本可以凭借自己的聪明才智和家世背景过上体面的生活，但他却为了人类共同的解放事业而选择了颠沛流离、艰辛曲折的人生。“人类的幸福”确实是恩格斯念念在兹的事业。

到这里，我们很容易联想起马克思在17岁所写的中学论文称颂的：“历史把那些为共同目标工作因而自己变得高尚的人称为最伟大的人物；经验赞美那些为大多数人带来幸福的人是最幸福的人；宗教本身也教诲我们，人人敬仰的典范，就曾为人类而牺牲自己——有谁敢否定这类教诲呢?”① 在为人类的幸福而工作的同时，马克思恩格斯也使自己达到了完美。马克思恩格斯的幸福属于全人类，他们的事业将恒久地发挥作用，他们的功绩永世长存。

① 马克思．青年在选择职业时的考虑//马克思恩格斯全集：第1卷．中文2版．北京：人民出版社，1995：459.

综论 1842—1845 年文献的思想史意义和现实意义

本书以逻辑化的方式对恩格斯 1842—1845 年文献进行了详尽解读，这种解读力图把握恩格斯早期思想的理论主旨、逻辑展开和具体论证环节。为何批判私有制—批判私有制的具体图景—如何消灭私有制，是本书把握到的逻辑线索。在本书的最后部分，我们将对这段文献的思想做总体的观照和评价，揭示其思想史价值和现实意义，这是我们研究这段文献的落脚点。概括说来，这段文献具有的思想史价值主要有三点：其一，这段文献有助于我们回应关于恩格斯哲学的“人学空场”论的指责。1842—1845 年文献表明，恩格斯哲学是以人为本的哲学。其二，将这段文献置于马克思主义的思想进程中，我们能清楚地看到其理论贡献：这段文献在政治经济学和某些重要议题上做了开辟性的探讨；此外，这段文献的另一些思考虽然不是最早的，但也成为马克思恩格斯日后创立唯物史观的重要思想基础。其三，将这段文献置于近代西方思想传统中加以考察，我们能看到恩格斯哲学对近代西方哲学传统的深刻超越。在自由与平等因何丧失以及如何为自由与平等寻求出路的问题上，恩格斯的回答都超越了近代西方哲学传统。在现实意义方面，恩格斯关于贫困问题的思考以及对金钱崇拜的批判都给我们以深刻的启示。

一、恩格斯哲学是“人学的空场”吗

以美国学者诺曼·莱文为代表的西方思潮批评恩格斯哲学“未涉猎

人的领域”，是没有历史主体的“人学的空场”。1842—1845 年文献表明，恩格斯哲学是以人为本的哲学，充满了对人的苦难和希望的关注，对人的价值和尊严的捍卫；恩格斯的历史观是辩证历史观，强调现实的历史进程是人的活动和物质生产共同作用的结果，二者缺一不可；恩格斯哲学宣扬的共产主义绝非与人无关的社会形态，而是“真正的自由和真正的平等”的实现。

（一）“人学空场”论的无理责难

现代西方人本主义和科学主义两大思潮的代表人物都在不同程度上批评恩格斯哲学是“见物不见人”的“物质论”，是没有历史主体的“人学的空场”。如马尔库塞和萨特一致责难恩格斯哲学是缺乏“人学辩证法”的机械论哲学，新实证主义的马克思主义者德拉-沃尔佩和结构主义的马克思主义者阿尔都塞都以恩格斯哲学作为“马克思主义总体特征的无主体性和实证性”的佐证。“人学空场”论在美国学者诺曼·莱文的《可悲的骗局：马克思反对恩格斯》一书中可以说达到了登峰造极的地步，他把马克思恩格斯共同创立无产阶级科学世界观的活动看作“可悲的骗局”。

我们来看“人学空场”论提出的三个主要依据：

第一，恩格斯哲学不关注人的苦难和希望。西方学者认为，终其一生，恩格斯及其哲学意在探究自然界的普遍规律，至于人的痛苦、快乐、希望与担忧，在恩格斯哲学中是虚位的，至少是第二性的，因此费切尔和蒂尔指出，恩格斯的理论活动“未涉猎人的领域”①。

第二，恩格斯哲学是没有历史主体的历史观。这是“人学空场”论最重要的论据。莱文将马克思的历史观和恩格斯的历史观做了比较，得出了这样的结论：马克思的历史观是“以人为中心的历史观”，在那里，人被视为创造历史的主动力量；而恩格斯的历史观中却丝毫“没有人类实践的概念”，在那里，历史的主体并非人本身，而是自然界或技术力量或存在于人之外的某种更大的力量，科学技术的发展被视为“历史中基本的决定因素”。莱文指出，在恩格斯那里，历史不是关于“人类活动的叙述”，而是关于“技术发现的描述”。在这种历史观中，人不过是

① 诺曼·莱尔．马克思与恩格斯的比较//马列著作编译资料：第 14 期．北京：人民出版社，1981：47.

"客体"，是"被告"。概括起来，莱文认为，在历史观问题上，马克思的历史观是有人的，人是出发点、主体力量和目的，这是一种"以人为中心"的历史观；而恩格斯的历史观则是没有人的，历史的出发点和中心是物质、自然、生产技术，这是一种"以自然为中心"的历史观，在这种历史观中找不到人的位置。因此，莱文断言，恩格斯的历史观同马克思人本主义历史观的冲突造成了所谓"可悲的骗局"，即"马克思反对恩格斯"。①

第三，恩格斯的共产主义与人无关。莱文同样是通过比较得出了这样的结论。莱文指出，马克思心中理想的未来共产主义社会实际就是人对自身本质的确证，这是真正属于人的世界。莱文援引了马克思对共产主义的定义——"**共产主义**是**私有财产**即**人的自我异化**的**积极的**扬弃"②，认为这意味着马克思的未来社会"不是物质，而是人的自我活动"，在那里，人能自由地使自己的本质对象化，并在对象化的世界中重新确证自己的本质。因此，这是一种"以人为中心的社会，在那里人能自由地接近自然界的和人的环境，因此能不断地确证自己的本质"③。马克思的共产主义在本质上就是人的"自由王国"。莱文指出，恩格斯的共产主义就不是这样了。恩格斯在给共产主义下定义时完全没有涉及"人类学人道主义"，在他那里，共产主义不过是"生产率的同义语"，不过是生产资料达到高度生产水平时的产物，是生产技术发展到高水平的结果。在共产主义阶段，由于生产力的高度发展，每个人的需要都能得到满足，于是不需要为占有而进行斗争，阶级斗争自然就不复存在了。

此外，莱文进一步指出，恩格斯的共产主义也丝毫没有马克思关于人的本质的复归的概念。马克思把共产主义视为"人的本质的复归"，人的天赋、才能、气质和欲望在共产主义社会里得到充分的发展与满足，因此共产主义是真正属于人的。可恩格斯在谈到复归时，只指"物质的东西"。在恩格斯的共产主义社会里，复归的只是"一种东西、一

① 诺曼·莱文. 马克思与恩格斯的比较//马列著作编译资料：第 14 期. 北京：人民出版社，1981：25-26，38-46.

② 马克思. 1844 年经济学哲学手稿//马克思恩格斯全集：第 3 卷. 中文 2 版. 北京：人民出版社，2002：297.

③ 同①47.

种所有物”，至于人的本质（天赋、才能、气质和欲望）的复归，在共产主义社会里是虚位的，丝毫没有谈及。①

基于上述根据，莱文得出结论，恩格斯哲学就是“人学的空场”。

（二）恩格斯哲学是以人为本的哲学

针对“人学空场”论提出的三个主要依据，我们一一加以回应，以证明恩格斯哲学是以人为本的哲学。

1. 恩格斯哲学充满了对人的苦难和希望的关注

恩格斯在《英国工人阶级状况》一书中开篇就指出：“在这本书里，我想把你们的状况、你们的苦难和斗争、你们的希望和要求的真实情况描绘给我的德国同胞们。”② 为了做到这一点，恩格斯在英国待了20多个月，在此期间，他通过亲身的观察和与工人的直接交往考察工人阶级的状况，倾听其要求，感受其痛苦、快乐、希望与担忧。他探访了伦敦、郎卡郡、里子等地的热闹街道，深入工人的住宅区。他在工人的住宅中观看工人及其日常生活，同工人谈论其状况和疾苦，目睹了工人为反抗压迫者的统治而进行的斗争。恩格斯抛弃了社交活动和宴会，抛弃了资产阶级所着迷的红葡萄酒和香槟酒，把自己的空闲时间几乎都用来与工人交谈和交往，与他们同呼吸、共命运。

从其理论主题来看，恩格斯一生都在批判资本主义私有制及其上层建筑，旨在捍卫人的价值和尊严。以1842—1845年文献为例，这段文献从经济、政治和价值观等方面对资本主义社会展开了深刻的批判，这些批判最后都归结到一点——资本主义社会的反人性质。

恩格斯批判了国民经济学，认为这种学说本质上是一个“成熟的允许欺诈的体系”，是一门“发财致富的科学”，额角上带有“最令人厌恶的自私自利的烙印”③。按照恩格斯的理解，国民经济学是“伪善、前后不一贯和不道德的”，表面上宣称商业是“各民族、各个人之间的友

---

① 诺曼·莱文．马克思与恩格斯的比较//马列著作编译资料：第14期．北京：人民出版社，1981：47-52.

② 恩格斯．英国工人阶级状况//马克思恩格斯全集：第2卷．北京：人民出版社，1957：273.

③ 恩格斯．国民经济学批判大纲//马克思恩格斯全集：第3卷．中文2版．北京：人民出版社，2002：442.

谊和团结的纽带"，骨子里却"与自由的人性处于对立的地位"①。

恩格斯批判了资本主义社会的上层建筑——君主立宪制国家。他指出，君主立宪制的英国宣称自己是普遍理性的化身，宣扬天赋人权、人民意志等，但在实践中，一切所谓"天生的权利"都不过是空洞的名称，包括陪审法庭在内的司法力量也只不过虚有其表。在现实性上，君主立宪制国家不过是私有制和资产阶级进行阶级压迫的工具，法律压榨穷人，富人则支配法律。恩格斯对君主立宪制的批判直指其反人民性。

恩格斯批判了资本主义私有制所衍生出的自私自利的价值观。这种价值观集中体现在资产阶级身上。资产阶级不把工人看作人，而仅仅看作能为其带来利润的"手"。资本家不能理解除了现金交易、买卖关系，他们和工人之间还有什么别的关系。工人及其家人是否贫困或挨饿，对于工厂主来说是无足轻重的事情，重要的是能赚钱。现代工厂制度则是资产阶级价值观的具体显现，这种制度就其无人性和残酷性来说，不亚于古代的奴隶制度。

可以看到，无论从其实践活动来看还是从其理论批判来看，恩格斯哲学都充满了对人的苦难和希望的关注，对人的价值和尊严的捍卫。

2. 恩格斯的历史观是辩证历史观，强调现实的历史进程是人的活动和物质生产共同作用的结果，二者缺一不可

"人学空场"论宣称恩格斯的历史观中丝毫"没有人类实践的概念"，这种判断是站不住脚的。事实上，与马克思一样，恩格斯始终把人视为推动历史进程的主体力量，认为没有人就没有历史。梳理 1842—1845 年文献，我们看到，恩格斯始终强调无产阶级的力量、觉悟、意志、素质乃至愤怒，强调这些要素对人类历史发展的推动作用。我们可以从以下两个方面加以印证：

第一，无产阶级凭借自身力量创造了物质财富。这一点在 1842—1845 年文献中有很多的论述。在《国民经济学批判大纲》中，恩格斯指出完整的生产包含两个方面：一是自然的、客观的方面，即土地；二是主观的方面，即人和劳动，土地离开人的耕作就是不毛之地，如果没有人的劳动，就不可能有社会物质财富。同时，恩格斯还提出了劳动是财富的源泉的观点，他认为，劳动和资本最初是一个东西，是私有制造

① 恩格斯．国民经济学批判大纲//马克思恩格斯全集：第 3 卷．中文 2 版．北京：人民出版社，2002：444.

成了劳动和资本的分裂。劳动是生产的主要要素，是“财富的源泉”，是“人的自由活动”①。

在《英国工人阶级状况》中，恩格斯以英国为例来说明无产阶级劳动的力量和成果。他指出，现代英国之所以有高度发达的物质文明，原因就在于工业革命，而工业革命之所以能成功，是因为有“勤劳而明智的稠密的人口，这些人口有三分之二从事于工业，完全是由另外的阶级组成的，而且和过去比起来实际上完全是具有另外的习惯和另外的需要的另外一个民族”②。这里说的就是无产阶级的劳动之于物质生产的意义。

不仅如此，恩格斯还特别强调无产阶级的协作对现代生产的作用。在《大陆上社会改革的进展》中，恩格斯特别欣赏傅立叶关于劳动协作的观点，认为这是傅立叶的“一个功绩”。他指出，现代的英国人就充分认识到了“协作的重要性”。这里说的“协作”，指的就是劳动者在生产方面的联合，这种联合会创造出巨大的物质财富。因此，在恩格斯这里，无产阶级是创造现代社会物质财富的主体力量。

第二，无产阶级推动了人类解放事业。正如马克思指出的，要推动人类的解放事业，就必须“形成这样一个领域，它表明人的**完全丧失**，并因而只有通过**人的完全回复**才能回复自己本身”③。这里说的就是无产阶级遭受蔑视和无产阶级的反抗。恩格斯就是围绕这两个方面展开论述的：

一方面是无产阶级的尊严、自由权利遭受蔑视。具体体现为：在价值层面，无产阶级遭受蔑视，被视为没有人格、尊严的存在。在资产阶级眼中，无产阶级仅仅被看作“手”，看作能创造财富的工具而已。在经济层面，无产阶级遭受了残酷的剥削。工人是社会财富的创造者，但他们创造的财富却被资产阶级掠夺了，后者用罚款、实物工资制和小宅子制等手段压榨工人口袋里的最后一个铜板。这种经济上的掠夺在本质上是对无产阶级自由人格的侵犯。按照黑格尔的理解，财产是自由人格

---

① 恩格斯．国民经济学批判大纲//马克思恩格斯全集：第3卷．中文2版．北京：人民出版社，2002：458．

② 恩格斯．英国工人阶级状况//马克思恩格斯全集：第2卷．北京：人民出版社，1957：295-296．

③ 马克思．《黑格尔法哲学批判》导言//马克思恩格斯全集：第3卷．中文2版．北京：人民出版社，2002：213．

最初的定在，对财产的侵犯就是对自由人格的侵犯。在政治层面，无产阶级遭到强权的镇压，自己的权利遭到无视。即使是号称“自由人权”的君主立宪制英国，宪法所规定的一切公民权利在现实性上也只是富人的特权。法律压榨穷人，富人则支配法律。无论治安法官还是陪审员，他们都来自富人阶级，自然是袒护自己的同类，压榨穷人。在现代资本主义国家里，公民权对于无产阶级而言不过是虚幻的存在，似有实无。在道德层面，无产阶级不得不忍受资产阶级的虚伪与残忍。

正是因为在一个充满不公的世界里遭受了非人的蔑视，无产阶级内心才升起了熊熊的怒火，他们决心埋葬这个不合理的旧世界。恩格斯借用爱德华·波·米德的一首诗来表达无产阶级心中的愤怒：

> 你们的愤怒就快要觉醒，
> 你们就要张口高声呼喊。
> 那伙镀金的寄生虫一定
> 会和暴君一起跌入深渊！①

在恩格斯看来，正是无产阶级所遭受的蔑视以及由此生发的愤怒使无产阶级承担起解放自身和解放全人类的历史使命。

另一方面是无产阶级争取自身解放和人类解放所进行的不懈斗争。无产阶级不屈服的斗争历经了偷窃、捣毁机器、工会斗争、宪章运动到社会主义运动等形式，这个斗争过程其实就是无产阶级成长壮大的过程。一方面，无产阶级在不断的失败中逐渐认识到团结的重要性，这为全世界无产阶级的联合提供了思想条件；另一方面，无产阶级在不断的失败中逐渐找到了有力的斗争形式，这种不断的探索最终导向了社会主义和共产主义。

那么，这些斗争都取得了哪些成就？我们在此仅举恩格斯生前观察到并加以评述的例子：

其一，无产阶级的宪章运动使历史朝着平等的方向发展。19 世纪三四十年代的宪章运动提出了成年男子普选权、取消财产资格限制等政治要求。这些要求虽然在当时没有取得成功，但深刻地影响着后来历史的发展，在无产阶级不懈地努力下最终还是实现了。以英国为例，我们

① 恩格斯. 英国工人阶级状况//马克思恩格斯全集：第 2 卷. 北京：人民出版社，1957：473.

简单梳理一下英国政治民主扩大的进程：1867 年，英国议会通过了改革法案，该法案增加了选民的人数、降低了选民的财产资格要求以及调整了选区的议席；1872 年，英国议会通过《投票法案》，将原先的口头表决改为秘密投票；1884 年，英国议会通过了《人民代表法案》，该法案将选举权扩大到农业工人；1885 年，英国议会通过了《重新分配席位法案》，该法案废除了不公平的席位分配制，使平等代表制原则得以落实；1883 年，英国议会通过了《取缔选举舞弊及非法行为法》，该法案规定了选举费用的最高限额，意在防止选举舞弊行为的发生；1928 年，英国议会通过法案，规定 21 岁以上的成年男女公民具有普选权。可见，无产阶级的斗争取得了成效。在《卡·马克思〈1848 年至 1850 年的法兰西阶级斗争〉一书导言》中，恩格斯对无产阶级争取普选权的事业给予了高度评价，他把普选权称为“世界各国的同志们一件新的武器——最锐利的武器中的一件武器”①，认为“由于这样有成效地利用普选权，无产阶级的一种崭新的斗争方式就开始发挥作用”②。因此，恩格斯把争取普选权视为无产阶级推动历史前进的一个重要内容。

其二，无产阶级通过斗争建立了巴黎公社。巴黎公社（La Commune de Paris）是 1871 年 3 月 18 日—5 月 28 日法国无产阶级在巴黎建立的工人革命政府。马克思恩格斯对巴黎公社给予了高度评价。在他们看来，巴黎公社是真正贯彻“人民当家做主”原则的政权实践模式，马克思说：“公社给共和国奠定了真正民主制度的基础”③。恩格斯说：“这一次（指巴黎公社的实践。——引者注）已经不是为了少数人的利益，而是为了多数人的真正利益而进行的革命。”④ 那么，人民主权原则在公社政权中有哪些具体表现？（1）最高的权力机关——公社委员会——由人民选举产生。因此，巴黎公社的无产阶级民主共和国的本质就体现在它的主权属于工人阶级和全体人民，由他们自己当家做主。（2）实行“议行合一”制度。公社委员会执掌立法权兼行政权。“议行合一”体现了国家一切权力属于人民的原则。公社委员经普选产生并受人民监督，人

---

① 恩格斯．卡·马克思《1848 年至 1850 年的法兰西阶级斗争》一书导言//马克思恩格斯文集：第 4 卷．北京：人民出版社，2009：544.

② 同①545.

③ 马克思．法兰西内战//马克思恩格斯文集：第 3 卷．北京：人民出版社，2009：157.

④ 同①539.

民可以随时淘汰不称职的公职人员。因此，公社是一个真正“民有、民治、民享”的新型政权。巴黎公社尽管失败了，但它对自由、平等的追求永远激励着后来者。

综上所述，恩格斯始终强调无产阶级所遭遇的非人处境，强调无产阶级的愤怒、抗争和力量，把无产阶级视为推动历史发展的主体力量，认为没有这种力量，历史就会停滞不前。在《神圣家族》一书中，马克思恩格斯对人在历史中的主体地位做了经典总结：“**历史什么事情**也没有做，它‘并不拥有**任何**无穷尽的丰富性’，它并‘没有**在任何**战斗**中**作战’！创造这一切、拥有这一切并为这一切而斗争的，不是‘历史’，而正是**人**，现实的、活生生的人。‘历史’并不是把人当做达到**自己**目的的工具来利用的某种特殊的人格，历史**不过是**追求着自己目的的人的活动而已。”[①] 在自己晚年的著作《路德维希·费尔巴哈和德国古典哲学的终结》中，恩格斯更是将这种观点加以提升，从而得出人民群众是历史的创造者的结论。他说：“即使是非常杰出的人物的动机，不如说是使广大群众、使整个整个的民族，并且在每一民族中间又是使整个整个阶级行动起来的动机；而且也不是短暂的爆发和转瞬即逝的火光，而是持久的、引起重大历史变迁的行动”[②]。因此，西方思想家关于恩格斯的历史观“没有人类实践的概念”的指责是完全站不住脚的。

以上谈的是无产阶级的历史主体性、能动性，接下来我们看社会生产在历史发展过程中的地位和作用。在恩格斯看来，人固然是创造历史的主体力量，没有现实的人的意志和活动就没有历史，但是，人类并不能凭空创造历史。按照恩格斯的理解，社会生产为无产阶级创造历史提供了必要条件。下面我们结合 1842—1845 年文献，以肇始于 18 世纪 60 年代的英国工业革命为例，分析社会生产的历史作用。具体说来，社会生产为无产阶级创造历史提供了如下条件：

第一，工业革命不断壮大了无产阶级队伍。工业革命自身携带的竞争属性以惊人的速度制造无产阶级。英国工业的历史就是一部机器劳动逐个夺取手工劳动地盘的战争史。其结果是，以前中间等级的下层统统

---

① 马克思，恩格斯. 神圣家族//马克思恩格斯全集：第 2 卷. 北京：人民出版社，1957：118-119.

② 恩格斯. 路德维希·费尔巴哈和德国古典哲学的终结//马克思恩格斯文集：第 4 卷. 北京：人民出版社，2009：304.

沦为无产者。就这样，工业革命借助于强有力的发条制造了一批批无产者。竞争逻辑日益发挥作用，整个社会日益分化为两大对立阶级，即少数富有阶级和人数日益庞大的无产阶级。因此，无产阶级的队伍正是在工业革命的母体内日益壮大的。

第二，工业革命锻造了无产阶级运动的坚强核心。恩格斯指出，这个坚强的核心就是工业革命的初生子——工厂工人。这批工人最早遭受竞争、经济危机和资本剥削的痛苦，因此最早具有坚强的抗争意识，自然也就成为工人运动的领导者。

第三，工业革命为无产阶级的联合提供了物质基础。无产阶级真正的力量在于“工人的越来越扩大的联合”。这种联合在过去交通闭塞的条件下是无法实现的。工业革命所创造的日益发达的交通工具则为联合提供了条件。凭借现代化的交通工具，各地的工人斗争终于汇集成全国性的斗争，“汇合成阶级斗争”①。这种无产阶级的联合就是打败资产阶级的希望之所在。

另外，恩格斯也指出，社会生产状况限定了无产阶级创造历史的高度。正如马克思指出的：“人们自己创造自己的历史，但是他们并不是随心所欲地创造，并不是在他们自己选定的条件下创造，而是在直接碰到的、既定的、从过去承继下来的条件下创造。”② 无产阶级固然是历史的创造者，但并不能凭空创造历史，而必须在现有社会生产力的基础上创造历史，因而每一代社会生产力的水平限定了无产阶级运动所能达到的高度。很难想象在前工业革命时代无产阶级就能实现全国性的联合。要突破前一代的解放水平，既有赖于无产阶级的不断奋斗，也有赖于社会生产力的进一步发展。因此，每一代的社会生产状况既是无产阶级创造历史的助力，同时也限定了无产阶级所能创造的历史的高度。

综合上面的分析，我们看到，恩格斯在历史观问题上所持的是一种辩证立场。这种辩证历史观在恩格斯晚年的著作中被提升为著名的“合力论”。19 世纪 90 年代，恩格斯在致约·布洛赫的信中阐述了有关历

① 马克思，恩格斯．共产党宣言//马克思恩格斯文集：第 2 卷．中文 2 版．北京：人民出版社，2009：40.

② 马克思．路易·波拿巴的雾月十八日//马克思恩格斯全集：第 11 卷．中文 2 版．北京：人民出版社，1995：131-132.

史合力论的思想："我们自己创造着我们的历史，但是第一，我们是在十分确定的前提和条件下进行创造的。……第二，历史是这样创造的：最终的结果总是从许多单个的意志的相互冲突中产生出来的，而其中每一个意志，又是由于许多特殊的生活条件，才成为它所成为的那样。这样就有无数互相交错的力量，有无数个力的平行四边形，而由此就产生出一个总的结果，即历史事变，这个结果又可以看作一个作为整体的、**不自觉地**和不自主地起着作用的力量的产物。……每个意志都对合力有所贡献，因而是包括在这个合力里面的。"① "合力论"把人的力量和物质生产的力量整合到一个体系里，生动地阐明了在历史的舞台上，人既是剧作者也是剧中人的辩证历史观。

3. 恩格斯宣扬的共产主义绝非与人无关的社会形态，而是"真正的自由和真正的平等"的实现

在恩格斯这里，共产主义绝非与人无关的社会形态，正如他指出的："真正的自由和真正的平等，即共产主义"②。这种自由、平等的社会状态就是人的本质的复归。恩格斯在批判资本主义制度时指出，该制度最大的弊病就在于完全扼杀了"人类本性的优良品质"。资本无限逐利的本性与逻辑迫使广大群众"不得不牺牲他们的人类本性的优良品质；……潜伏在他们每一个人身上的几百种力量都没有使用出来，而且是被压制着"③。可见，恩格斯批判的就是资本主义制度对人的天赋、才能、气质和欲望的压制。在资本逻辑的强大压制下，人为了生存，不得不放弃一切能实现和发挥人类自由本质的可能性。

恩格斯在《大陆上社会改革的进展》一文中剖析了傅立叶的思想，他特别赞赏后者的一个观点，认为这个观点的提出是"一个功绩"，它便是傅立叶关于人类的精神本质的理解。傅立叶认为，人类的精神本质就是自由自觉的劳动。只要社会对这种活动提供正确的指引，那么后者就会创造出巨大的物质财富和精神财富，人类身上的精神本质（天赋、才能、气质和欲望）就会得以实现。但在现行的资本主义社会里，私有

---

① 恩格斯．恩格斯致约瑟夫·布洛赫（1890年9月21—22日）//马克思恩格斯全集：第37卷．北京：人民出版社，1971：461-462.

② 恩格斯．大陆上社会改革的进展//马克思恩格斯全集：第3卷．中文2版．北京：人民出版社，2002：476.

③ 恩格斯．英国工人阶级状况//马克思恩格斯全集：第2卷．北京：人民出版社，1957：303-304.

制强行把劳动和享受分裂开来，劳动变成了做苦力，享受变成了绝大多数劳动者无法获得的东西，结果，人们像“逃避鼠疫”一般地逃避劳动，而劳动也只有在强制下才能开展。于是，本该成为人类本质的实现途径的劳动异化了。傅立叶主张建立一种合理的制度，在这种制度下，每个人都能依据自身的爱好从事劳动，劳动成为一种享受，成为一种自由自觉的活动，成为实现人类的精神本质的活动。恩格斯把这种合理的制度提升为共产主义。因此，共产主义实际就是对人类本质异化的扬弃，在这种社会状态下，原先被资本逻辑强力压制的一切人的本质（人的天赋、才能、气质和欲望）都被解放出来，在自由自觉的活动中，人类得以在“人化自然”和人文历史、艺术以及一切人类作品上确证自身的本质，这些作品无一不是人类天赋、才能、气质和欲望的展现。

在《德意志意识形态》一书中，马克思恩格斯阐发了共产主义是人类本质的复归的观点。共产主义是一切人自由发展的社会形态，在未来的共产主义社会里，“任何人都没有特殊的活动范围，而是都可以在任何部门内发展，社会调节着整个生产，因而使我有可能随自己的兴趣今天干这事，明天干那事，上午打猎，下午捕鱼，傍晚从事畜牧，晚饭后从事批判，这样就不会使我老是一个猎人、渔夫、牧人或批判者”①。因此，在马克思恩格斯那里，共产主义就是人类本质的复归。人类的天赋、才能、气质和欲望在共产主义社会里得到了自由挥洒与确证。

（三）结论

第一，恩格斯哲学是深具人文关怀的哲学。我们看到，人是恩格斯哲学的起点，恩格斯 1842—1845 年文献乃至一生的理论创作就起因于对人的自由难题的思考。此外，人也是恩格斯哲学的依靠力量，恩格斯把希望寄托于遭受苦难并力图结束苦难的无产阶级，寄希望于无产阶级的力量、觉悟、意志、素质和行动。最后，人也是恩格斯哲学的落脚点。恩格斯所主张的共产主义并非脱离人的社会形态，恰恰相反，它就是以实现人的自由全面发展为旨归的，共产主义就是人类本质的复归和确证。因此，“人学空场”论的错误在于它无视恩格斯哲学的属人性质。

第二，恩格斯关于人的哲学也是辩证法在历史观中的精彩运用。恩

① 马克思，恩格斯．德意志意识形态//马克思恩格斯选集：第 1 卷．3 版．北京：人民出版社，2012：165.

格斯一方面肯定无产阶级是推动历史发展的主体力量，没有无产阶级的活动就没有历史；但另一方面也指出，无产阶级并不能凭自身意志任意创造历史，而必须在现有社会历史条件下活动，离开大工业所淬炼出的具有觉醒意识的无产阶级和大工业所提供的一系列物质条件，所谓的无产阶级创造历史就是一句空话。人既是历史的剧中人，又是剧作者，恩格斯的历史观始终贯穿着辩证法原则。

第三，恩格斯哲学的人本思想和辩证法立场是马克思恩格斯合作的重要前提。我们看到，马克思的历史观也是人本主义和辩证法相结合的产物。一方面，马克思把希望寄托在完全丧失了自己的本质，因而只有“通过**人的完全回复**才能回复自己”① 的无产阶级身上，这一阶级是德国解放，也是人类解放的“实际可能性”；另一方面，马克思也承认，无产阶级不能凭空创造历史，人类社会的物质生活给无产阶级的活动提供了前提条件，决定了其限度。正是马克思恩格斯共同的人本思想和辩证法立场促成其思想的合作，并最终创立了历史唯物主义。

二、在马克思主义的思想进程中

要客观地评论 1842—1845 年文献的思想史价值，我们就必须将其置于马克思主义的思想进程中加以考察。我们认为，这段文献在马克思主义思想史上具有重要的理论贡献：这段文献在政治经济学和某些重要议题上做出了开辟性的探讨，即它开启了政治经济学批判的先河，率先对工业革命作为社会发展的根本动力的议题进行了思考，在社会发展形态问题上也做出了开辟性的思考；此外，这段文献的另一些思考虽然不是最早的，但也成为马克思恩格斯日后创立唯物史观的重要思想基础。

（一）开辟性的思考

1. 1842—1845 年文献开启了政治经济学批判的先河

1843 年 9 月恩格斯开始创作《国民经济学批判大纲》，这是马克思主义思想史上的第一部关于政治经济学批判的作品，1844 年在马克思

① 马克思.《黑格尔法哲学批判》导言//马克思恩格斯选集：第 1 卷. 3 版. 北京：人民出版社，2012：15.

任主编之一的《德法年鉴》第1/2期合刊上发表。马克思对这部作品赞赏有加，在《1844年经济学哲学手稿》中称赞这部作品是“内容丰富而**有独创性的**著作”①，在1859年的《〈政治经济学批判〉序言》中又称赞它是“批判经济学范畴的天才大纲”②，在1880年的《社会主义从空想到科学的发展》法文版的前言中则指出，“《大纲》中已经表述了科学社会主义的某些一般原则”③。此外，恩格斯1845年完成的另一部重要作品《英国工人阶级状况》也包含着丰富的政治经济学批判的内容。概括起来，恩格斯政治经济学批判在如下五个方面做出了开创性贡献：

第一，对私有制和资产阶级经济学展开的批判。在恩格斯以前，所有经济学家都没有“想去过问**私有制的合理性**的问题”④。经济学家都认为私有制是合理和永恒的，尤其是英国古典政治经济学家，他们把资本主义私有制看作一种“天然的”制度，认为它具有不证自明的合理性，经济学家们在私有制的基础上建立了政治经济学的理论大厦，但从来没有拷问基础的合理性问题。

恩格斯对政治经济学的基础即私有制展开了批判，集中批判这种制度的残酷性和不道德性。这种性质最鲜明地体现在资本的学说即政治经济学和私有制的核心范畴即竞争上。恩格斯一针见血地指出，国民经济学是“一个成熟的允许欺诈的体系、一门完整的发财致富的科学代替了简单的不科学的生意经”，它的额角上“带有最令人厌恶的自私自利的烙印”⑤。这门科学假惺惺地宣布商业是“各民族、各个人之间的友谊和团结的纽带”，但在这些华丽言辞的背后，隐藏的是一些不道德的、利己的动机。这门科学的辩护者——马尔萨斯的人口论，更是将“关于仁爱和世界公民的一切美好言词”⑥ 全部否定，只留下冰冷和残酷的面

① 马克思．1844年经济学哲学手稿//马克思恩格斯文集：第1卷．北京：人民出版社，2009：112.

② 马克思．《政治经济学批判》序言//马克思恩格斯文集：第2卷．北京：人民出版社，2009：592.

③ 马克思．《社会主义从空想到科学的发展》法文版前言//马克思恩格斯文集：第3卷．北京：人民出版社，2009：491.

④ 恩格斯．国民经济学批判大纲//马克思恩格斯全集：第3卷．中文2版．北京：人民出版社，2002：443.

⑤ 同④442.

⑥ 同④444.

孔。竞争更是体现了私有制的残酷性和不道德性。正如恩格斯指出的，“只要私有制存在一天，一切终究会归结为竞争”①。竞争贯穿在人们的全部生活关系中，它所带来的是一种一切人反对一切人的战争关系。在市场竞争中，较大的资本把较小的资本吞并，较大的土地占有者把较小的土地占有者排挤出去，较强的工人把较弱的工人打败。在私有制作为根本制度的国家里，一切人反对一切人的社会战争就只有进行时，而没有完成时。恩格斯指出，现代资本主义社会的一个显著现象就是无产阶级人口的急剧增加。在这种情况下，无产阶级若不接受资产阶级提出的苛刻条件，就只能选择饿死、冻死，或者到森林中与野兽为伍。

恩格斯的政治经济学批判第一次触及私有制的合理性问题，这是他的理论贡献，这种批判路向无疑启发了马克思。后者在 1844 年展开的政治经济学研究中同样对资产阶级经济学的前提进行了批判。在马克思看来，私有制和资产阶级经济学在本质上是“敌视人”的。只要私有制存在一天，人就会处于异化状态，他说：“私有制使我们变得如此愚蠢而片面，以致一个对象，只有当它为我们所拥有的时候，就是说，当它对我们来说作为资本而存在，或者它被我们直接占有，被我们吃、喝、穿、住等等的时候，简言之，在它被我们**使用**的时候，才是**我们的**。”②马克思认为，自然界和人类社会本应是人的自由本质的确证，可当自然界和人类社会在人的眼中仅仅只是占有的对象时，人的自由本质就无法确证，人类生活、人类本质因私有制而异化。资产阶级政治经济学同样具有这种“敌视人”的特质。马克思指出，在古典经济学家李嘉图那里，“各国只是生产的工场；人是消费和生产的机器；人的生命就是资本；经济规律盲目地支配着世界。在李嘉图看来，人是微不足道的，而产品则是一切”③。在资产阶级政治经济学中，人完全被贬低为工具性的存在。可以说，恩格斯开启了对私有制的批判，马克思则将这种批判推向了高峰。

第二，对技术异化展开的批判。西欧社会结束漫长的中世纪之后，

---

① 恩格斯．国民经济学批判大纲//马克思恩格斯全集：第 3 卷．中文 2 版．北京：人民出版社，2002：459.

② 马克思．1844 年经济学哲学手稿//马克思恩格斯文集：第 1 卷．北京：人民出版社，2009：189.

③ 同②139.

迎来了一个科技繁荣的时代。如何看待新生的科技？以培根为代表的主流观点持有一种乐观态度，它认为科技作为人类自身的力量，能克服人类对自然的恐惧，改善人类的生活，增进人类的幸福和德性。在马克思主义思想史上，恩格斯第一次直指这种观点的问题，认为它忽视了社会制度与科技的关系。在资本主义私有制和竞争土壤上产生的科技，不仅无助于增进人类的幸福和德性，反而成为阶级压迫的工具，导致了广大劳动群众的“失业、匮乏和贫穷”以及社会道德的败坏。因此，恩格斯指出，只要私有制还作为一种根本的社会制度，那么从法理上讲应当“属于全人类”的科技及其创造出来的财富和力量对于广大人民群众而言就是一种异己的力量。可以说，恩格斯在马克思主义思想史上第一次对技术异化展开了批判。

这种批判无疑也对马克思产生了影响。后者对技术异化的批判也是从私有制与技术的关系来展开的。马克思指出，在资本主义私有制条件下，技术的发展走向了自己的方面。他说：“在我们这个时代，每一种事物好像都包含有自己的反面。……财富的新源泉，由于某种奇怪的不可思议的魔力而变成贫困的源泉。技术的胜利，似乎是以道德的败坏为代价换来的。随着人类愈益控制自然，个人却似乎愈益成为别人的奴隶或自身的卑劣行为的奴隶。甚至科学的纯洁光辉仿佛也只能在愚昧无知的黑暗背景下闪耀。我们的一切发现和进步，似乎结果是使物质力量成为有智慧的生命，而人的生命则化成为愚钝的物质力量。……我们时代的生产力与社会关系之间的这种对抗，是显而易见的、不可避免的和毋庸争辩的事实。”① 可以说，马克思把由恩格斯开启的技术批判推到了高峰。

第三，对私有制与道德之关系的思考。在《国民经济学批判大纲》中，恩格斯首次揭露了私有制与道德堕落的必然关系。一方面，私有制必定催生一大批资产阶级投机家。这是因为，在资本主义私有制条件下，竞争是主导一切的关系，它会导致价格的永恒波动，这就摧毁了道德的最后一点痕迹，每个资本家都竭尽全力在最有利的时机进行买卖，投机家由此而产生。不仅如此，资产阶级还深陷玛门崇拜，赚钱成了人间主要之事。在私有制社会里，旧宗教的地位让位给新福音：玛门福音。旧地狱被新地狱所取代，对于现代英国人而言，地狱并非一个空间

① 马克思. 在《人民报》创刊纪念会上的演说//马克思恩格斯文集：第2卷. 北京：人民出版社，2009：580.

概念，而是“不发迹，赚不到钱”！另一方面，恩格斯指出，广大无产阶级也被迫放弃道德的生活。在英国，犯罪行为按照特有的规律性年年增加，私有制、竞争和工厂制度影响越大的地区，犯罪率必定越高。随着贫困阶级人数的不断增长，英国的犯罪数量也不断增加，它当时已成为世界上罪犯最多的国家。在资本主义私有制条件下，无产阶级如果不放弃人的目的就无法生存。

几个月后，马克思在《1844 年经济学哲学手稿》一书中接续了这一话题。他指出，私有制和异化劳动“把人当做既**在精神上**又在肉体上**非人化的**存在物生产出来。——工人和资本家的不道德、退化、愚钝”①。资产阶级和无产阶级都处于异化状态。资本家迫使他人成为自己的奴隶，为自己创造财富，在这个过程中，资本家的占有欲越来越强，他们彻底沦为金钱的奴隶。为了追逐最大限度的利润，他们采取欺诈、背叛和出卖人格的手段，他们的不道德已经达到了历史的顶峰。无产阶级也由于私有制和异化劳动而失去了自己的类本质，这个阶级为了生存被迫放弃了人之为人的目的和道德品质。可以说，恩格斯对私有制与道德之关系的思考启发了马克思。

第四，对经济危机的考察。在马克思主义思想史上，恩格斯首次考察了经济危机。他指出，只要私有制存在一天，竞争的规律就会带来价格的“永恒波动”，需求和供给就永远无法达到平衡。需求和供给的关系“从未有过健全的状态，总是兴奋和消沉相更迭”②。当需求和供给的失衡达到一定程度时，经济危机就爆发了，它们“像过去的大瘟疫一样按期来临”③，所造成的破坏和不道德比以往的所有瘟疫都要大。无数工人失去工作，为求生存，他们被迫沦为“失去道德的人”，结果被无情地投进监狱，或者被放逐到遥远、荒凉的流放地。恩格斯揭露了私有制和经济危机之间的必然关系，虽然其论证尚显粗糙，但其开创意义是不可否认的。在其思想成熟时期，马克思恩格斯就沿着上述思路，更加系统、深入地阐述了经济危机的根源、危害和解决的出路。

---

① 马克思．1844 年经济学哲学手稿//马克思恩格斯文集：第 1 卷．北京：人民出版社，2009：171.

② 恩格斯．政治经济学批判大纲//马克思恩格斯全集：第 1 卷．北京：人民出版社，1956：613.

③ 同②614.

第五，对出路的思考——消灭私有制。恩格斯指出，私有制是一切社会异化的根源，私有制把每一个人隔离在自己的私人利益框架内，结果每个人与他人都处于一种敌视状态。私有制把人变成了商品，变成了一种毫无尊严的存在；竞争制度则每天都在屠杀千百万人。既然如此，那么消灭社会异化的唯一出路就是消灭私有制、消灭竞争和利益的对立。恩格斯这一思考在马克思主义思想史上具有创始意义。马克思在《1844年经济学哲学手稿》中接续了这一话题，他也指出，私有制是一切异化的根源，因此要想消灭异化，唯一途径就是扬弃私有制，这便是共产主义，“**共产主义**是对**私有财产**即**人的自我异化的积极的**扬弃，因而是通过人并且为了人而对**人的**本质的真正**占有**；因此，它是人向自身、也就是向**社会的**即合乎人性的人的复归，这种复归是完全的复归，是自觉实现并在以往发展的全部财富的范围内实现的复归。这种共产主义，作为完成了的自然主义，等于人道主义，而作为完成了的人道主义，等于自然主义，它是人和自然界之间、人和人之间的矛盾的**真正**解决，是存在和本质、对象化和自我确证、自由和必然、个体和类之间的斗争的真正解决。它是历史之谜的解答，而且知道自己就是这种解答”①。因此，在消灭私有制的问题上，恩格斯是首创者，而马克思则在更广阔的视域内对此问题做了更深刻的思考。

2. 1842—1845年文献率先对工业革命作为社会发展的根本动力的议题进行了思考

在马克思主义思想史上，恩格斯最早考察了工业革命的作用。他在写于1844年的《英国状况　十八世纪》中详尽阐述了工业革命的作用。恩格斯指出，肇始于18世纪中叶的英国工业是“现代英国各种关系的基础，是整个社会的运动的动力”。工业革命的第一个结果就是“利益被升格为对人的统治”②。工业革命创造了巨大的社会生产力，按照法理，这些财富本应属于全人类，但由于私有制的存在和作用，利益独占了这些工业财富和力量而成为无所不能的存在。到了19世纪30年代，工业资产阶级在国家经济生活中已经占据绝对的统治地位。拥有巨大财

① 马克思．1844年经济学哲学手稿//马克思恩格斯文集：第1卷．北京：人民出版社，2009：185-186.

② 恩格斯．英国状况　十八世纪//马克思恩格斯全集：第3卷．中文2版．北京：人民出版社，2002：544.

富的工业资产阶级，越来越不满于政治上的无权地位。经济的强大必然带来对政治权力的渴望和野心。通过一系列议会改革，资产阶级逐步攫取了国家政权，上升为国家的统治者。人类社会逐步从封建时代过渡到资本统治的时代。恩格斯还指出，英国工业革命所带来的另一重要结果是无产阶级的诞生。工业革命催生和壮大了无产阶级，使其痛苦，催其奋进，同时还为无产阶级的斗争提供一系列物质条件。当日益觉醒并壮大的无产阶级联合为一个整体而与资本主义制度和资产阶级做不屈服的斗争时，“金钱的统治”将被终结，一个新的合乎人性的社会形态即“人的世界”将会来临。因此，英国的大工业是扬弃私有制的根本力量，是推动社会向前发展的根本动力。这一观点进一步提升，便是唯物史观关于生产力是社会发展的终极力量的观点。

3. 1842—1845 年文献在社会发展形态问题上做出了开辟性的思考

按照恩格斯的划分，人类历史大体经历了三个大的阶段，即古代世界、基督教日耳曼世界和“人的世界”，而从实质内容来划分，人类历史经历了政治的统治、财产的统治、人类走向自由的自主联合三大阶段，这三个阶段划分的根据就是人的自由状态。古代世界和封建时代的特征是政治的统治阶段，这一阶段的主要特征就是“根本不懂主体权利”，奴隶制和农奴制是这种特征的具体体现。个人完全隶属于共同体并屈服于国家的意志，个人不能要求自己的权利和选择。

财产的统治阶段实际指资本主义社会。恩格斯指出，资本主义社会的主要特征是个人从原来的政治高压中解放出来，个人获得了独立的权利，这是一个进步；但是，个体虽然从政治统治中摆脱出来，但却被铸上了财产统治的枷锁，在资本主义社会，“现金支付成为人们之间唯一的纽带”①。人已经不再是人的奴隶，而变成了物的奴隶。现代生意经对世界的奴役比封建时代的奴役更不合乎人性，更无所不包。卖淫比初夜权更不道德，更残暴。

恩格斯指出，金钱的统治意味着基督教世界秩序再也不能向前发展了，它必然要在自身内部崩溃并让位给合乎人性、合乎理性的世界秩序。这个未来的世界秩序在人类走向自由的自主联合的阶段得以建立，只有到了这个阶段，人类才能获得真正的自由。恩格斯还强调，人要重

① 恩格斯．英国状况　十八世纪//马克思恩格斯全集：第3卷．中文2版．北京：人民出版社，2002：533-534.

新“回到自身”，获得自由，那么通过金钱的统治而完成外在化就是必由之路。因此，人类发展的三大阶段是不能跳跃的。

恩格斯关于社会发展形态的思想在一定程度上启发了马克思。我们知道，马克思关于人类社会三形态的划分也是以人类不同的自由状态为依据的，“人的依赖关系（起初完全是自然发生的），是最初的社会形态，在这种形态下，人的生产能力只是在狭窄的范围内和孤立的地点上发展着。以**物的**依赖性为基础的人的独立性，是第二大形态，在这种形态下，才形成普遍的社会物质变换，全面的关系，多方面的需求以及全面的能力的体系。建立在个人全面发展和他们共同的社会生产能力成为他们的社会财富这一基础上的自由个性，是第三个阶段。第二个阶段为第三个阶段创造条件”①。我们看到，马克思关于社会三形态的划分与恩格斯的社会形态划分有诸多相似之处：（1）都以人的自由状态为划分依据，都认为古代古典世界是人的统治的阶段，在此阶段人完全没有自由；（2）都认为资本主义社会是物的统治下的人的独立状态，都认为这一阶段是不可跳跃的，这一阶段为未来社会准备了条件；（3）都认为未来的人类社会是真正的人的自由状态。因此，可以说，虽然此时恩格斯还未和马克思一起创立唯物史观，但他关于社会发展形态的思考确实成为马克思主义社会发展形态理论的思想来源之一。

（二）唯物史观重要的理论资源

1842—1845 年文献的另一些思考虽然不是开辟性的，但也成为马克思恩格斯日后创立唯物史观的重要思想基础。这些思考有：

第一，关于社会物质利益与人的关系的分析蕴含着经济基础决定上层建筑的思想萌芽。1842—1845 年，恩格斯遭遇了一系列政治事件，如关于工人普选权的斗争，关于谷物法问题的争论，关于工厂童工教育法案的辩论，关于取消英爱合并问题之实质的辩论，等等。恩格斯洞察到，不同阶级和个人都是基于特殊的利益而选择自己的政治态度与立场的，物质利益如同支配人的呼吸一样，支配着不同阶级和个人的立场与行动。例如，面对工人阶级关于普选权的要求，资产阶级从维护自身政治统治权力及其背后的物质利益的考虑出发而断然拒绝。因此，物质利

① 马克思.《政治经济学批判（1857—1858 年草稿）》//马克思恩格斯全集：第 46 卷上册. 北京：人民出版社，1979：104.

益作为一种强大的力量，深刻地影响着不同阶级和个人在政治态度与立场上的选择。这些论述无疑成了日后关于经济基础决定上层建筑的思想的雏形。

第二，对无产阶级作用的论述奠定了唯物史观动力论的思想基础。关于无产阶级的作用，恩格斯指出，无产阶级是结束私有制统治的主体力量，在私有制的统治下，整个无产阶级都不可能“像人一样地生活、感觉和思想”①。正因为饱受私有制所带来的苦难，无产阶级内心充满了对私有制的强烈愤怒，这种愤怒化为了消灭私有制所必需的觉悟和决心。同时伴随着工业革命的发展，无产阶级逐步增强了自身的力量、提升了自身的品质，当无产阶级日益觉醒并联合为一个强有力的整体与资本主义制度做不屈服的斗争时，私有制的统治就会被终结。恩格斯关于无产阶级作用的观点再提升一步，就是唯物史观关于阶级斗争是社会发展的直接动力的观点。

第三，对玛门崇拜的批判成为日后拜物教批判的思想来源。在 1842—1845 年文献中，恩格斯对金钱崇拜的价值观展开了深刻的批判。他指出，这种价值观是资本主义私有制的必然产物。在资产阶级的价值观体系里，人的价值就是由金钱确定的。谁拥有金钱，谁就“有势力”，谁就“值得尊敬”，谁就是“上等人”。赚钱成了人间主要之事，金钱成为人间唯一的纽带。面对无产阶级的挨饿与求助，富有的工厂主这样回应：“我那些挨饿的工人？难道我不是公平合理地在市场上雇用他们的吗？难道我没有把议定的工钱如数付给他们吗？此外，我跟他们还有什么关系呢？”② 玛门崇拜带给世界的就是这样一种冷酷无情的气息。

恩格斯对玛门崇拜的批判成为日后拜物教批判的思想来源。马克思把玛门崇拜提升为拜物教（fetishism），意指原本作为人的劳动产物的商品、货币和资本异化为一种独立于人并被人当作神加以崇拜的心理现象，其形式有三种，即商品拜物教、货币拜物教和资本拜物教。拜物教意味着人已经失去自身的价值和尊严，彻底沦为物的奴隶。

第四，对政治国家的批判成为马克思主义国家观的重要思想来源。

---

①　恩格斯．英国工人阶级状况//马克思恩格斯全集：第 2 卷．北京：人民出版社，1957：500．

②　恩格斯．英国状况　评托马斯·卡莱尔的《过去和现在》//马克思恩格斯全集：第 3 卷．中文 2 版．北京：人民出版社，2002：504．

在《英国状况 英国宪法》中，恩格斯对建立在私有制基础上的现代君主立宪制展开了全面而深刻的批判。他指出，在一个被私有制支配的现实世界，国家已经背离自己的使命而沦为财产的私器。在君主立宪制的英国，是财产在进行统治。财产使土地贵族和工厂主能操纵大城市、小城市、农村的议员选举，财产使二者能通过贿选来加强自己的影响。因此，所谓的“国民议会”本质上是一个具有排他性质和反人民性质的存在。不仅如此，宪法所规定的一切公民权利在现实性上都只是富人的特权。法律压榨穷人，富人支配法律，是君主立宪制的真实面目。君主立宪制国家的理论与实践之间存在着深刻的背离和冲突。

出路在哪里？不同于马克思在《黑格尔法哲学批判》一书中寄希望于体现人民意志的未来民主制国家，恩格斯认为，既然政治国家的本质就是私有制统治的工具，那么人民就不可能在国家的基础上实现真正的自由和真正的平等，无产阶级争取自由的斗争就无法在政治制度层面得以最终的实现。这种思想在日后的《德意志意识形态》等著作中得到进一步的发挥，最终形成了国家是阶级压迫的工具和消灭国家的结论。因此，恩格斯对政治国家展开的批判具有重要意义。

第五，对共产主义的思考奠定了科学共产主义的基础。在1842—1845年文献中，恩格斯围绕着共产主义的议题做了破和立的工作。一方面，他对以往的共产主义（社会主义），尤其是傅立叶的学说进行了批判和继承；另一方面，他在前一环节的基础上构建了自己有关共产主义的理论，对共产主义的旨归、作用、共产主义与斯芬克斯之谜的关系、共产主义与宗教的关系、共产主义与政治革命和暴力革命的关系进行了深入阐发。尤其针对共产主义与暴力革命的复杂关系，恩格斯指出，从手段和过程上讲，共产主义虽然在特定情况下不得不依靠暴力革命为自己开辟道路，但共产主义绝不是嗜血的，绝不会滥用暴力手段，而且它会引导无产阶级慎用和尽可能少用暴力；从原则和目的上讲，共产主义与那种为革命而革命、为暴力而暴力的价值观是不相容的，它意在超越阶级对立，解放全人类。这些重要的思考无疑成为马克思恩格斯日后建立科学共产主义的重要思想来源。

（三）结论

第一，恩格斯思想比马克思思想早熟。从前文的分析我们可以看到，在政治经济学批判、历史唯物主义理论和社会发展形态理论方面，青年恩格斯启发了青年马克思，后者对《国民经济学批判大纲》和《英国工人阶级状况》的赞扬和借鉴持续了一生，因此在思想发展的早期阶段，马克思无疑是受益者。

第二，1842—1845 年文献为马克思主义提供了重要的起点和基准线。如前文提到的，这段文献在政治经济学和某些重要议题上做了开辟性的探讨；此外，它的另一些思考虽然不是最早的，但也成为马克思恩格斯日后创立唯物史观的重要思想基础。因此，这段文献就是马克思主义的重要起点。同时，它也是衡量马克思主义发展水平的重要基准线。能否突破恩格斯这段文献的思想水平，是我们判断马克思主义是否向前发展的一个重要依据。马克思在后来的思想构建中，对青年恩格斯提出的诸多议题和思想观点进行了进一步的拓展与提升，从而大大提升了马克思主义的思想水平。

三、1842—1845 年文献与近代西方哲学传统

要评价 1842—1845 年文献的思想史价值，除了要把它置于马克思主义的思想进程中加以考察之外，还应将其置于近代西方思想传统中加以考察。就二者的关系而言，一方面，恩格斯哲学继承了近代西方哲学追求自由与平等的主题。没有源远流长的近代西方哲学传统，就没有恩格斯哲学。另一方面，1842—1845 年文献也包含着对近代西方哲学传统的深刻超越。其一，在自由与平等因何丧失的问题上，恩格斯突破近代西方哲学传统的理解，认为私有制才是导致人类丧失自由与平等的根本原因。其二，在如何为自由与平等寻求出路的问题上，恩格斯的回答也超越了近代西方哲学传统，认为唯有进行社会制度的深刻变革，才能从根本上解决自由的难题。

（一）恩格斯哲学对近代西方哲学的继承

之所以选择把 1842—1845 年文献置于近代西方思想传统而不是整个西方哲学传统中加以考察，是基于这样的理由：恩格斯哲学从哲学主题和哲学气质上属于近代西方哲学传统。从侧重点来看，古代哲学探讨

的是本体问题，中世纪哲学探讨的是上帝和信仰问题，近代西方哲学探讨的是人的问题。因此，把恩格斯哲学置于近代西方哲学传统中最能看出其继承和超越关系。关于近代西方哲学传统，我们选择了四个最具代表性的参照系：（1）洛克、卢梭等人的自由主义；（2）康德的哲学；（3）黑格尔的哲学；（4）青年黑格尔派的哲学。将1842—1845年文献置于近代西方哲学传统中，我们发现，恩格斯哲学继承了近代西方哲学追求自由和平等的主题。没有源远流长的近代西方哲学传统，就没有恩格斯哲学。

1. 对自由的共同追求

自由无疑是最让近代西方哲学家牵挂的字眼。是自由的难题引发了卢梭的焦虑，让他发出了“人生而自由，但人无往而不在枷锁之中”的感叹。终其一生，卢梭试图解决的就是如何实现人的自由的问题。可以说，自由是自由主义思想家共同追求的价值目标，他们的著述都旨在为自由寻求出路。

自由也是康德哲学的主题。这一主题可以归结为：在严格受自然法则支配的世界里，自由何以可能？康德看到，在人类的纯粹认知领域，人是不可能解决意志自由问题的，因为我们无法通过认知把握自我、意志自由和灵魂。但自由问题与人们的价值理想紧密相联，因而也成为康德哲学需要解决的重大问题。

自由的主题在黑格尔哲学中也有鲜明的体现。他在致谢林的信中说：“理性与自由是我们永远的口号。”① 在黑格尔所处的时代，不论在理论上还是在实践上，人们都对自由进行了重要的探讨。理论上以康德的“自由即自律”的探讨为代表，实践上的代表是法国大革命和市民社会的现实生活。黑格尔认为，这些理论上和实践上的探讨无疑达到了自由的积极成果，但这些探讨仍是片面的，其成果只代表着自由的个别环节，并未达到自由的真理。因此，如何在扬弃前人自由观的基础上达到自由的真理便是摆在黑格尔面前的时代任务。

自由同样是青年黑格尔派哲学的主题。“自我意识”是青年黑格尔派哲学的核心概念。该派代表人物布鲁诺·鲍威尔认为，历史的意义就在于自我意识的自我成长和实现。自我意识要成为无限的自我意识，就

① 黑格尔．黑格尔通信百封．上海：上海人民出版社，1981：38.

必须经历一个异化和扬弃异化的历程，这一哲学历史观的人间表达是：现实的人如何实现自由。正如其弟埃德加·鲍威尔指出的，“历史可以分为两个阶段：一个阶段是异化和自我二重化的阶段，在这个阶段，人的意识无法在世界中再次认出自身，它把自己的产品视为陌生的力量和自己创造力的桎梏。第二个阶段是异化的消灭：人把陌生的力量和历史客观给定的东西（国家、制度、道德、宗教等）视为自己的产物，从而从所有的限制中解放出来，达到自由的自决”①。历史是关于人类突破国家、制度、道德、宗教的束缚而实现自由的进程。自由始终是青年黑格尔派萦绕于怀的字眼。

恩格斯哲学同样把自由视为最珍贵的价值。他在1842—1845年文献中不断宣称“真正的自由和真正的平等”是自己哲学的旨归，自由理性是世界应当遵循的法则。寻求“斯芬克斯谜语的谜底”（即如何实现“真正的自由和真正的平等”）是1842—1845年文献的主题。因此，恩格斯哲学继承了近代西方哲学关于自由的主题。

2. 恩格斯哲学对平等思想的继承

与自由一样，平等是整个近代西方哲学的旗帜。自由主义思想家伏尔泰就坚决反对等级特权，主张人与人之间的平等，在他看来，农民的儿子并非生来驮着马鞍，贵族的儿子也绝非生来就在腿上带着马针，那种认为贵族生来就享有政治特权的思想是地地道道的王公贵族的偏见。伏尔泰的平等思想被奉为平等观的经典。另一位自由主义者洛克从自然法的角度论证了人的平等权利。他说：“理性，也就是自然法，教导着有意遵从理性的全人类，人们既然都是平等和独立的，任何人就不得侵害他人的生命、健康、自由或财产。”② 洛克的平等观对后世的影响十分巨大，《独立宣言》和《人权宣言》就吸收了其平等思想。

平等也是康德、黑格尔和青年黑格尔派共同的价值追求。关于这一点，从他们关于法国大革命的评价中就可以看出来，整个德国哲学都热情地讴歌以自由、平等和博爱为旗帜的法国大革命。黑格尔发表了热情洋溢的评价：“正义思想、正义概念**一下子**就得到了承认，非正义的旧支柱不能对它作任何抵抗。因此，在正义思想基础上现在创立了宪法，

① 李彬彬. 从宗教批判到社会批判——鲍威尔对“犹太人问题”的解答及其对马克思的影响. 中共中央党校学报，2017（1）：39.

② 洛克. 政府论：下篇. 北京：商务印书馆，1996：6.

今后一切都必须以此为根据。”① 在人类历史上，法国大革命第一次使人“用头立地”，即用思想的原则去“构造现实”。这是人类历史上“一次壮丽的日出”。一切能思维的存在都为这一时代的来临而欢呼，整个世界都沉浸在一种“高尚的热情”之中，这一伟大的时刻仿佛达到了“神意和人世的和解”。之所以称大革命为“一次壮丽的日出”，就在于革命宣扬了自由、平等和理性的原则，黑格尔的评价代表了整个德国哲学的立场。康德、黑格尔和青年黑格尔派都在各自的哲学体系中追求着平等的价值。

恩格斯继承了前辈们关于平等原则的价值追求。他所追求的正是“真正的平等”，并且特别强调实现幸福的机会平等，这也是恩格斯谴责资本主义社会的重要方面。恩格斯指出，英国社会正经历着一场残酷的“社会战争”，这场战争的结果是“强者把弱者踏在脚下，一小撮强者即资本家握有一切，而大批弱者即穷人却只能勉强活命”②。这意味着什么？意味着无产者被剥夺了追求自身幸福的平等机会。这些失败者的命运将会如何？他们不得不牺牲“人类本性的优良品质”③，这些品质完全被压制着，他们彻底沦为资本家谋利的工具。恩格斯为这些弱者的权利呐喊：“难道这些群集在街头的、代表着各个阶级和各个等级的成千上万的人，不都是具有同样的属性和能力、同样渴求幸福的人吗？难道他们不应当通过同样的方法和途径去寻求自己的幸福吗？”④ 对平等权利的追求是恩格斯哲学毕生努力的方向。

从所做分析可见，恩格斯哲学是近代西方哲学的产儿，离开了源远流长的近代西方哲学传统，就没有恩格斯哲学，过去那种把二者割裂开来的做法是错误的。

（二）恩格斯哲学对近代西方哲学的超越

在肯定恩格斯哲学对近代西方哲学传统的继承的同时，我们也应看到前者对后者的深刻超越。这种超越主要体现在以下两个方面：

---

① 恩格斯．反杜林论//马克思恩格斯文集：第9卷．北京：人民出版社，2009：383.

② 恩格斯．英国工人阶级状况//马克思恩格斯全集：第2卷．北京：人民出版社，1957：304.

③ 同②303.

④ 同②.

1. 在自由与平等因何丧失的问题上，恩格斯与近代西方哲学传统有着不同的理解

近代自由主义思想家把问题的根源归结为政府的腐败和权力的滥用。法国《人权宣言》开篇就指出："组成国民议会之法国人代表认为，无视、遗忘或蔑视人权是公众不幸和政府腐败的唯一原因。"正是因为公共权力蜕变为专制权力，才使本应捍卫公民权利的政府蜕化为压制自由人权的政治组织。因此，自由人权与一切专制政府是对立的。

康德把问题的根源归结为人类自身的"不成熟"状态。他指出，人类之所以"不成熟"，并不在于缺乏理智，而在于缺乏运用自身理智的"决心和勇气"，当人缺乏这种决心和勇气时，人类就无法按照理性为自身所设立的法则即绝对命令去行动，这时人就被自然必然性所支配而无法获得自由。

黑格尔把问题的根源归结为"绝对精神"的不成熟状态。他指出，在古代世界，自由理念（客观精神）"是以尚未分割的实体性的统一为其基础的。这种统一还没有达到它的内部划分（一个在自身中发展了的机体），从而也没有达到深度和具体合理性"①。在古代世界，概念作为一个尚未分割的实体，其内在的差别（概念的三个环节：特殊性、普遍性和单一性）还没有发展起来，这种不成熟的自由理念的现实化形式便是古代的君主制、贵族制和民主制。黑格尔指出，这时国家的概念"还被蒙蔽着"。在这一阶段，国家意志完全压倒了个人意志，当国家意志落脚在一个人的身上时，这便是君主专制制度。对于传统社会的个人而言，最终的东西是而且只能是"国家的意志"。个人不能要求自己独立的人格和自由权利，因此，在古代"国家的概念还被蒙蔽着，而且它的特殊规定还没有达到自由的独立性。在古典的古代国家中，普遍性已经出现，但是特殊性还没有解除束缚而获得自由，它也没有回复到普遍性，即回复到整体的普遍目的"②。人类的不自由状态归根到底在于自由精神的不成熟。

青年黑格尔派则认为，人之所以不自由，是因为受到观念的奴役。青年黑格尔派认为，"宗教、概念、普遍的东西统治着现存世界"③。青

① 黑格尔. 法哲学原理. 北京：商务印书馆，1961：287.

② 同①261.

③ 马克思，恩格斯. 德意志意识形态//马克思恩格斯选集：第1卷. 3版. 北京：人民出版社，2012：144-145.

年黑格尔派尤其把批判的锋芒指向了宗教的观念，布鲁诺·鲍威尔等人指出，包括基督教在内的宗教是奴役人类的精神力量。基督教“否定特权，却又在唯一者的统治以及随意选定的人的优先权中再次把特权生产出来；它否定罪恶，却又把一切都归在罪恶之下；它解救了罪人，却又把一切人都变成罪人；它想要提供自由和平等，却又拒绝这样做，反倒造成了不平等和不自由的经济”①。因此，宗教不仅没有给人类带来自由，反倒给人类套上了精神枷锁。上帝越高贵，人类越卑微；上帝越有力，人类越无力。这种宗教的关系继而被延伸为对国家、法的迷信，人类囿于观念的束缚而不敢反抗现存的政治制度，更加沦为专制制度的奴隶。

与这些思想家前辈不同，恩格斯认为，私有制才是导致人类丧失自由与平等的根本原因。恩格斯指出，资本主义私有制是这样一种社会制度：谁拥有资本，谁就拥有奴役他人的权力。这种权力最鲜明地体现在两个领域：工厂和国家政治生活领域。资本家利用手中的资本完全控制了工人，后者为了生存被迫放弃自己的尊严、自由和一切权利。恩格斯把现代工厂工人和古代农奴的状况做了比较，结论是，前者和后者都没有自由。“农奴是 glebae adscriptus（束缚在土地上的），自由工人也被小宅子制束缚在土地上。农奴必须把 primae noctis（初夜权）献给主人；自由工人必须献给老板的，不但是初夜权，而且是**每**夜权。”② 所谓的“每夜权”，是指工人每天都在工厂老板的控制之下，为了生存，被迫进行无休止的劳动，完全失去了自由。农奴只在战争时期为主人卖命，而工厂工人则必须在和平时期为工厂主卖命。恩格斯指出，工厂工人和古代农奴一样，都是奴隶，但农奴所受的奴役是公开的、赤裸裸的，而工厂工人受到的奴役却是伪善的、狡猾的，这种奴役蒙蔽着被奴役者和其他所有人，因此，现代工厂工人所遭受的奴役是“比旧的农奴制更坏的神学的奴隶制”③。

在国家政治生活领域，无产阶级同样是奴隶。恩格斯指出，在现代

---

① 聂锦芳，李彬彬．马克思思想历程中的“犹太人问题”．北京：中国人民大学出版社，2017：131-132.

② 恩格斯．英国工人阶级状况//马克思恩格斯全集：第 2 卷．北京：人民出版社，1957：471.

③ 同②472.

立宪制国家里，私有财产支配着政治国家，自由权利不过是私有财产的附属品。英国的法律在名义上赋予了公民诸多平等的自由权利，包括新闻出版自由权利、结社的权利、人身保护的权利、由与自己同类的人审讯的权利等，但这些所谓的人权实质上只是“富人的特权”。在一一揭露了这些人权的虚假性质之后，恩格斯总结道：“决不应忘记，是财产在进行统治，因此这种宽容只给予‘有身份的’犯人，法定野蛮行为的全部压力则落在穷人、贱民、无产者身上，对此都无人过问。”① 法律压榨穷人，富人支配法律，这是完全符合英国现实的警世格言。因此，君主立宪制国家的理论与实践处于极端的矛盾之中。君主立宪制国家在理论上宣称自己是普遍理性的化身，宣扬天赋人权、人民意志等；但在实践中，一切所谓“天生的权利”都不过是空洞的名称，包括陪审法庭在内的司法力量也只不过是虚有其表的存在。在其现实性上，君主立宪制国家不过是私有制和资产阶级进行阶级压迫的工具。

可见，私有制才是导致人类丧失自由与平等的根本原因。在私有制条件下，普遍的自由与平等权利无从谈起，它们只是有产阶级的特权。

2. 在如何为自由与平等寻求出路的问题上，恩格斯的回答超越了近代西方哲学传统

近代自由主义思想家力图从政治制度层面为自由寻求出路。他们试图通过社会契约建立一套合乎理性精神的、保障自由权利的政治制度。作为启蒙运动思想的精华，《独立宣言》清楚地表达了这一思想：“为了保障这些权利，人类才在他们之间建立政府，而政府之正当权力，是经被治理者的同意而产生的。当任何形式的政府对这些目标具破坏作用时，人民便有权力改变或废除它，以建立一个新的政府；其赖以奠基的原则，其组织权力的方式，务使人民认为唯有这样才最可能获得他们的安全和幸福。”当然，在什么样的社会契约、什么样的政治制度能保障自由权利的问题上，自由主义思想家们给出的回答是各不相同的。洛克主张君主立宪制。君主是国家的象征，但本身只是虚位。为了防止权力的滥用，洛克第一次提出了三权分立思想，主张立法权和行政权由不同的机构行使，以达到权力制衡的目的。此外，洛克还提出了人民革命权思想。他指出，人民始终保留有一种至高无上的权力，他们在发现立法

① 恩格斯. 英国状况　英国宪法//马克思恩格斯全集：第 3 卷. 中文 2 版. 北京：人民出版社，2002：582.

机关或政府的行为与其职责相违背时，就有权将其取消或改组。卢梭则主张建立民主共和国。他指出，在共和国这样一个道德集体的共同体里，每个订约者在订约后并没有失去自由，"只不过是在服从其本人，并且仍然像以往一样的自由"①。这样一个体现"公意"的民主共和国实行的是议行合一的权力体制，人民统一掌握立法权和行政权，以体现主权在民。和洛克相比，卢梭更加突出人民革命权的合法性。他指出，若君主肆意践踏法律和人民的自由权利，人民就有权通过废黜或绞死暴君，以捍卫自身的自由权利。可以看到，虽然所主张的政治形式不同，但自由主义思想家们的致思路向是一致的：试图通过订立合乎理性的社会契约、建立合乎理性的政府，来解决人的自由与平等的问题。

康德寄希望于人类自身运用理智的决心和勇气。他指出，自由即自律。只有当人依照自己制定的法则而不是遵循外在的或强权的法则行动时，人才是自由的。这种法则出自哪里？理性。当人类遵循理性为自身设定的法则而行动时，人便自由了，而遵循理性所设定的法则是需要决心和勇气的。因此，自由能否实现的问题就转化为人类是否有决心和勇气运用自身理智的问题。在此问题上，哲人的启蒙就显得尤为重要。康德也正是在引导人类勇于运用理智的意义上理解启蒙的，他说："启蒙就是人类摆脱自我招致的不成熟。不成熟就是不经别人的引导就不能运用自己的理智。如果不成熟的原因不在于缺乏理智，而在于不经别人引导就缺乏运用自己理智的决心和勇气，那么这种不成熟就是自我招致的。敢于知道！要有勇气运用你自己的理智！这就是启蒙的座右铭。"②启蒙教育就在于鼓舞民众运用自身理智的决心和勇气。因此，在康德那里，自由说到底是道德实践的问题。

黑格尔寄希望于宇宙精神的自我成熟。黑格尔指出，自由的实现说到底是自由理念即绝对精神现实化的问题。自由理念的现实化在本质上就是逻辑的自我展开和自我完成。具体说来，这一进程就是概念从作为一个尚未分割的实体到发展出内在的差别（概念的三个环节：特殊性、普遍性和单一性）的成长过程。这一过程完成后，自由理念便成熟了。

① 卢梭．社会契约论．北京：商务印书馆，2012：20.

② 施密特．启蒙运动与现代性——18世纪与20世纪的对话．上海：上海人民出版社，2005：61.

逻辑与历史是统一的，成熟的自由理念在现实中的显现便是现代君主立宪制。黑格尔说："国家成长为君主立宪制乃是现代的成就，在现代世界，实体性的理念获得了无限的形式。"① 自由理念经历了漫长的发展过程终于在现代世界中成熟了。现代君主立宪制就是成熟的自由理念的现实化形式，是行进在地上的"神"。

那么，现代君主立宪制具体是如何实现人的自由权利的？黑格尔是这样回答的："国家是具体自由的现实；但具体自由在于，个人的单一性及其特殊利益不但获得它们的完全发展，以及它们的权利获得明白承认……而且一方面通过自身过渡到普遍物的利益，他方面（意指另一方面。——引者注）它们认识和希求普遍物，甚至承认普遍物作为它们自己实体性的精神，并把普遍物作为它们的最终目的而进行活动。"② 简单说来，自由其实就是两种原则（特殊性原则，体现为个人的权利和福利；普遍性原则，体现为国家的利益和普遍的自由）都得到实现，二者在现代君主立宪制国家中都实现了。一方面，个人的自由权利得到了"明白承认"，现代国家以法律的形式承认和保护公民的自由权利，实现公民的福利。另一方面，在现代君主立宪制国家里，个人也认识到，个人的特殊利益和国家的普遍利益是统一的，个人只有在履行对国家的义务时，才能实现自己的权利和福利。由此，个人在主观上就有了"政治情绪"即爱国心，普遍性原则便得以实现。现代君主立宪制的伟大之处就在于，把个人的自由权利和国家的普遍利益统一起来了，从而实现了个人的和集体的自由。因此，在黑格尔那里，自由实现的问题归根到底是宇宙精神自我成熟的问题。

青年黑格尔派则寄希望于"纯粹批判"。该派指出，既然人类因受观念的束缚而处于被奴役的状态，那么根本的出路就是同意识的这些幻想做无情的斗争，这种斗争就是"纯粹批判"。青年黑格尔派的领军人物布鲁诺·鲍威尔在《现代犹太人和基督徒获得自由的能力》一文中指出，宗教是人性异化的根源。无论基督徒还是犹太人，由于受宗教观念的束缚，都是不自由的人。他继而考察了基督徒和犹太人获得自由的可能性。希望在哪里？就在于"纯粹批判"，需要有费尔巴哈、布鲁诺·鲍威尔这样的哲学家来揭露宗教观念的实质。神学的秘密在于人本学。

---

① 黑格尔．法哲学原理．北京：商务印书馆，1961：287.

② 同①260.

不是神造人，而是人造神。宗教不过是人类精神的一个发展阶段，人类精神异化为宗教，就是为了最终超越宗教而成为无限的精神。因此，人类的历史就是“纯粹批判”所推动的，哲学家就是“纯粹批判”的化身。如果没有这些哲学家来批判宗教、揭露宗教的实质，那么人类将经历观念奴役的漫漫长夜。哲学之光如黑暗中的火把，照亮了通向人类自由的道路。

布鲁诺·鲍威尔指出，哲学家的使命就在于把真相告知世人，对世人进行启蒙。“只要犹太人和基督徒把他们互相对立的宗教只看做**人的精神的不同发展阶段**，看做**历史**撕去的不同的蛇皮，把**人**本身只看做蜕皮的蛇，只要这样，他们的关系就不再是宗教的关系，而只是批判的、**科学的**关系，人的关系。”① 只要人类看穿宗教的实质，明白宗教不过是人成为人的一个必经阶段，人类就从宗教神学的束缚下解放了出来，成为信奉启蒙、批判的自由的人。这也是哲学家的使命：批判与启蒙。青年黑格尔派的学说具有深刻的启示意义，它揭示了人的自由和观念之间的内在关系。但正如马克思恩格斯所批判的，整个青年黑格尔派所做的全部努力，“都没有离开过哲学的基地”②，他们的出发点只是“现实的宗教和真正的神学”③。这就注定了青年黑格尔派的批判无法从根本上改变现存的社会关系。

与这些思想前辈不同，恩格斯认为，消灭私有制才是根本的解决途径。前辈哲学家的努力当然有意义，但正如马克思恩格斯在《德意志意识形态》中批评指出的，“这些哲学家没有一个想到要提出关于德国哲学和德国现实之间的联系问题，关于他们所作的批判和他们自身的物质环境之间的联系问题”④。这一批评的直接对象是青年黑格尔派，但它适用于整个近代西方哲学传统。

出路在哪里？恩格斯在评价马克思的法哲学时指出，“马克思从黑格尔的法哲学出发，得出这样一种见解：要获得理解人类历史发展过程的锁钥，不应当到被黑格尔描绘成‘大厦之顶’的国家中去寻找，而应

① 马克思．论犹太人问题//马克思恩格斯文集：第1卷．北京：人民出版社，2009：23.

② 马克思，恩格斯．德意志意识形态//马克思恩格斯选集：第1卷．3版．北京：人民出版社，2012：143.

③ 同②144.

④ 同②145-146.

当到黑格尔所那样蔑视的‘市民社会’中去寻找”①。恩格斯的探索同样如此。1842—1845 年的思想历练让他认识到，“斯芬克斯谜语的谜底”就藏在社会历史的深处，那便是消灭产生社会异化的根源即私有制。恩格斯指出，只有废除私有制，人类才能消除资本与劳动的对立和分离、竞争和无政府状态、周期性的经济危机、工人阶级的贫困以及资本主义的一切罪恶，从而实现“真正的自由和真正的平等”。围绕着如何消灭私有制这个主题，恩格斯系统探索了消灭私有制的主体力量、精神因素、根本动力和现实途径的问题。因此，恩格斯与洛克等思想家前辈不同，他是到社会历史的深处为自由难题寻求答案。

（三）结论

第一，恩格斯哲学与近代西方哲学是一种扬弃的关系。我们看到，一方面，恩格斯哲学继承了近代西方哲学关于自由与平等的价值主题，可以说，是西方哲学哺育了恩格斯，离开近代西方哲学传统，我们不可能真正把握恩格斯哲学；另一方面，恩格斯哲学是对近代西方哲学传统的深刻超越。在关于自由与平等为何丧失，如何为自由与平等寻求出路等问题上，恩格斯突破近代西方哲学所有的致思路向，到社会历史的深处去寻求“斯芬克斯谜语的谜底”。恩格斯哲学与近代西方哲学的继承与超越关系生动体现了人类思想史的发展规律。

第二，恩格斯独特的致思路向是他最终创立历史唯物主义的重要原因。恩格斯既然要到社会历史的深处去寻求自由之谜的谜底，那么就必然要考察有关人类社会生产生活的各个方面及其关系，考察私有制与生产力的关系、私有制与上层建筑的关系，考察人类历史的发展动力、发展形态等问题。事实上，在 1842—1845 年文献中，恩格斯的思维水平已经接近历史唯物主义的起点了。借助于独特的致思路向，恩格斯不断探索、思考，最终与马克思一起创立了新哲学。

第三，恩格斯独特的致思路向使他与马克思走到了一起。对比恩格斯 1842—1845 年文献和马克思的《1844 年经济学哲学手稿》，我们可以清楚地看到，他们都极度珍视人的自由权利，都把致使人类社会异化、自由丧失的根源归结为私有制，并且都到社会历史的深处寻求问题

① 恩格斯. 卡尔·马克思//马克思恩格斯全集：第 16 卷. 北京：人民出版社，1964：409.

的解决。正是这种价值观、观点和思路的深刻契合，他们才得以开启亲密无间的思想合作，这也有力驳斥了形形色色的有关恩格斯反对马克思的说法。

四、1842—1845 年文献的现实意义

尽管 1842—1845 年文献距今已过去 100 多年，但恩格斯的许多思考对当代中国社会的发展仍具有强烈的现实意义。恩格斯关于贫困问题的思考对于我们认识和解决现实的贫困问题有如下启示：应将救济贫困的工作变成一种公共事业，扶贫要扶志，扶贫扶教育，扶贫必须保障工人获得合理报酬的权利。恩格斯对金钱崇拜的批判留给我们的现实启示有：应加强对金钱崇拜和利己主义行为的监管，应严惩因金钱崇拜而导致的见利忘义的违法行为，应强化道德批判的作用，应加强以利他主义为宗旨的生活教育，应以传统文化的责任情怀涵养人心，社会应当崇尚人民英雄。

（一）1842—1845 年文献关于贫困问题的思考

1842—1845 年文献所包含的恩格斯对贫困问题的深入思考，留给我们很多深刻的启示：

1. 应将救济贫困的工作变成一种公共事业

恩格斯指出，无产阶级的贫困问题之所以成为一个得不到解决的普遍问题，其重要原因之一就在于资本主义国家并没有将济贫视为自己义不容辞的责任，而是任由私人或贫困者自身解决。具体说来，在英国，国家并没有成立专门的济贫机构，更没有拨出专项济贫基金。济贫工作就被踢给了社会和工人阶级。面对大批饥肠辘辘的失业者，富人们漠然以对。英国的济贫捐少得可怜，有产阶级不愿为这些"多余的人"掏腰包。这些"多余的人"能指望的只是"工人的同情"，这便是来自工会的救济。但我们知道，工会基金会的资金来源是工人交纳的会费，一旦出现经济危机或别的状况而导致大量工人失业，基金会的资金就枯竭了，因此寄希望于富人的善心或穷人的互助来解决贫困问题是注定不可能成功的，贫困问题的解决归根到底要依靠国家的力量。需要指出的

是，恩格斯并不认为建立在私有制基础上的资本主义国家会承担起济贫的责任，贫困问题注定成为资本主义社会的顽疾。

基于上述思路，我国有必要进一步创立和发展各种以公共救济为目标的公共机构，集合社会的各种捐赠以救济有需要的社会成员。还需要特别指出的是，必须高度重视现有公共救济机构如何保持“本色”的问题，使其始终保持该有的公共性质，如此，贫困问题的解决才具有了坚实的基础。

2. 扶贫要扶志

根据恩格斯的理解，贫困不仅导致了工人生活的困窘、身体状况的日益糟糕，更可怕的是，它还可能摧毁工人阶级自尊、自信的情感，其具体表现是，在贫困的重压下工人身上出现了一系列恶习——酗酒、纵欲、忽视一切家庭义务等。这些恶习的表现形式虽然各不相同，但其背后的实质是一样的，那便是自我逃避与自我放弃。

我们先从心理学角度分析酗酒与纵欲。根据心理学的分析，这两种行为其实都是人为了逃避生存的重压和毫无价值感而选择的做法。当人沉溺于酒精或处于发泄欲望的冲动中时，主体就消失了。这时人就暂时地麻痹了自己的神经，从而把自己从烦恼和无价值感中解脱出来。人感受到短暂的快乐。这种分析和恩格斯的理解是不谋而合的。恩格斯借卡莱尔之口道出了工人在动荡生活中的恐慌：“他们的生计像不停的赌博一样，今天还十分景气，明天就一蹶不振；他们的生活也很像赌徒，今天奢侈豪华，明天就忍饥挨饿。阴郁的反叛的不满情绪，一个人心中所能埋藏的最痛苦的感情，吞没了他们。英国商业，连同它的世界范围的痉挛和动荡，连同它的无可比拟的普罗特斯——蒸汽，就像魔力一样，把他们的一切生路都弄得很不可靠；冷静、坚定、长期的安宁，人类最起码的幸福，他们是没有的”①。这种生活的无保障使工人感到恐慌和无价值感，于是他们就寻求一切能找到的享乐，以摆脱这种感受。从本质上说，酗酒与纵欲是工人试图摆脱生活的重压和毫无价值感而采取的消极举动，但这种逃避并不可能成功，短暂的发泄之后是更加沉重的痛苦和无价值感，工人自尊、自信的情感在酗酒与纵欲的过程中日益被消解。

---

① 恩格斯. 英国工人阶级状况//马克思恩格斯文集：第1卷. 北京：人民出版社，2009：431.

至于忽视一切家庭义务则更是一种自我逃避与自我放弃。按照黑格尔的理解，履行义务具有非凡的意义。这是因为，人的本质就体现为“伦理性的规定”，一个人只有在家庭、市民社会、国家等伦理共同体中均履行了该尽的义务，才能实现自身的普遍本质，即自由。因此，“义务所限制的并不是自由，而只是自由的抽象，即不自由。义务就是达到本质、获得肯定的自由”①。义务对于人而言并非一种累赘，恰恰相反，只有通过履行义务，人才成为真正的、自由的人。具体到以爱作为本质的家庭这一伦理实体，它对为人父母的伦理要求便是照顾、教育孩子。不履行这些义务，父母也就不称其为父母，这是一种自我放弃，它放弃的不仅是孩子，更是父母之为父母的本质。

因此，可以看到，贫困对一个人自尊、自信的情感的确具有强烈的腐蚀性，在自我逃避与自我放弃中，人的自尊、自信愈加受到打击，这就决定了扶贫不仅是一项物质上的帮扶工作，更是一项重塑贫困者自尊、自信情感的事业。扶贫必须扶志、扶思想、扶观念、扶信心。

具体到我国的扶贫工作问题，产业帮扶就是一种将扶贫与扶信心结合在一起的帮扶方式。这种方式并非一味地给予贫困者物质上的支持，而是结合地区特点，充分发挥贫困者的优势和能力，在创业中逐步恢复受助者的自尊、自信，使其在物质和精神两个层面同时脱贫。笔者曾于2017年6月深入中央苏区兴国县崇义村考察当地的扶贫工作，给人印象最深的是当地产业帮扶的做法及其取得的成就。下面转引一段由笔者指导，学生撰写的调查报告：“为了改变当地的经济状况，崇义村在江西理工大学的帮扶下进行了‘输血’+‘造血’+‘献血’的特色产业扶贫。‘输血’是指在了解村民的生活情况以及对产业扶贫理解的前提下，通过江西理工大学提供的优质种苗、技术跟踪以及运用‘互联网+’拓宽产品的销售渠道等措施，由此助推精准扶贫服务。定期安排项目工作队组织村民到实地进行考察学习，并有针对性地对养殖户进行培训，提高当地养殖业的产量和养殖户的经济收入水平。‘造血’是指在‘输血’的基础上，根据单个帮扶项目在一定时期内所取得的成效，利用现有的条件将这个项目打造成一种可持续发展的、能为村民带来长期收益的产业。当地某村民在学校提供的资金的帮助下发展了养鸡业，这个项目在

① 黑格尔．法哲学原理．北京：商务印书馆，1961：168.

短期内能够取得较大的效益，但是会受季节、环境等因素的影响，不能够为当地村民带来一种长期的经济效益。工作队为了能够减弱这些自然环境所带来的负面影响，发展了规模养殖兔业，基地面积 430 多平方米，呈现出规模和规范化管理，现饲养公兔 28 只、母兔 172 只，每年产幼兔 8 000 至 10 000 只，年创造纯收入不低于 8 万元，能吸收贫困户 8 至 12 户。‘献血’就是在‘输血’和‘造血’基础上，将一些可持续发展的产业扩大规模，这样不仅能够吸引更多的贫困户加入养殖合作社，打造有规范化、规模性的持续发展产业，形成一条龙的产业链，还能够为其他地区的‘产业扶贫’提供借鉴经验，加快我国脱贫致富的步伐。”① 我们看到，崇义村的产业帮扶之所以能取得成功，固然是因地制宜的成果，但更为重要的是它激活了受助者的信心和热情，这种情感一旦被激发，精神的强大动力就会化为勤奋的劳作，从而实现物质上的脱贫，这是一种建立在自尊、自信情感上的真正的脱贫。因此，探寻与推广更多精神脱贫和物质脱贫相结合的扶贫方式，对于今天的扶贫工作具有特别重要的意义。

3. 扶贫扶教育

在恩格斯看来，工人阶级之所以陷入贫困境地，与其受教育状况是密不可分的。根据前文的分析，无产阶级儿童的受教育状况是：教育经费投入少得可怜，教育设施极其差，教师素质低，没有一个地方实行义务教育，儿童因长时间的劳动而无法接受教育，宗教价值观压倒了国民教育，结果受教育的孩子依然愚昧无知，资产阶级对受教育的工人灌输自己的价值观。在这种恶劣的教育环境下，无产阶级的后代注定没有出头之日，只能在贫困和匮乏的深渊中沉沦。因此，扶贫必须扶教育。

扶贫必扶智已经成为党和国家领导人的共识。习近平总书记多次强调，“扶贫必扶智。让贫困地区的孩子们接受良好教育，是扶贫开发的重要任务，也是阻断贫困代际传递的重要途径。”② 李克强总理也明确指出，“教育公平是社会公平的基础，要让每个家庭的孩子都有接受更

---

① 曾石根．中央苏区兴国崇义村考察报告．江西理工大学新闻网，2017-07-18.

② 习近平．携手消除贫困　促进共同发展：在 2015 减贫与发展高层论坛的主旨演讲．北京：人民出版社，2015：7.

好教育的机会和可能！"① 这些都是基于现实观察的远见卓识和深谋远虑！具体到教育扶贫的政策和工作上，国家也做了大量的工作：实施教育扶贫工程，为在校贫困学生提供奖、贷、勤、补、减的资助体系，在扶贫重点县建立现代的远程教学站，开办"教育扶贫班"，对剩余劳动力再就业进行技能培训，等等。这些教育扶贫政策为扫除贫困发挥了巨大作用。

在肯定成绩的同时，我们也应积极思考教育扶贫的进一步改善。笔者认为，其中有两个方面是应当特别注意的：其一，教育扶贫要进一步加强对新媒体技术的运用。当今时代新媒体的影响越来越广泛和深刻，我们当因势利导，积极利用微信、微博等新媒介进行公民教育、技能教育，从而使教育资源得到最充分的利用。其二，应当培养一支高素质的教师队伍。教师的素质最终决定了国家教育的高度，也影响着教育扶贫的成色。2018 年 1 月中共中央、国务院印发了《关于全面深化新时代教师队伍建设改革的意见》，提出到 2035 年要让教师成为令人羡慕的职业，这一方向无疑是正确的，而要在十几年的时间内实现这一目标，无疑任重而道远。该目标的实现不仅需要国家层面的努力，也需要激活全民关注教育的热情，应当更普遍、更深刻地启蒙国民，教育不仅关乎国家整体实力的提升，也是关乎公民自身脱贫的事业。

4. 扶贫必须保障工人获得合理报酬的权利

恩格斯指出，资产阶级的各种盘剥是工人阶级贫困的重要根源。前文我们提到，资产阶级通过罚款、实物工资制和小宅子制等各种手段榨干了工人口袋里的最后一个铜板。这些制度即使比照当时的法律规定也是无效的，但资本主义国家并没有站到工人这边以维护其获得合理报酬的权利，而是任由资产阶级侵犯工人的权利从而导致后者日益贫困。因此，扶贫必须保障工人阶级的合法权利。

社会主义中国在立法和制度等方面为劳动人民构建了完整的制度保障。但在一段不短的时间里，部分农民工兄弟的"讨薪""欠薪"问题并没有得到很好的解决，该类社会群体事件时有发生。为了解决这些问题，国家和政府有关部门建立了相对完备的讨薪制度通道。2003—2017 年，前后两任总理都曾在讨薪问题上为农民工兄弟"撑腰"，2017 年国

① 李克强．总理突出强调"教育公平"．新京报，2017-04-18.

家有关部门共办理 40 余万件农民工法律援助案件，为农民工成功讨薪 83 亿元。可以说，农民工“讨薪”问题已经有了较好的解决。

目前亟待解决的突出问题是欠薪问题。业内人士把欠薪问题比喻为“牛皮癣”，可见其解决之难。欠薪问题有着非常复杂的原因，有资方“恶意欠薪”的问题，有拖欠的责任主体难以厘清的问题，有农民工维权意识差、维权能力弱的问题，还有劳动监察和司法保障不力的问题，等等。面对这些问题，国家和政府有关部门应当对症下药，通过各种途径切实保障劳动人民的合法权益。正如李克强总理在一次国务院常务会议上指出的，“农民工是我们国家几十年快速发展的重要支撑力量，为经济社会发展做出了巨大的贡献。如果他们的辛勤付出得不到应有的回报，不仅会给他们的家庭造成巨大的伤害，也会给社会带来恶劣的影响”①。因此，“各有关部门都要担负起责任，出台一些惩戒性措施，进一步压实责任、标本兼治，对欠薪问题一抓到底，决不能让广大农民工的辛勤付出得不到回报!”② 这体现了一个大国总理的责任担当。

（二）1842—1845 年文献对金钱崇拜的批判

恩格斯在 1842—1845 年文献中对金钱崇拜和利己主义也进行了深刻的批判。何谓金钱崇拜？按照恩格斯的理解，金钱崇拜是一种扭曲的价值观。这种价值观以金钱作为衡量世间一切事物的价值的唯一尺度。在资产阶级眼中，矿物只有利用价值——能换来金钱，而绝没有审美的价值；金钱确定了人的价值，谁有钱，谁就有价值，谁就“值得尊敬”，谁就属于“上等人”。无产阶级因为不名一文而被蔑视。在这种价值观看来，所谓的“最大幸福的原则”不再是遵循道德戒律，而变成了谋取现世财富。在这种价值观的引导下，基督教的天堂和地狱都被抛弃了，在资产阶级看来，前者让人怀疑，后者更近乎荒谬。旧地狱被新地狱所取代，对于沉溺于金钱崇拜的人而言，地狱并非一个空间概念，而是“不发迹，赚不到钱”！一句话，金钱成了新的宗教。

1. 应加强对金钱崇拜和利己主义行为的监管

恩格斯指出，不良商家之所以敢明目张胆地进行各种欺诈行为，例

---

① 李克强．决不能让农民工的辛勤付出得不到回报．中国政府网，2017-02-03．

② 同①．

如把咸黄油冒充新鲜黄油出售，在糖里掺米粉或者各种其他廉价的东西，在茶叶里掺廉价的黄荆叶子以及诸如类似的东西，或者以次充好，把泡过的茶叶经过处理当好茶叶出卖，在红葡萄酒中掺各种颜料、酒精，等等，其中一个重要原因就在于政府监管不严。正是因为市场巡视员的督查不严，完全不留心，才导致出现了上述荒唐情况。因此，政府的失职和不作为是导致工人吃尽苦头的一个重要原因。

伴随着中国市场经济的快速发展，金钱崇拜和利己主义也不可避免地抬头，因此，政府无疑需要加强对市场行为的监管，防止资本的逐利行为冲破法律和道德的底线而危害人间。这里要特别指出的是，除了市场监管以外，还有一个恩格斯未曾接触到的领域必须强力监管，那便是网络领域，尤其是网络直播。网络直播是一种新兴的网络社交模式，与传统的电视直播相比，它的互动性更强、体验更直观，因而赢得了广泛的受众。2016 年是中国网络直播的“元年”，各种各样的网络平台在这一年推出。据不完全统计，到 2017 年，中国注册的网络直播平台数量已超过两百家，网络平台的主播更是不计其数。

作为一种新出现的事物，网络直播带来了巨大的经济效益，同时也给人们的生活带来了更多的乐趣和学习的机会。但它的危害也是不容忽视的。人们看到，拜金主义和利己主义正借助于网络直播而兴风作浪。网络直播的不良例子比比皆是。一些主播利令智昏，为了所谓的点击率、礼物，做出了违反法律和道德的举动。因此，与市场监管一样，加强网络监管已经成为一件重大而紧迫的事情。

2. 应严惩因金钱崇拜而导致的见利忘义的违法行为

恩格斯指出，无良商家为追逐金钱而常常不择手段，他们出售掺假的甚至有毒的食品，严重危害了工人的身体健康，给社会带来了极其恶劣的影响。因此，要用法律的重拳打击金钱崇拜及见利忘义的违法行为。

2008 年的三鹿奶粉事件让国民深感痛苦和忧虑。类似事件本质上都是拜金主义和见利忘义结下的恶果。在利益的驱动下，不法商家将道义摆两旁、利字摆中间，突破了做人的道德底线，给社会带来了巨大的危害。因此，必须对不法分子施以法律的铁拳，让其付出该有的沉重代价，必须给全国人民一个明明白白的交代。

从 2008 年三鹿奶粉事件的处理结果来看，判刑不可谓不重，主事人三鹿集团前董事长田文华被判处无期徒刑，三鹿集团的高层管理人员也被分别判处 5～15 年不等的有期徒刑。三鹿集团因犯有生产、销售伪劣产品罪而被判处罚款人民币近 5 000 万元。国家以重刑彰显了自己捍卫人民生命健康、坚决打击拜金主义和见利忘义行为的决心。与此同时，也应明确一事，即法律的严惩不仅应体现在刑罚处罚上，还应体现在对待减刑的问题上。被判处无期徒刑的三鹿集团前董事长田文华分别于 2011 年、2014 年和 2016 年获得减刑，从无期减至不足 16 年，这一结果引起了广大公众的关注。从法院审理来看，对田文华的减刑是有法可依的。田文华在服刑期间，“接受教育改造，遵守监规纪律，积极参加‘三课’学习和生产劳动”，多次获得奖励记功等，这些“悔改表现”为她赢得了法定幅度内的减刑待遇。这里的问题在于，田文华所牵涉的是一起重大的公共安全事件。因此，减刑固然要依法公正公平地推行，但同时也应当“接受全社会最严厉的审视”。减刑应当考虑以最充分的公示让民众尤其是每个受害者家庭了解并予以监督。这既是回应民众的期待，更是法律打击拜金主义和见利忘义行为之决心的进一步彰显。唯有把逐利行为关进法律的笼子里，才能最大限度地防止金钱崇拜和见利忘义行为危害人间。

3. 应强化道德批判的作用

在 1842—1845 年文献中，恩格斯不遗余力地对金钱崇拜和利己主义发起了批判，金钱崇拜和利己主义贯穿在资本主义社会的一切关系中，它所催生的是一个冷漠、没有丝毫人情味的社会。这种批判的主要目的是激起无产阶级的愤怒，从而促成社会变革。今天我们依旧需要道德批判的力量。

当前，我国正处于社会剧烈变革时期。一方面，我国社会生产力取得了高速的发展；另一方面，拜金主义、利己主义有抬头之势。面对这种严峻局面，我们应当重拾恩格斯道德批判的武器，对不良的社会风气进行无情的批判。在具体的批判方式上，我们应当做到：其一，要充分利用各种大众媒介展开批判。我们尤其要积极利用新媒介如微博等，对唯利是图、自私自利的不道德行为进行猛烈抨击。要构建全覆盖的批判网络。其二，要抓典型和公开批判。抓典型和公开批判具有巨大的震撼力，关于这一点，列宁给我们做了很好的示范。为了批判官僚主义和拖拉作风，列宁主张抓典型和公开审判，他指出，公开审判的“教育意义是巨大的”，因此“要选择‘比较引人注目的’事件，使每次审判都成为有政治影响的事件”，列宁强调，审判必须“公之于众，打破那种广为流行的以为失职人员可以不受惩处的观念”①。因此，我们要重点抓一批社会影响恶劣的典型事件，进行公开、持久的批判，使不道德行为犹如“过街老鼠，人人喊打”，从而营造风清气正的社会风气。其三，要通过各种途径唤起人们的道德参与。人们的道德参与是非常重要的，通过参与对唯利是图、自私自利的不道德行为的批判，人们才更容易达成荣辱观的共识，从而增进在现实中与不道德行为做斗争的决心和勇气。因此，应当通过举办网上论坛、社区论坛等方式，让人们参与对金钱崇拜和利己主义行为的道德批判。

4. 应加强以利他主义为宗旨的生活教育

恩格斯指出，和资产阶级的金钱崇拜价值观相比，工人并不贪恋钱财，对于他们来说，金钱的作用和价值只在于它能买到东西。无产阶级之所以具有这些品质，原因就在于接受了生活的历练。工人阶级在救济穷人方面远比资产阶级做得多。每年穷人互相给予的总数超过了有钱人给予穷人的数目。因此，正是对利他主义价值观的践行使得无产阶级摆脱了金钱崇拜和利己主义的狭隘视野，成为具备“人的意识”的人。

恩格斯的观点也为当代社群主义的观点所认可。后者认为，个人只有在社群中才能找到自我，是共同体确定了个人的职责和义务，个人履行义务的过程就是不断获得自我意识的过程。个人的德性，如博爱、友谊、奉献等，也只有在服务社群的过程中才能得到实现。因此，社群主义者特别强调“公民服务”的教育。这种服务的特点是规定了明确的强制服务期，按照社群主义者的理解，“这些强制服务期的做法会加强维系民族的道德纽带，从而缩短公民心底的对民族的感情和他们如何在实践中表达那些感情间的距离”②。这些见解可以说是非常深刻的。

在利他主义的生活教育方面，社会主义国家应当做得更好。1919年5月莫斯科-喀山铁路职工在星期六晚上从事6小时的义务劳动，列

① 列宁. 致瓦·伊·库尔斯基//列宁全集：第51卷. 中文2版. 北京：人民出版社，1988：276.

② 丹尼尔·贝尔. 社群主义及其批评者. 北京：三联书店，2002：142.

宁称之为“伟大的创举”，认为“共产主义星期六义务劳动确实具有极大的意义”①，其意义在于：这种义务劳动既为社会主义国家做出了贡献，同时也成就了个人的德性。在市场经济的大潮下，我们尤其要强调“服务国家”、服务社群的纲领。国家应当积极开展和推广各种形式的服务计划，时下的“三支一扶”计划就是个人服务社群和国家的具体路径。国民尤其是青年一代只有在切实的利他主义生活教育的历练中，才能增强对金钱崇拜和利己主义的免疫力，从而奉献国家和实现自我。

5. 应以传统文化的责任情怀涵养人心

恩格斯指出，滋养前现代工人心灵的是传统文化的伦理精神，这种伦理精神最重要的体现便是基督教的爱的情怀。在基督教文化的熏陶下，前现代工人过着德性的生活，为人忠厚温顺。他们敬畏上帝，孝敬父母，关爱他人。年轻人也把恋爱、性关系和婚姻视为一种道德责任。在宗教的引导下，爱与责任将人们联结在一起，从而摆脱了功利的价值观。

中国传统文化在强调爱、责任和道义方面有着深厚的底蕴。儒家经典中传达这些价值的名篇比比皆是。例如，《礼记·礼运》有云：“大道之行也，天下为公，选贤与能，讲信修睦。故人不独亲其亲，不独子其子，使老有所终，壮有所用，幼有所长，鳏、寡、孤、独、废疾者皆有所养，男有分，女有归。”这里传达的就是一种人与人相亲相爱的情感和责任。又如，张载的四句教“为天地立心，为生民立命，为往圣继绝学，为万世开太平”，所传达的也是博爱情怀与责任担当。再如，范仲淹的名句“先天下之忧而忧，后天下之乐而乐”，所传达的同样是一种忧国忧民的责任意识。《论语》中的“不义而富且贵，于我如浮云”，所传达的则是一种义先于利的价值观。这些都是中国传统文化中的精华。法安天下，德润民心。传统文化的责任情怀具有春风化雨般的作用，浸润在传统文化的责任情怀之中，人才能培养起对国家、对他人的担当意识，在现实行动中才不至于见利忘义。因此，必须深入发掘我国传统文化中爱与责任的伦理资源，通过经典朗诵、网络文化、“博客文化”等方式将之植入国民尤其是青年一代的心中。当今中国社会正处在市场经济深入发展的阶段，拜金主义和利己主义思潮暗流涌动，我们比任何时

① 列宁．伟大的创举//列宁全集：第 37 卷．中文 2 版．北京：人民出版社，2017：1.

候都更需要传统文化中的责任与人文情怀。

6. 社会应当崇尚人民英雄

正如恩格斯指出的，一旦金钱崇拜占据一个人的价值观，这种价值观就会渗透其“全部语言”，成为其判断整个人生的逻辑公式。可见，意识形态领域也是一个战场，因此必须在人们心中树立正确的价值标杆，这样才能去除金钱崇拜和利己主义的不良影响。这个价值标杆应当是什么？应当是具有牺牲和奉献情怀的人民英雄。

正如鲁迅先生指出的，“我们从古以来，就有埋头苦干的人，有拼命硬干的人，有为民请命的人，有舍身求法的人……这就是中国的脊梁”①。这些就是人民英雄，在他们身上展现的是与追逐私利迥然有别的牺牲和奉献精神。中华文明之所以能成为人类史上唯一没有中断的文明，所仰仗的就是人民英雄力挽狂澜和大无畏的牺牲精神。在民族危难之时，总有英雄救民于水火，挽狂澜于既倒，扶大厦之将倾。从心昭天日、精忠报国的抗金英雄岳飞，清风凛然、丹心一片的文天祥，御倭寇于海外的戚继光，收复台湾、开拓台海的郑成功，到近代在历次反侵略战争中为国捐躯的战士，他们都是“中国的脊梁”。我国在和平年代则涌现出了焦裕禄、孔繁森、王进喜等一批英雄。在这些英雄人物身上，有一种涤荡人心的力量，一种使人摆脱狭隘的金钱崇拜和利己主义价值观的力量。这就是直到今天我们依然应当崇尚人民英雄的重要原因。正如习近平总书记指出的，“对一切为国家、为民族、为和平付出宝贵生命的人们，不管时代怎样变化，我们都要永远铭记他们的牺牲和奉献”②。我们应当崇尚所有这些被社会广泛颂扬以及在各自平凡的工作岗位上默默奉献的人民英雄，这种铭记既是为了过去，也是为了现在与未来。

---

① 鲁迅．中国人失掉自信力了吗//拿来主义．成都：四川人民出版社，2017：215.

② 习近平．习近平主席新年贺词（2014—2018)．北京：人民出版社，2018：15.

参考文献

一、中文文献

恩格斯. 英国对国内危机的看法//马克思恩格斯全集：第3卷. 中文2版. 北京：人民出版社，2002.

恩格斯. 国内危机//马克思恩格斯全集：第3卷. 中文2版. 北京：人民出版社，2002.

恩格斯. 各个政党的立场//马克思恩格斯全集：第3卷. 中文2版. 北京：人民出版社，2002.

恩格斯. 英国工人阶级状况//马克思恩格斯文集：第1卷. 北京：人民出版社，2009.

恩格斯. 谷物法//马克思恩格斯全集：第3卷. 中文2版. 北京：人民出版社，2002.

恩格斯. 伦敦来信一//马克思恩格斯全集：第3卷. 中文2版. 北京：人民出版社，2002.

恩格斯. 伦敦来信二//马克思恩格斯全集：第3卷. 中文2版. 北京：人民出版社，2002.

恩格斯. 伦敦来信三//马克思恩格斯全集：第3卷. 中文2版. 北京：人民出版社，2002.

恩格斯. 伦敦来信四//马克思恩格斯全集：第3卷. 中文2版. 北京：人民出版社，2002.

恩格斯. 国民经济学批判大纲//马克思恩格斯全集：第3卷. 中文2版. 北京：人民出版社，2002.

恩格斯. 大陆上社会改革的进展//马克思恩格斯全集：第3卷. 中文2版. 北京：人民出版社，2002.

恩格斯. 英国状况　评托马斯·卡莱尔的《过去和现在》//马克思恩格斯全集：第3卷. 中文2版. 北京：人民出版社，2002.

恩格斯. 英国状况　英国宪法//马克思恩格斯全集：第3卷. 中文2版. 北京：人民出版社，2002.

恩格斯. 法国共产主义//马克思恩格斯全集：第3卷. 中文2版. 北京：人民出版社，2002.

恩格斯. 大陆上的运动//马克思恩格斯全集：第3卷. 中文2版. 北京：人民出版社，2002.

恩格斯. 普鲁士局势//马克思恩格斯全集：第3卷. 中文2版. 北京：人民出版社，2002.

恩格斯. 德国消息//马克思恩格斯全集：第3卷. 中文2版. 北京：人民出版社，2002.

恩格斯. 普鲁士的牧师专制//马克思恩格斯全集：第3卷. 中文2版. 北京：人民出版社，2002.

恩格斯. 法国消息//马克思恩格斯全集：第3卷. 中文2版. 北京：人民出版社，2002.

恩格斯. 瓦莱内战//马克思恩格斯全集：第3卷. 中文2版. 北京：人民出版社，2002.

恩格斯. 英国工人阶级状况//马克思恩格斯全集：第2卷. 北京：人民出版社，1957.

马克思. 黑格尔法哲学批判//马克思恩格斯全集：第3卷. 中文2版. 北京：人民出版社，2002.

马克思. 论犹太人问题//马克思恩格斯文集：第1卷. 北京：人民出版社，2009.

马克思.《黑格尔法哲学批判》导言//马克思恩格斯文集：第1卷. 北京：人民出版社，2009.

马克思. 1844年经济学哲学手稿//马克思恩格斯文集：第1卷. 北京：人民出版社，2009.

马克思.《资本论》第一卷：货币转化为资本//马克思恩格斯全集：第44卷. 中文2版. 北京：人民出版社，2001.

马克思.《克罗茨纳赫笔记》第四本//马列著作编译资料：第11期. 北京：人民出版社，1980.

马克思，恩格斯. 共产党宣言//马克思恩格斯文集：第2卷. 北京：人民出版社，2009.

马克思，恩格斯. 德意志意识形态//马克思恩格斯选集：第1卷. 3版. 北京：人民出版社，2012.

马克思，恩格斯. 神圣家族//马克思恩格斯全集：第2卷. 北京：人民出版社，1957.

海因里希·格姆科夫. 恩格斯传. 北京：三联书店，1980.

奥古斯特·科尔纽. 马克思恩格斯传. 北京：三联书店，1965.

马·布莱恩，等. 马克思主义哲学史. 北京：中国人民大学出版社，1983.

列·伊利切夫，等. 弗里德里希·恩格斯. 北京：人民出版社，1984.

特雷尔·卡弗. 马克思与恩格斯：学术思想关系. 北京：中国人民大学出版社，2008.

斯捷法·普罗杰夫. 恩格斯青年时代. 北京：中国青年出版社，1984.

诺曼·莱文. 辩证法内部的对话. 昆明：云南人民出版社，1997.

姜海波. 恩格斯《国民经济学批判大纲》研究读本. 北京：中央编译出版社，2014.

舒晓昀. 恩格斯《英国工人阶级状况》研究读本. 北京：中央编译出版社，2013.

吴家华，等. 马克思恩格斯思想比较研究. 北京：中国人民大学出版社，2015.

黄楠森，庄福龄，林利. 马克思主义哲学史：第1卷. 北京：人民出版社，1990.

萧灼基. 恩格斯传. 北京：中国社会科学出版社，2008.

鲁克俭. 国外马克思学研究的热点问题. 北京：中央编译出版

社，2006.

费希特. 费希特著作选集：第1卷. 北京：商务印书馆，1990.

费希特. 费希特文集：第1卷. 北京：商务印书馆，2014.

黑格尔. 黑格尔通信百封. 上海：上海人民出版社，1981.

黑格尔. 法哲学原理. 北京：商务印书馆，1961.

黑格尔. 小逻辑. 北京：商务印书馆，2009.

城塚登. 青年马克思的思想. 北京：求实出版社，1988.

傅立叶. 傅立叶选集：第3卷. 北京：商务印书馆，1982.

培根. 新工具. 北京：商务印书馆，1984.

培根. 新大西岛. 北京：商务印书馆，1979.

贝尔纳. 科学的社会功能. 北京：商务印书馆，1982.

马基雅维里. 君主论. 北京：商务印书馆，1997.

亚当·斯密. 国民财富的性质和原因的研究. 北京：商务印书馆，2011.

大卫·弗·施特劳斯. 耶稣传. 北京：商务印书馆，1981.

大卫·李嘉图. 政治经济学及赋税原理. 南京：译林出版社，2011.

马尔萨斯. 人口原理. 北京：华夏出版社，2013.

康德. 法的形而上学原理——权利的科学. 北京：商务印书馆，1991.

梁志学. 费希特柏林时期的体系演变. 北京：中国社会科学出版社，2003.

聂锦芳. 哲学原论——经典哲学观的现代阐释. 北京：中国广播电视出版社，1998.

张一兵，周嘉昕. 青年恩格斯在现实中探索资本主义的理论逻辑. 湖南社会科学，2008（3）.

鲁克俭. 国外学者论青年马克思与青年恩格斯的学术关系. 教学与研究，2006（8）.

宫敬才，李江舟. 青年恩格斯对马克思经济哲学思想的影响. 河北学刊，2011（6）.

张一兵. 政治经济学逻辑中的政治哲学颠覆. 求实，2008（6）.

姚顺良. 准确评价恩格斯在马克思主义形成过程中的作用. 江海学

刊，2007（4）.

姜海波. 唯物史观的前页：关于生产力的提纲. 江海学刊，2010（4）.

郝立新. 论恩格斯早期历史观的发展. 贵州民族学院学报（社会科学版），1987（7）.

余其铨. 恩格斯在唯物史观形成和发展中的作用. 北京大学学报（哲学社会科学版），1985（4）.

张雷声. 马克思主义经济思想史上的第一篇重要文献——读恩格斯的《国民经济学批判大纲》. 甘肃社会科学，2014（5）.

曾良盛. 试论恩格斯对马克思主义政治学说的三大贡献. 求实，2004（12）.

鲁克俭. 国外学者关于马克思共产主义思想的新观点. 科学社会主义，2006（4）.

二、外文文献

J. D. Hunley. The Life and Thought of Friedrich Engels：A Reinterpretation. New Haven：Yale University Press，1991.

McLellan David. Friedrich Engels. New York：Viking Press，1978.

Douglas Kellner. Engels，Modernity，and Classical Social Theory. State College：The Pennsylvania State University Press，1999.

Steven Marcus. Engels，Manchester and Working Class. Cambridge：Princeton University Press，1974.

Terrell Carver. Engels after Marx. University Park PA：Pennsylvania State University，1999.

Stephen Rigby. Engels and the Formation of Marxism：History，Dialectics and Revolution. Manchester and New York：Manchester University Press，1992.

Green John. Engels：A Revolutionary Life. London：Artery Publications，2008.

John Rees. Engels'Marxism. International Socialism，1994，65

(Winter).

Christopher J. Arthur. Engels Today: A Centenary Appreciation. New York: St. Martin's Press, 1996.

S. H. Rigby. Engels and the Formation of Marxism: History, Dialectics and Revolution. Manchester: Manchester University Press, 1992.

Terrell Carver. Marx and Engels: The Intellectual Relationship. MI. Brighton: Wheatsheaf Books Ltd., 1983.

C. Tucker Robert. Philosophy & Myth in Karl Marx. New York: Transaction Publishers, 2001.

Norman Levine. The Tragic Deception: Marx Contra Engels. SantaBarbara: Clio Press, 1975.

Terrell Carver. Friedrich Engels: His Life and Thought. London: Macmillan, 1989.

Adam Schaff. Marxism and the Human Individual. New York: Mcgraw-Hill Book Company, 1970.

C. Tucker Robert. The Marxian Revolutionary Idea. New York: Norton, 1969.

Reiner Grundmann. Marxism and Ecology. Oxford: Claredon Press, 1991.

Howard L. Parsons. Marx and Engels on Ecology. London: Green Wood Press, 1977.

L. J. Cohen. Class and Civil Society: The Limits of Marxian Critical Theory. Amherst: The University of Massachusetts Press, 1982.

David A. Duquette. Hegel's History of Philosophy: New Interpretations. New York: N. Y. State University of New York Press, 2003.

J. Antonio Robert. Immanent Critique as the Core of Critical Theory: Its Origins and Development in Hegel Marx and Contemporary Thoughts. British Journal of Sociology, 1981, 32 (3): 330-345.

G. S. Jones. Engels and the Genesis of Marxism. New Left Review, 1977, 18 (3): 223-241.

B. Manfred Steger. Friedrich Engels and the Origins of German

Revisionism: Another Look. Political Studies, 1997, 2 (4): 108-130.

Cyril Smith. Friedrich Engels and Marx's Critique of Political Economy. Capital & Class, 1997, 14 (8): 230-248.

Tony Cliff. International Struggle and the Marxist Tradition. Selected Works, 2001, 8 (9): 117-140.

人名索引

主题索引

后　记

本书是2017年度国家社会科学基金青年项目“恩格斯文献思想及当代价值研究（1842—1845）”的最终成果，系江西理工大学清江学术文库资助项目，获江西理工大学马克思主义学院的鼎力支持，在此深表谢意。

我国的马克思主义哲学史研究在老一辈学者完成筚路蓝缕的通史性建构之后，在很长一段时间内处于某种程度的“停滞”状态，基于马克思恩格斯文献进行的专题性研究仍然非常薄弱。1842—1845年文献是考察恩格斯的共产主义世界观和唯物主义历史观形成进程的文献。迄今为止，对该段文献的研究还存在很多薄弱环节。本书对该段文献做专题研究，详尽剖析其思想主旨和论证逻辑，展现恩格斯共产主义世界观和唯物主义历史观形成的环境、动机、过程、环节、性质与标志，体现了专题史研究的自觉和努力。

本书最终能够呈现在读者朋友面前，是因为受到了很多人的思想馈赠和热情帮助。感谢我的授业导师聂锦芳教授，能进入聂门学习是我一生的荣幸。恩师治学严谨、精益求精，以育才为己任。在他的悉心栽培下，我接受了系统的学术训练，为日后独立从事学术研究打下了坚实的基础。如果说在学术上我还有一点成绩的话，这些成绩都来自恩师的引导和点拨。栉风沐雨，薪火相传。如今已成人师的我，定会用心栽培学生，为他们的成长提供点滴帮助。感谢彭宏伟、李彬彬、杨洪源、王嘉、王莅、杨偲劢、陈栋、刁超群、张航等同门，师门情深，感恩珍惜。

感谢我的工作单位江西理工大学马克思主义学院。理工大马院是一个团结友爱的大家庭。感谢段勇教授（家兄的授业导师），段教授敬业爱才，在工作、生活和学习中给予了晚辈诸多的关爱与帮助。感谢邓显超教授，无论为学还是做人，他都给晚辈树立了典范。感谢魏建克教授，魏教授学识卓越，能力全面，催人奋进。感谢黄生成、柳丽、曾过生老师，我在工作和生活中没少麻烦他们。感谢秦秀清、刘敏岚教授，两位女士知性优雅、乐教乐学。感谢原理教研室的王经北、赖晓鹏、邓永芳、刘月岭、郭林生、解金鹏老师，大家同在一个教研室，同舟共济，风雨同行。还要感谢理工大的学生们，教学相长，我在他们身上获益良多。不知不觉，来理工大工作已近四年，本书算是送给学校和学院的一份薄礼。

感谢我的家人，他们照亮我的白天，也照亮我的黑夜。

最后感谢本书的责任编辑罗晶老师和策划编辑张杰老师，他们为本书的出版付出了辛勤的劳动。

黄建都

2020 年 8 月 4 日

图书在版编目（CIP）数据

“美杜莎的怪脸”及其扬弃：恩格斯早期文献研究：1842—1845 / 黄建都著. --北京：中国人民大学出版社，2021.11
ISBN 978-7-300-30046-7

Ⅰ. ①美… Ⅱ. ①黄… Ⅲ. ①恩格斯著作研究-1842—1845 Ⅳ. ①A811.22

中国版本图书馆 CIP 数据核字（2021）第 245143 号

“美杜莎的怪脸”及其扬弃——恩格斯早期文献研究（1842—1845）
黄建都　著
“Meidusha De Guailian” Jiqi Yangqi——Engesi Zaoqi Wenxian Yanjiu (1842—1845)

出版发行	中国人民大学出版社		
社　　址	北京中关村大街 31 号	**邮政编码**	100080
电　　话	010－62511242（总编室）		010－62511770（质管部）
	010－82501766（邮购部）		010－62514148（门市部）
	010－62515195（发行公司）		010－62515275（盗版举报）
网　　址	http://www.crup.com.cn		
经　　销	新华书店		
印　　刷	天津鑫丰华印务有限公司		
规　　格	160 mm×235 mm　16 开本	**版　　次**	2021 年 11 月第 1 版
印　　张	16.5 插页 2	**印　　次**	2021 年 11 月第 1 次印刷
字　　数	255 000	**定　　价**	58.00 元